铁路信号基础设备维护检修

主　编　张进利

副主编　王朝华

主　审　任双喜

西南交通大学出版社

·成都·

图书在版编目（CIP）数据

铁路信号基础设备维护检修 / 张进利主编. —成都：
西南交通大学出版社，2017.8（2021.1 重印）
ISBN 978-7-5643-5713-9

Ⅰ. ①铁… Ⅱ. ①张… Ⅲ. ①铁路信号 – 信号设备 –
检修 Ⅳ. ①U284.92

中国版本图书馆 CIP 数据核字（2017）第 214474 号

铁路信号基础设备维护检修

主编　张进利

责任编辑　李　伟
助理编辑　李华宇
封面设计　墨创文化

出版发行　西南交通大学出版社
　　　　　（四川省成都市二环路北一段 111 号
　　　　　西南交通大学创新大厦 21 楼）
邮政编码　610031
发行部电话　028-87600564　028-87600533
官网　　　http://www.xnjdcbs.com
印刷　　　四川煤田地质制图印刷厂

成品尺寸　185 mm×260 mm
印张　　　13.75
字数　　　328 千
版次　　　2017 年 8 月第 1 版
印次　　　2021 年 1 月第 3 次
定价　　　35.00 元
书号　　　ISBN 978-7-5643-5713-9

课件咨询电话：028-87600533

前　言

　　铁路信号系统是铁路"信号、联锁、闭塞"的总称，其主要功能是传递行车信息，保证铁路行车安全，提高运输组织效率和改善职工作业条件。

　　全书铁路信号基础设备主要指位于室外的各类信号显示设备、轨道电路、道岔转辙装置和室内的继电器、控制台、组合柜、电源屏等铁路信号常用设备。铁路信号基础设备的安全性和可靠性直接影响整个铁路信号系统的性能。因此，熟练掌握铁路信号基础设备的维护检修、安装调试、故障处理知识和实践技能是铁路信号人员必备和最重要的技能。

　　编写本书旨在根据高职教育的特点和专业培养目标，以国家职业标准和铁路行业规范为依据，从铁路信号技术岗位要求入手，建设与工学结合的特色教材。本书在编写形式上打破了传统的章节体系，以项目、任务、工作过程来编排学习内容，以实用的知识结构为支撑，以技能训练为主线，旨在加强对学生职业能力的培养。全书教学目标明确，紧紧围绕现场常用设备，从结构和作用的认知到维护检修的方法和标准，由简到繁，由浅入深，由单元到整体，理论联系实际地逐层剖析，详尽完备而又避免把信号基础设备涉及的所有技术、类型、方法、装置都收罗进来。本书内容以理论必需、够用为度，注重引入现场作业流程，强调理论与实践一体化，努力打造教师好教、学生易学、读者欢迎的好教材。编者不仅有来自高校的教师，还有来自企业的工程技术人员；全书内容既有校内的理论和实作，又有企业生产实践的工艺方法，取自于工，用之于学，侧重于学生动手能力的培养，内容简明，主线清晰，重点突出，使学生能真正掌握实际有用的知识，实现理论与实践的结合，为社会培养真正高素质技能型人才。

　　本书主编为包头铁道职业技术学院张进利，副主编为郑州铁路局洛阳电务段王朝华，主审为包头铁道职业技术学院任双喜。全书包括5个项目：信号继电器维护检修、信号机维护检修、轨道电路维护检修、转辙机维护检修、室内基础设备维护检修，每个项目后附有课后练习思考题，可供读者复习巩固。

本书前言、项目二、项目四、练习题由包头铁道职业技术学院张进利编写；项目一、项目五由郑州铁路局洛阳电务段王朝华编写；项目三任务一、三由包头铁道职业技术学院王梦杰编写；项目三任务二由包头铁道职业技术学院陈丽编写。

在本书编写过程中，编者参阅了大量相关论文论著，吸收了其中最新成果和相关经验，在此向原著作者表示衷心的感谢！本书在审定、出版过程中，得到了西南交通大学出版社等有关单位的大力支持，在此表示感谢！由于编者水平有限，书中难免存在疏漏和不足之处，敬请广大读者批评指正。

编　者

2017 年 5 月

目 录

项目一 信号继电器维护检修 ………………………………………………… 1

　　任务一 信号继电器类型识别 ……………………………………………… 1

　　任务二 安全型继电器零部件及特性识读 ………………………………… 3

　　任务三 信号继电器维护检修 ……………………………………………… 17

　　任务四 信号继电电路识读及分析 ………………………………………… 22

　　练习思考 …………………………………………………………………… 28

项目二 信号机维护检修 …………………………………………………… 30

　　任务一 铁路信号认知及符号识读 ………………………………………… 30

　　任务二 色灯信号机结构认知 ……………………………………………… 39

　　任务三 信号显示识读和信号机构选用 …………………………………… 48

　　任务四 信号机维护检修 …………………………………………………… 61

　　练习思考 …………………………………………………………………… 71

项目三 轨道电路维护检修 ………………………………………………… 74

　　任务一 JZXC-480 型轨道电路维护检修 ………………………………… 74

　　任务二 97 型 25 Hz 相敏轨道电路维护检修 …………………………… 88

　　任务三 ZPW-2000A 型无绝缘轨道电路维护检修 ……………………… 106

　　练习思考 …………………………………………………………………… 118

项目四 转辙机维护检修 …………………………………………………… 120

　　任务一 ZD6 型电动转辙机维护检修 ……………………………………… 120

　　任务二 S700K 型电动转辙机的维护检修 ………………………………… 141

　　任务三　ZYJ7 型电液转辙机的维护检修 ································ 159

　　练习思考 ·· 171

项目五　室内基础设备维护检修 ·· 173

　　任务一　控制台维护检修 ·· 173

　　任务二　信号电源屏维护检修 ······································ 185

　　任务三　铁路信号系列组合柜认知 ·································· 199

　　练习思考 ·· 203

附　表 ·· 205

参考文献 ·· 214

项目一　信号继电器维护检修

项目概述

　　继电器具有继电特性，能够以极小的电信号来控制执行电路中相当大功率的对象，能够控制多个对象和多个回路，也能控制远距离的对象，有着良好的开关性能。信号继电器是铁路信号中所用各类继电器的统称，它不但是构成继电器联锁电路的核心部件，也是计算机联锁系统的接口部件，在铁路信号系统中，简称为继电器。继电器动作的可靠性直接影响信号系统的可靠性和安全性。

　　本项目针对信号继电器的类型、结构、特性、继电电路及维护检修进行理实一体教学。通过对设备的认知、分解、组装、测试、维护检修及故障分析等多项任务，使学生在动手的过程中掌握信号继电器种类、结构、特性的相关知识点，并通过模拟现场的维护检修场景，让学生掌握信号继电器的维护检修程序和技术标准。

教学目标

（1）信号继电器类型识别。
（2）安全型继电器零部件认知。
（3）信号继电器特性识读。
（4）信号继电器维护、检修。
（5）信号继电器电路图识读。

任务一　信号继电器类型识别

任务描述

　　信号继电器是铁路自动控制系统中常用的逻辑控制器件，它用于接通和断开电路，用以发布控制命令和反映设备状态，以构成铁路自动控制和远程控制系统。

　　本任务主要是认知信号继电器种类和识读安全型继电器的型号及表示符号。

任务实施

一、认知信号继电器种类

信号继电器种类众多，可按不同方式进行分类。

（1）按动作原理分：电磁继电器、感应继电器。

（2）按动作电流分：直流继电器、交流继电器。直流继电器按照使用时所通电流的极性，又分为无极、偏极和有极继电器。

（3）按输入物理量分：电流继电器、电压继电器。

（4）按动作速度分：正常动作继电器、缓动继电器。正常动作继电器衔铁动作时间为0.1～0.3 s，而缓动继电器衔铁动作时间超过0.3 s。缓动继电器又分为缓吸继电器和缓放继电器两种类型。

（5）按接点结构分：普通接点继电器、加强接点继电器。普通接点继电器能满足一般信号电路的要求，加强接点继电器能够通断较大功率的信号电路。

（6）按工作可靠度分：安全型（N型）继电器和非安全型（C型）继电器。前者依靠重力作用释放衔铁，又称为重力式继电器；后者依靠弹簧的弹力保证继电器落下，又称弹力式继电器。安全型继电器的结构必须符合"故障—安全"的原则，在故障情况下使前接点闭合的概率远小于后接点闭合的概率。这样就可用前接点代表危险侧信息，用后接点代表安全侧信息。图1-1给出了几种常用继电器的外形。

（a）无极继电器　　　　　　（b）偏极继电器　　　　　　（c）有极继电器

（d）整流继电器　　　　　　（e）时间继电器

图1-1　继电器外形

二、识读安全型继电器的型号及表示符号

铁路信号常用的继电器有无极、有极、偏极、整流式、时间、交流二元二位、动态继电器七类，每一类根据结构及特性的不同又分为不同的型号。

安全型继电器型号用汉字拼音字母和数字表示，字母表示继电器的种类特性，数字表示线圈的电阻值（单位：Ω），如图1-2所示。

图 1-2 安全型继电器的型号及表示符号

继电器型号中字母的文字含义如表 1-1 所示。

表 1-1 继电器型号文字含义

代号	含 义		代号	含 义	
	安全型	其他类型		安全型	其他类型
A		安全	R		二元
B		半导体	S		时间、灯丝、双门
C	输入	插入、传输、差动	T		通用、弹力
D		单门、动态	W	无极	
DB	单闭磁		X	信号	信号、小型
H	缓放	缓放	Y	有极	
J	继电器、加强接点	继电器、加强接点、交流	Z	整流	整流、转换
P	偏极				

任务二 安全型继电器零部件及特性识读

任务描述

AX 系列安全型继电器是直流 24 V 重力式电磁继电器，其典型结构为无极继电器，其他各型号都是由无极继电器派生而来的，因此，绝大部分零部件都能通用。本任务主要以无极继电器为例进行练习，认知安全型继电器的外形、继电器插座板、接点、主要部件及特性。

任务实施

一、认知安全型继电器的外形

为了日常维护和施工安装方便，现场使用的信号继电器绝大部分都是插入式安全型继电器，使用时须插在继电器插座板上。插入式安全型继电器的正面有一个透明或浅蓝色的防尘罩，内部安装着继电器的各种零部件；背面是绝缘底座，该底座上部是接点组的插片，下部安装有型别盖。插入式安全型继电器外形尺寸为：长 164 mm，高 160 mm，厚 48.5 mm。质量为 1.2 ~ 1.8 kg。安全型继电器的外形如图 1-3 所示。

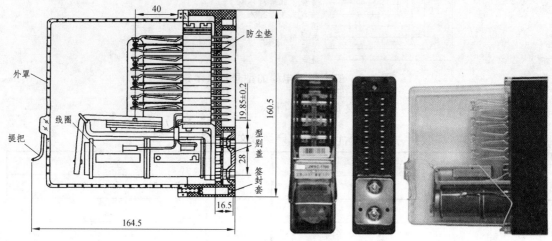

图 1-3　安全型继电器的外形

由于不同类型的继电器型别盖上鉴别孔的位置不同，安插继电器时鉴别孔须与继电器插座板上的鉴别销相吻合才能插入。鉴别孔的位置及型别盖外形如图 1-4 所示。继电器应水平插入安装在组合架（柜）上的继电器插座板里，并用挂簧卡紧。

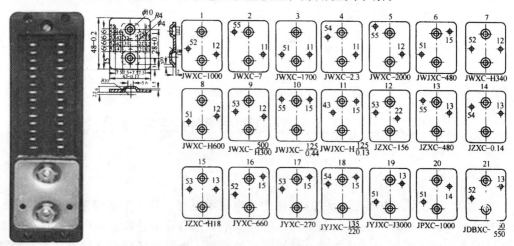

图 1-4　型别盖外形及鉴别孔位置

二、认知继电器插座板和接点

1. 继电器插座板

继电器插座板是一个胶木插座，内部嵌有前端为插孔状、后端为焊接片的一体铜质导电片。继电器插座板外形及尺寸如图 1-5 所示。

4

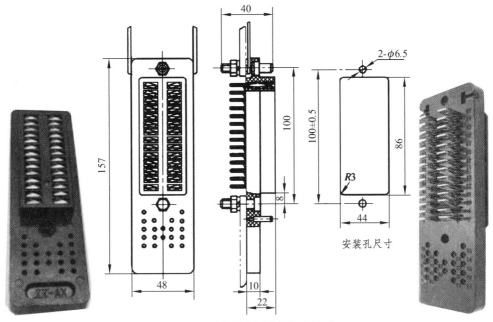

图 1-5 继电器插座板外形尺寸

安装孔尺寸

使用时，继电器插座板通过螺栓固定在继电器组合框上，其正面上部是插孔，用以插接继电器，下部铆以鉴别销（不同类型继电器鉴别销号码见表 1-2），以和相应继电器的型别盖匹配，防止不同类型的继电器错误插接；背面是焊片，用以焊接导线，形成连接电路。插孔、焊片排列顺序与无极继电器接点位置一一对应，焊片旁边胶木座上压制的接点编号系无极继电器的接点编号，其他各型继电器接点的位置及使用编号与之不同，实际使用时必须按照图 1-6 所示的插座接点编号对照图使用。

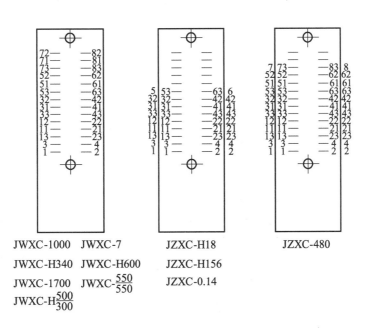

JWXC-1000　JWXC-7

JWXC-H340　JWXC-H600

JWXC-1700　JWXC-$\frac{550}{550}$

JWXC-H$\frac{500}{300}$

JZXC-H18

JZXC-H156

JZXC-0.14

JZXC-480

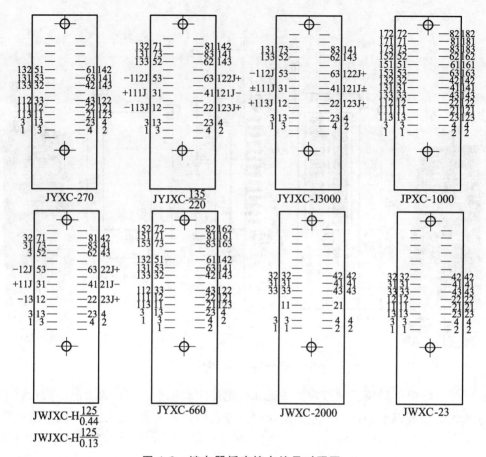

图 1-6　继电器插座接点编号对照图

2. 安全型继电器接点

继电器接点是继电器的执行机构，通过接点来反映继电器的状态，对电路进行控制。继电器接点分为静接点和动接点。静接点焊接在静接点片的端部，不能上下移动，是静止的。动接点铆接在动接点片的端部且固定在拉杆的绝缘轴上，能随拉杆上下移动。普通接点、加强接点的静接点和动接点外形如图 1-7 所示。

（a）普通接点

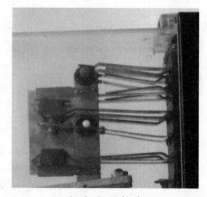

（b）加强接点

图 1-7　继电器接点

对继电器接点有较高的要求，如从接点材质到接点结构，从接点组数到接点容量。对频繁通断大电流的接点，还必须采取灭火花措施。

（1）接点参数。

① 接点材质。

对接点材质的基本要求是机械强度高，导电率和导热率高，耐腐蚀，熔点较高，加工容易，价格适宜。

② 接点电阻。

接点电阻由接触电阻及接点本身的电阻两部分组成。

接点接触时两导体间的连接是接触表面间若干个接触过渡段的结合，因此，它的电阻比同样形状、尺寸的整个导体要大得多，这种接触连接所形成的电阻叫作接触电阻。

接点电阻与接点材料、接点间压力、接点的接触形式、接点间电压降、温度及化学腐蚀、电腐蚀等因素有关。总的要求是，尽量减小接点电阻，以避免出现过高的接点温升与电压降。因此，对接点电阻均要提出不允许超过的电阻值。

③ 接点压力。

接触点之间的压力和材质，在很大程度上决定着接点电阻的大小。

接点间存在压力，接点支撑件（接点弹片等，一般采用弹性元件）能产生弹性变形，避免因振动等因素造成接触分离，所以对接点压力有明确的最低值要求。

④ 接点齐度。

继电器各组接点同时接触的误差称为接点不齐度，要求其越小越好。

⑤ 接点间隙。

在动接点和静接点开始分离的瞬间，接点间产生很高的电场，接点间隙中的自由电子在此电场力的作用下从阴极向阳极高速移动，这样就产生了接点间的电弧。另外，这些电子与气体中的自由电子撞击，使气体电离，进一步使电弧加剧。电弧的产生使接点迅速氧化和点燃，加速接点的损耗，缩短其使用寿命。但当接点间隔增大后，拉长了电弧，可使电弧熄灭。此外，接点间隙小，雷电效应亦可能使接点间产生放电现象。故要求接点间有足够大的间隙。

⑥ 接点滑程。

接点表面的腐蚀、氧化和灰尘等对接触电阻有很大影响，为了保证接点的可靠工作，当接点开始接触后，要求接点之间有一定程度的位移，该位移叫作接点滑程。

（2）接点容量。

继电器接点所允许通过的最大电流称为接点容量，继电器使用时严禁超出接点允许容量，以保证各类接点达到规定的接点寿命动作次数。

（3）接点材料。

一般继电器要求接点材料的电阻系数小，抗压强度低，不易氧化或其氧化物电阻率小。

几乎所有类型的继电器，都采用银和银合金作为接点材料。对控制大电流和高电压的接点，应选择耐电腐蚀和难熔的材料，如钨和金属陶瓷等。钨熔点高，硬度也很高，不会熔合，几乎没有机械磨损，耐电腐蚀能力强，但它在大气中易氧化。金属陶瓷，大部分有两种互相不能熔成合金的成分，用金属陶制法（粉末冶金法）制成的。它磨损小，熔点非常高，耐电腐蚀能力强，不易熔合，导电导热性能好，很适宜作为接点材料，银氧化镉就是其中的一种。

安全型继电器的普通接点的静接点常用银或银氧化镉制成，动接点用银氧化镉制成。加强接点的静接点、动接点均用银氧化镉制成。

（4）接点的接触形式。

接点的接触形式，有面接触、线接触和点接触三种，如图1-8所示。面接触的散热快，但接触电阻较大且很不稳定；线接触的接触电阻小，接触电阻较稳定；点接触接触电阻最稳定，但接触电阻大，散热面积小，温升高，只适用于小功率的控制电路中。

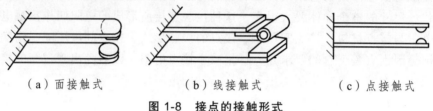

（a）面接触式　　　　　（b）线接触式　　　　　（c）点接触式

图 1-8　接点的接触形式

JWXC型无极继电器的接点采用点接触方式。在接点簧片的端部开一条约0.5 mm宽的细长槽口，在槽的两边各焊一个银接点，与动接点一起构成点接触方式，形成了一个簧片上有两个接触点的并联接触方式，大大提高了触头接触的可靠性。

JYJXC-$\dfrac{135}{220}$型加强接点有极继电器，为满足通断较大电流的需要，除了加强接点片厚度外，其接点还采用了面接触方式。

（5）接点的灭火花电路。

接点控制电路中有电感元件，电感元件中储存着磁场能量，当接点断开时往往以高电压击穿气隙，将这些能量带到接点之间，形成火花放电。为了提高接点的使用寿命，应设法避免接点间发生火花，如采用灭火花电路。

（6）熄灭接点电弧。

当电路中的电流较大（大于产生电弧的临界电流）时，接点断开过程中，接点间会产生电弧。电弧温度很高，会引起接点材料的蒸发与喷溅，加快接点的电腐蚀，同时还引起接点表面的氧化。因此，必须设法熄灭接点电弧。

熄灭接点电弧最常用的方法是磁吹弧。磁吹弧法是在接点上加装一块永久磁钢，永磁磁通经过接点间的气隙构成磁回路。通过控制接点电流的方向和永久磁钢的极性，使接点间电弧向外吹以熄灭电弧。用永久磁钢作磁吹弧有许多优点：① 灭弧系统结构简单，可节省铜线和绝缘材料；② 灭弧功能较稳定；③ 没有电能消耗；④ 可使接点开距缩小。

要注意加强接点上用磁吹弧的继电器的极性，如 JWJXC-480、JWJXC-H$\dfrac{125}{0.44}$、JWJXC-H$\dfrac{125}{0.13}$、JYJXC-$\dfrac{135}{220}$等都规定了接点的正负极性，要按规定使用。

三、认知安全型继电器的主要部件

1. 无极继电器

无极继电器有 JWXC-1700、JWXC-1000、JWXC-7、JWXC-2.3、JWXC-$\frac{370}{480}$ 型及缓放的 JWXC-H340、JWXC-H600、JWXC-H$\frac{500}{300}$ 型等品种。

（1）无极继电器的结构。

无极继电器由电磁系统和接点系统两大部分组成。电磁系统包括线圈、铁心、轭铁和衔铁。接点系统处于电磁系统上方，通过接点架、螺钉紧固在衔铁上。无极继电器的整体结构和实物如图 1-9 所示。

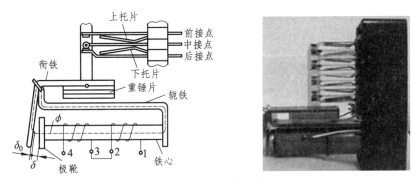

图 1-9　直流无极继电器的结构和实物

① 线圈。

线圈分为前圈和后圈，它们都用高强度漆包线绕制在线圈架上，然后水平套在铁心杆上，线圈抽头焊有引线，与继电器插座的电源片连接，以控制电源。图 1-10 画出了线圈抽头与电源片连接方式。

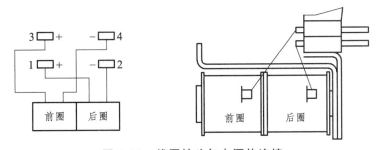

图 1-10　线圈抽头与电源片连接

继电器采用双线圈，主要是为了增强控制电路的适应性和灵活性，可根据电路需要进行单线圈控制、双线圈串联控制或双线圈并联控制。

② 铁心。

铁心由极靴和铁心杆组成，尺寸如图 1-11 所示。极靴在铁心头部，用冷镦法加粗。极靴正面钻有两个圆孔，是为了组装和检修时紧固和拆装铁心用的。

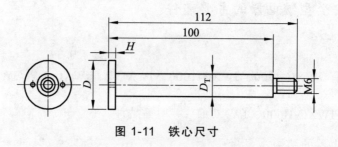

图 1-11　铁心尺寸

铁心由电工纯铁制成，为软磁材料，具有较高的磁通密度和较小的剩磁，以利于继电器工作。铁心外层镀锌防护。它的尺寸大小，根据继电器的规格不同而有区别。缓放型继电器、灵敏继电器尺寸略大，以加大缓放时间或减小工作值。

③ 轭铁。

轭铁呈 L 形，由电工纯铁板冲压成型，外表镀多层铬防护。

④ 衔铁。

衔铁为角形，靠蝶形钢丝卡固定在轭铁的刀刃上。衔铁由电工纯铁板冲压成型，衔铁一端铆有重锤片，以保证衔铁靠重力返回并满足后接点的压力需要。衔铁另一端有止片，安装在衔铁与铁心的闭合处，用以增大继电器在吸起状态的磁阻，减小剩磁影响，保证继电器可靠落下。

重锤片由薄钢板制成，其片数由接点组的多少决定，一般 8 组后接点用三片，6 组用两片，4 组用一片，两组不用。止片由黄铜制成，有 6 种厚度，因继电器规格不同而异，可取下按规格更换。

在电磁系统中，除衔铁和铁心间工作气隙 δ 外，在轭铁的刀口处有第二工作气隙 δ'，以减小磁路的磁势降，从而提高继电器的灵敏度。无极继电器的电磁系统如图 1-12 所示。

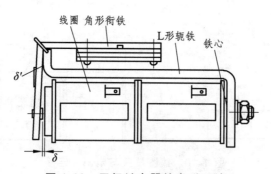

图 1-12　无极继电器的电磁系统

⑤ 接点系统。

无极继电器的接点系统如图 1-13 所示，处于电磁系统上方，通过接点架、螺钉紧固在衔铁上。用螺钉将下止片、电源片单元、银接点单元、动接点单元以及压片按顺序坚固在接点架上。在紧固螺钉前，应将拉杆、绝缘轴、动接点轴与动接点组装好。

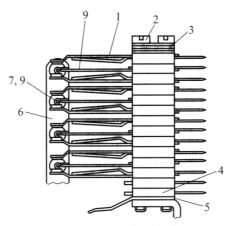

图 1-13 无极继电器的接点系统

1—银接点单元；2—螺钉；3—压板；4—电源片单元；5—下止片；6—拉杆；
7，8—中接点轴和绝缘轴；9—动接点单元

无极继电器接点系统采用两排纵列式联动结构，因此，接点组数只能成偶数增减。拉杆传动中心线与接点中心线一致，以减少不必要的传动损失。为减少接点组组装时的积累公差，将接点片与托片组合压在酚醛塑料内以形成单元块。单元块之间为平面接触，易于控制公差，同时提高了接点组之间的绝缘强度。

银接点单元由锡磷青铜带制成的接点片与由黄铜制成的托片组成，上下两组对称地压制在酚醛塑料胶木内。接点片的端部焊有银接点。

动接点单元由锡磷青铜带制成的动接点片与由黄铜板制成的补助片组成，压制在酚醛塑料胶木内。动接点片端部焊有由银氧化镉制成的动接点。

拉杆材质有铁质的和塑料质的，绝缘轴用冻石瓷料制成，具有足够的抗冲击强度。动接点轴由锡磷青铜线制成。衔铁就是通过拉杆带动动接点与组内的银接点接通或断开的。

电源片单元由黄铜制成的电源片压在胶木内形成。

压片由弹簧钢板冲压成弓形，分上、下两片，其作用是保证接点组的稳固性。

下止片由锡磷青铜板制成，外层镀镍。它在衔铁落下时起限位作用。

接点架由钢板制成，用销钉与轭铁固定，保证接点架不变位。接点架的安装尺寸是否标准，角度是否准确，对继电器的调整有很大影响。

（2）无极继电器的状态。

若无极继电器的线圈未加电，线圈中没有电流，由于衔铁靠近拉杆、接点的一端铆有重锤片，加上衔铁的自身重力，衔铁另一端就离开铁心，此时拉杆带动动接点，使其所有后接点闭合，前接点断开。这种状态称为继电器的落下状态。

若电路接通，在无极继电器的线圈上加上直流电压后，线圈中的电流使铁心磁化，在铁心内产生工作磁通，由于磁通的作用，铁心与衔铁间产生电磁吸引力，当吸引力大到足以克服机械负载的阻力（主要是衔铁和重锤片的重力）时，衔铁一端即与铁心吸合。衔铁另一端通过拉杆带动动接点运动，使其所有后接点断开，前接点闭合。这种状态称为继电器的吸起状态。

若在继电器吸起时将电路断开，线圈中电流会迅速减小，铁心中的磁通按一定规律随之减小，吸引力也随着减小。当电流小到一定值时，它产生的吸引力小于机械力，衔铁离开铁心，被释放。此时，拉杆带动动接点运动，使其所有前接点断开，后接点闭合，继电器又恢复到落下状态。

铁路信号电路就是利用继电器的吸起和落下状态、接点的接通和断开来反映设备状态和发布控制命令，以构成铁路信号自动控制系统和远程控制系统。

2. 无极加强接点继电器

无极加强接点继电器是为通断功率较大的信号电路而设计的。

无极加强接点继电器的接点系统如图 1-14 所示，它的普通接点与无极继电器相同。加强接点组由加强动接点单元和带磁吹弧器的加强静接点单元组成。为了防止接点组间的飞弧短路，在两组加强接点间安装既耐高温又具有良好绝缘性能的云母隔弧片。隔弧片铆在拉杆上。为了保证加强接点的安装空间，增加了空白单元。图中用虚线表示的熄弧磁钢，说明只有带吹弧器的加强后接点才有。由于磁钢吹弧方向与极性有关，熄弧磁钢极性的安装有特定的要求。

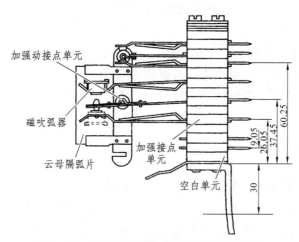

图 1-14　无极加强接点继电器的接点系统

3. 整流式继电器

整流式继电器有 JZXC-480、JZXC-0.14、JZXC-H156、JZXC-H18 及派生的 JZXC-H18F 等品种。

整流式继电器电磁系统的组成与直流无极继电器相同，只是磁路的结构参数有所不同。整流式继电器接点系统的结构与无极继电器相同，零部件可以全部通用，只是接点编号有区别。整流式继电器主要变化在于它在直流无极继电器的接点组上方安装有由四个二极管组成的桥式整流电路或由一个二极管形成的半波整流电路，如图 1-15 所示。

整流式继电器用于交流电路中，它通过继电器自带的半波或全波整流电路将交流电变为直流电。这样做是为了避免在 AX 系列继电器中采用结构形式完全不同的交流继电器，以提高产品的系列化、通用化程度。

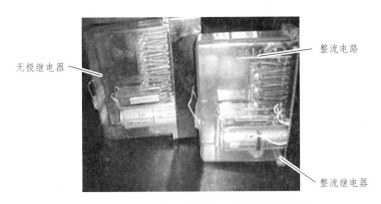

图 1-15　整流式继电器与无极继电器对比

4. 有极继电器

有极继电器根据线圈中电流极性的不同，具有定位和反位两种稳定状态，这两种稳定状态在线圈中电流消失后，仍能继续保持，故又称极性保持继电器。它的特点是在电磁系统中增加了永久磁钢。在线圈中通以规定极性的电流时，继电器吸起，断电后仍保持在吸起位置；通以反方向电流时，继电器打落，断电后保持在打落位置。

有极继电器有 JYXC-660、JYXC-270 型和加强接点的 JYJXC-$\frac{135}{220}$ 和 JYJXC-J3000 等品种。

有极继电器的磁路结构与无极继电器基本相同，不同的只是用一块端部呈刃形的长条形永久磁钢代替无极继电器的部分轭铁。有极继电器的结构与磁路示意图如图 1-16 所示。

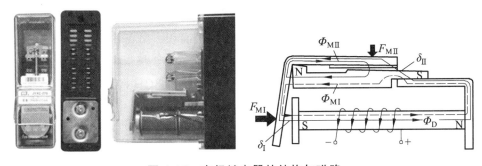

图 1-16　有极继电器的结构与磁路

有极继电器衔铁位置的定位、反位规定为：衔铁与铁心极靴之间的间隙最小时（即吸起状态）的位置规定为定位，此时闭合的接点叫作定位接点（符号为 D，相当于前接点）；衔铁与铁心极靴之间的间隙最大时（即打落状态）的位置规定为反位，此时闭合的接点叫作反位接点（符号为 F，相当于后接点）。

对于两线圈串联使用的有极继电器，如 JYXC-660、JYXC-270、JYJXC-J3000，电源片 1 接电源正极，4 接电源负极，为定位吸起；反之为反位打落。对于分线圈使用的有极继电器 JYJXC-$\frac{135}{220}$，则规定前圈的电源片 3 接电源正极，4 接电源负极时为定位吸起；而后圈的电源片 2 接电源正极，1 接电源负极时为反位打落。

5. 偏极继电器

JPXC-1000 型偏极继电器是为了鉴别信号电路的电流极性而设计的。它在信号电路中用于道岔表示电路以及单复线半自动闭塞电路。偏极继电器的结构与磁路如图 1-17 所示。

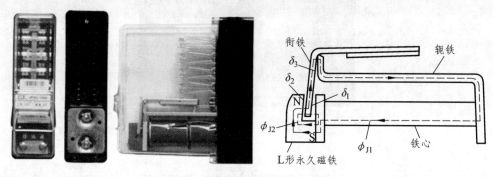

图 1-17 偏极继电器的结构与磁路

与无极继电器不同，偏极继电器衔铁的吸起与线圈中电流的极性有关，只有通过规定方向的电流时，衔铁才能被吸起，而电流方向相反时，衔铁不动作。与有极继电器也不同，偏极继电器只有一种稳态，即衔铁靠电磁力吸起后，断电就落下，落下是稳定状态。

偏极继电器的磁系统与无极继电器基本相同，但其铁心的极靴是方形的，在方极靴下方又用两个螺钉固定了一块 L 形永久磁钢，使衔铁处于极靴和永久磁钢之间，受永磁力的作用偏于落下位置。由于永磁力的存在，衔铁只安装一块重锤片，后接点的压力由永磁力和重锤片共同作用产生。

铁心由电工纯铁制成，方形极靴是先冲压成型后再与铁心焊成整体的。由于铁心为方形极靴，衔铁下端也由半圆形改为方形，以增加受磁面积，降低气隙磁阻。

永久磁钢由铝镍钴材料制成，其上部为 N 极，下部为 S 极。两线圈串联使用，接线方式同无极继电器。接点系统与无极继电器完全相同，具有 8QH 接点组。

安全型继电器基本情况如表 1-2 所示。

表 1-2 安全型继电器基本情况

品种序号	规格序号	继电器名称	型号	接点组数	鉴别销号码	线圈连接	电源片连接	
							连接	使用
1	1	无极继电器	JWXC-1000	8QH	11，52	串联	2，3	1，4
	2		JWXC-7		11，55			
	3		JWXC-1700		11，51			
	4		JWXC-2.3	4QH	11，54			
	5		JWXC-2000	2QH	11，55			
	6		JWXC-$\frac{370}{480}$	2HQ，2Q	22，52	单独	—	$\frac{1，2}{3，4}$

品种序号	规格序号	继电器名称	型号	接点组数	鉴别销号码	线圈连接	电源片连接	
							连接	使用
1	7	无极加强接点继电器	JWJXC-480	2QH，2QHJ	15，51	串联	2，3	1，4
	8		JWJXC-160	2QHJ	11，52			
	9		JWJXC-$\frac{135}{135}$	2QH，4QJ，2H	31，53	单独	—	1，2 3，4
	10		JWJXC-$\frac{300}{370}$	4QHJ	22，52			
	11	无极缓动继电器	JWXC-H310	8QH	23，54			
	12	无极缓放继电器	JWXC-H850	4QH	11，52	串联	2，3	1，4
	13		JWXC-H340		12，52			
	14		JWXC-H600	8QH	12，51			
	15		JWXC-H1200		14，42			
	16		JWXC-H$\frac{500}{300}$		12，53	单独	—	1，2 3，4
	17	无极加强接点缓放继电器	JWJXC-H$\frac{125}{0.44}$		15，55			
	18		JWJXC-H$\frac{125}{0.13}$		15，43			
	19		JWJXC-H$\frac{125}{80}$	2QH，4QJ，2H	31，52			
	20		JWJXC-H$\frac{80}{0.06}$		12，22			
	21		JWJXC-H$\frac{120}{0.17}$		15，55			
2	22	整流继电器	JZXC-480	4QH，2Q	13，55	串联	1，4	7，8
	23		JZXC-H156	2QH	13，54	并联	2，4 1，3	7，8
	24		JZXC-0.14		22，53	串联	1，4	5，6
	25		JZXC-H62					
	26		JZXC-H18	4QH				
	27		JZXC-H142		13，53			
	28		JZXC-H138					
	29		JZXC-H60					
	30		JZXC-H$\frac{0.14}{0.14}$	2Q，4H	22，53			1，2 3，4
	31		JZXC-$\frac{16}{16}$			单独	—	1，2
	32		JZXC-H18F	4QH	13，53			5，6
	33		JZXC-H18F1					1，2
	34		JZXC-480F	4QH，2Q	13，55			71，81

品种序号	规格序号	继电器名称	型号	接点组数	鉴别销号码	线圈连接	电源片连接 连接	使用
3	35	有极继电器	JYXC-660	6DF	15，52	串联	2，3	1，4
	36		JYXC-270	4DF	15，53	串联	2，3	1，4
	37	有极加强接点继电器	JYJXC-$\frac{135}{220}$	2DF，2DFJ	15，54	单独	—	1，2 3，4
	38		JYJXC-X$\frac{135}{220}$		12，23	单独	—	1，2 3，4
	39		JYJXC-$\frac{220}{220}$		15，54	单独	—	1，2 3，4
	40		JYJXC-3000	2F，2DFJ	13，51	串联	2，3	1，4
	41		JYJXC-J3000		13，51	串联	2，3	1，4
4	42	偏极继电器	JPXC-1000	8QH	14，51	串联	2，3	1，4
	43		JPXC-400		14，52	串联	2，3	1，4
5	44	单闭磁继电器	JDBXC-$\frac{550}{550}$	4QH	21，52	单独	—	1，2 3，4
	45		JDBXC-A$\frac{550}{550}$		13，42	单独	—	1，2 3，4
	46		JDBXC-1500	2QH		单独	—	1，2 3，4

注：Q 表示前接点，H 表示后接点，D 表示定位接点，F 表示反位接点，J 表示加强接点。

四、认知安全型继电器的特性

安全型继电器的特性包括电气特性、时间特性和机械特性。这些特性用来表征继电器的性能，是使用和检修继电器的重要依据。

1. 电气特性

安全型继电器的电气特性包括额定值、充磁值、释放值、工作值、反向工作值、转极值和反向不工作值等。

（1）额定值：是满足继电器安全系数所必须接入的电压或电流值。如 AX 系列继电器的额定电压为直流 24 V（作为轨道继电器、灯丝继电器、道岔启动继电器时除外）。

（2）充磁值：为了测试继电器的释放值或转极值，预先使继电器磁系统磁化，向其线圈通以 4 倍的工作值或转极值。这样可使继电器磁路饱和，在此条件下测试释放值或转极值。

（3）释放值：向继电器通以规定的充磁值，然后逐渐降低电压或电流至全部前接点断开时的最大电压或电流值。

（4）工作值：向继电器线圈通电，直到衔铁止片与铁心接触、全部前接点闭合，并满足规定接点压力所需要的最小电压或电流值。此值是继电器的磁系统及接点系统刚好能工作的状态，一般规定工作值不大于额定值的 70%。

（5）反向工作值：向继电器线圈反向通电，直到衔铁止片与铁心接触、全部前接点闭合，并满足接点压力时所需要的最小电压或电流值。造成反向工作值大于工作值的原因是磁路剩磁影响，反向工作值一般不大于工作值的120%。

（6）转极值：使有极继电器衔铁转极的最小电压或电流值。转极值又分为正向转极值和反向转极值。

正向转极值是使有极继电器的衔铁转极，全部定位接点闭合，并满足规定接点压力时的正向最小电压或电流值。

反向转极值是使有极继电器的衔铁转极，全部反位接点闭合，并满足规定接点压力时的反向最小电压或电流值。

（7）反向不工作值：向偏极继电器线圈反向通电，继电器不动作的最大电压值。

（8）返还系数：为释放值与工作值之比。返还系数对于信号继电器有着特别重要的意义，返还系数越高，标志着继电器的落下越灵敏。规定普通继电器的返还系数不小于30%，缓放型继电器不小于20%，轨道继电器不小于50%。

2. 时间特性

时间特性包括缓吸时间、缓放时间。当线圈通电到衔铁动作，带动后接点断开，前接点接通，需要一定的时间。当线圈断电到衔铁动作，带动前接点断开，后接点接通，也需要一定的时间。即吸合需要时间，释放也需要时间。

电磁继电器的电磁系统具有铁心的电感，在接通或断开电源时，由于电磁感应作用，在铁心中产生涡流，在线路中产生感应电流。这些电流产生的磁通阻碍铁心中原来的磁通的变化，所以电磁继电器或多或少地都具有一些缓动的时间特性。

由于继电器缓吸、缓放时间都非常短，为满足不同控制对象对时间特性的要求，常用改变继电器结构和在线圈两端并联RC电路的方法来达到所需的缓吸、缓放时间。

3. 机械特性

机械特性包括接点间隙、接点压力、托片间隙。

在继电器衔铁动作的过程中，衔铁受电磁吸引力和反作用力。电磁吸引力又称牵引力。反作用力与之方向相反，对于安全型继电器来说是由衔铁（及重锤片）的重力和接点簧片的弹力组成，所以称为机械力。要使继电器可靠工作，牵引力必须大于机械力。

AX系列继电器机械力的大小与接点片的数量、重锤片的数量、衔铁的动程等有关，而且在衔铁的整个运动过程中所受到的机械力不是固定不变的，而是在一个很大的范围内变化的。不同类型的继电器，其结构不同，机械特性也不同。

任务三　信号继电器维护检修

任务描述

继电器在长期运用过程中，由于接点烧损、可动部分磨耗、线圈受潮而绝缘降低、金

② 检查接点片与银接点的焊接是否牢固，接点触头无裂纹、无假焊、无漏焊。

③ 前后接点应在动接点中间，距边缘应大于 1 mm，前后接点伸出动接点应大于 1.2 mm。

④ 接点拉杆、动接点轴及绝缘轴的检查。拉杆应平直，不能偏离固定角度。距衔铁槽口大于 0.5 mm，不过分前倾后仰、偏离固定角度（偏离角度一般是因为结点架的张角不标准，有的也因为轭铁角度不直），否则要对其加以校正；动接点不弯曲，绝缘轴无破损，与拉杆垂直，灵活无缝隙。

⑤ 检查继电器整体动作，手推衔铁或通电动作灵活、不呆滞。

⑥ 对各种单元块的胶木绝缘进行检查，应无破损、无裂纹。

⑦ 紧固接点组及各部螺丝。

⑧ 检查接点插片间应无杂物，插片伸出底座应不少于 8 mm，调整插片，使其平直，且排列均匀。

⑨ 清扫接点插片防尘垫及底座，应保持光洁，无污物。

⑩ 装好防尘垫及底座，紧固底座螺丝，确认型别盖正确。

（4）接点系统去污。

① 用橡皮擦去接点各部氧化物，使接点片、托片明亮有光泽。

② 用水砂纸擦去接点表面的烧损痕迹，再用橡皮将接点表面擦拭干净，清除砂纸痕迹。

（5）若继电器带有印刷电路板，还应做以下检修：

① 检查印刷电路板的引出线，是否完好无损。

② 检查各元件在印刷电路板上的焊接是否牢固。

③ 检查印刷电路板是否存在异常。

五、磁路与接点系统调整

（1）检查衔铁角度。

对衔铁角度口进行检查。取出衔铁，用量角器量出衔铁角度，角度标准视间隙值而定。

（2）检查轭铁角度与铁心。

接点架与轭铁间隙需要用塞尺检查。间隙应为 4 mm，如果继电器没有达到这个标准，就应该取出进行修理，对安装的高度和接点架的角度进行调整。调整后，再用螺丝紧固，并重新钻孔安装销钉。

（3）检查轭铁与拉杆之间的间隙。

（4）将接点片调整平直。调整时用调簧钳调整，注意掌握力度，以免发生钳伤。

（5）调整接点压力、共同行程、接点间隙及同类接点接触齐度。继电器同类接点压力差应小于 0.029 4 N，共同行程不小于 0.35 mm。

① 对后接点初压力进行调整。让衔铁自由落下，用塞尺检查衔铁动程及后接点共同行程，后接点压力需用测力计测量。

② 对前接点初压力进行调整。松开衔铁并取出塞尺，衔铁闭合位置用手推动，对前接点共同行程进行检查，并检查前后接点间隙及压力。接点间隙应不小于 1.3 mm。

③ 调整接点接触齐度。接点不齐度应小于 0.2 mm。

（6）检查衔铁重锤片与下止片之间的间隙。

下止片与重锤片间的标准间隙为 0.3～1 mm，若不符合，应进行调整。

六、检修中测试

测释放值、工作值并换算为 20 ℃ 值，测时间特性。

整流继电器还应对整流元件进行测试，测试二极管正向压降、反向漏电流，测试二极管极性，确认电源片极性；时间继电器分别测试 180 s、30 s、13 s、3 s 延时。

七、动作试验及微调

将继电器插入动作试验台进行动作试验，试验后检修者应进行复查。

（1）继电器应进行不少于 10 min 的动作试验。

（2）接点组的不齐度应小于 0.2 mm，若不合格，应进行微调。

八、检修后测试

（1）测释放值、工作值、反向工作值并换算为 20 ℃ 值，测时间特性。

（2）测接点电阻、绝缘电阻，将测试结果记录在检修卡片内。

（3）擦拭外壳，使其表面光洁明亮。

九、互　验

紧固各部螺丝，焊头焊接应牢固，无断股。配件无裂纹，机械特性符合标准。

十、验收员验收

验收员全面检查各部分机械特性及螺丝焊头、零配件的完整情况，不合格的须返修。验收员测试电气特性，合格后签字确认并盖章。

十一、吹尘、装罩、加封

检修者对验收合格的继电器进行检查，确认清洁无异物，可动部分、导电部分与外罩间隙大于 2 mm 后，对继电器进行吹尘、装罩、加封操作。

十二、验收员验收电气特性、待出所

检修者将加封继电器连同继电器检修卡片交验收员进行电气特性测试（包括释放值、工作值、反向工作值、缓动时间、接点电阻），若不合格，应进行返修；若合格，验收员在卡片上签字盖章，并分配使用地点，待出所。

检修过程中用到的表格见附表 1-1～1-3。

表 1-4　继电器接点的图形符号

序号	符号		名　称	说　明
	标准图形	简化图形		
1	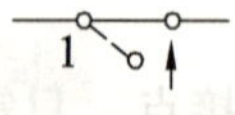	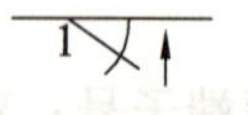	前接点闭合	
2	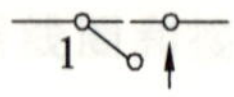		后接点断开	
3	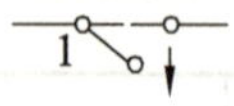		前接点断开	
4	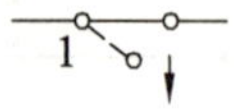	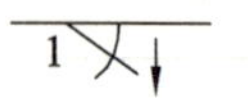	后接点闭合	
5	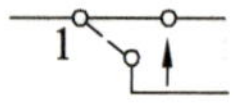		前、后接点组	前接点闭合 后接点断开
	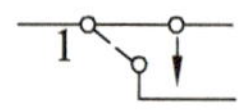	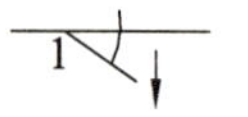		前接点断开 后接点闭合
6	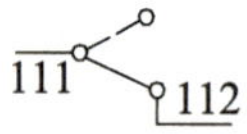	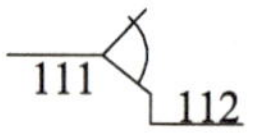	极性定位接点闭合	
7	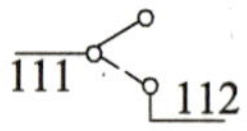	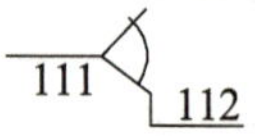	极性定位接点断开	
8	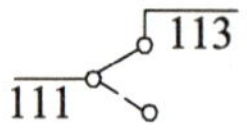	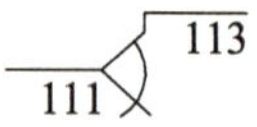	极性反位接点闭合	
9	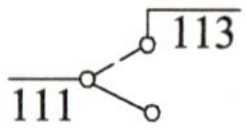	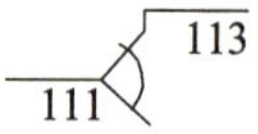	极性反位接点断开	
10	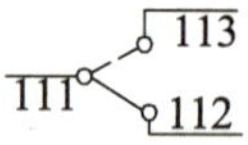	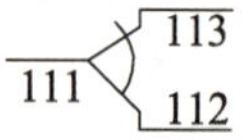	极性定、反位接点组	定位接点闭合 反位接点断开
	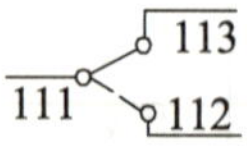	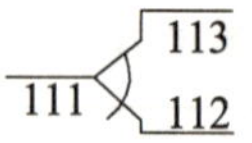		定位接点断开 反位接点闭合

4. 继电器线圈的使用

铁路信号使用的 AX 系列继电器一般都有两个线圈，可以串联使用、并联使用、分开单独使用和单线圈单独使用。

两线圈串联使用：一般均采用这种方法，将线圈 2 端子与 3 端子相连，1 接正电源，4 接负电源。

两线圈并联使用：将线圈 1-3 端子相连，2-4 端子相连，使用 1-2 或 3-4 端子，可以保证在原工作电压不变的情况下可靠工作。

两线圈分别单独使用：两线圈可以分别接不同的电路，在不同的条件下工作。但要注意两线圈不宜同时工作。

单线圈单独使用：相当于在铁心上加了一个铜套，能使继电器缓动。

5. 继电器基本电路

（1）串联电路和并联电路。

根据继电器接点在电路的连接方式，继电电路可分为串联、并联和串并联三种基本形式。

① 串联电路。

串联电路指继电器接点串联连接的电路，如图1-18所示，其功能是实现逻辑"与"运算。串联电路中的3个接点必须同时闭合才能使继电器DJ吸起。从逻辑功能来看，接点在电路中的串联顺序是任意的，而且动接点是否接向电源也是任意的。

图1-18　串联电路

② 并联电路。

由几个继电器接点并联连接的电路称为并联电路，如图1-19所示。它的功能是实现逻辑"或"运算。

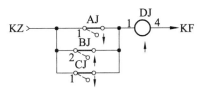

图1-19　并联电路

③ 串并联电路。

根据逻辑功能的要求，在电路中有些接点串联，有些接点并联，这类电路称为串并联电路，如图1-20所示。

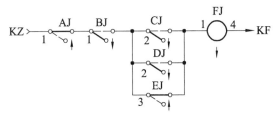

图1-20　串并联电路

（2）自闭电路。

在继电器构成的控制系统中，常需要将某一动作记录下来为以后的过程做准备。例如，图1-21所示的按钮继电器电路，按下自复式按钮A后，继电器AJ经过励磁电路吸起。但松开按钮后，继电器就不能保持吸起。为此，增加由自身前接点构成的电路，使按钮松开后，继电器不落下。这条由自身前接点构成的电路称为自闭电路。有了自闭电路后，继电器就有了记忆功能。当然，当它完成任务后，就必须由表示该任务完成的继电器接点使其复原。

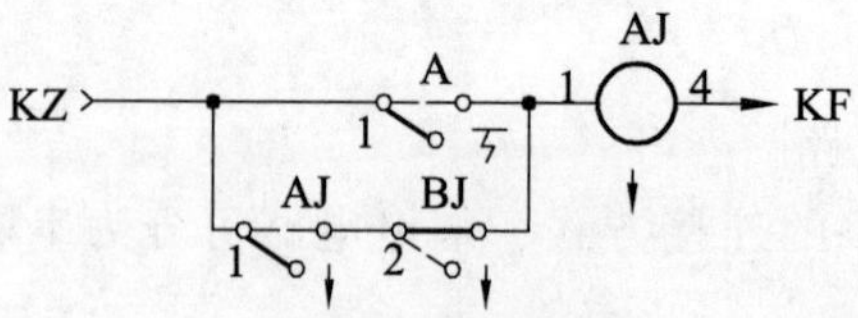

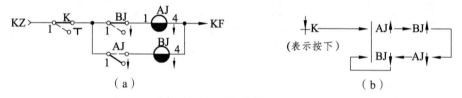

图 1-21 自闭电路

二、继电电路的分析

在设计和分析继电电路时，为了便于认识和掌握电路的逻辑功能、继电器动作顺序、继电器动作时机和继电器励磁回路，需采用一定的分析方法，常用动作程序法和接通径路法。

1. 动作程序法

动作程序法用来表示继电器的动作过程，着重反映继电电路的时序关系和因果关系，而不严格地表达逻辑功能。用符号表示各继电器状态的变化，"↑"表示继电器"吸起"，"↓"表示继电器"落下"（这里"↑""↓"表示继电器的动作，不要和电路图中表示继电器定位状态的"↑""↓"相混淆）。"→"表示"导致"，"∣"表示逻辑"与"。

例如，对于图 1-22（a）所示的脉动偶电路（由两个继电器组成的脉冲形成电路），可写出它的动作程序，如图 1-22（b）所示。

（a）　　　　　　　　（b）

图 1-22　脉动偶电路

2. 接通径路法

接通径路法（曾称接通公式法）用来描述继电器励磁电流的径路，即由电源正极经继电器接点、线圈及其他器件（按钮接点、二极管等）流向电源负极的回路，它是分析继电器电路常用的方法（俗称跑电路）。

例如，对于图 1-22 所示的脉动偶电路，其励磁电路如下：

$$KZ—K_{11\text{-}12}—BJ_{11\text{-}13}—AJ_{1\text{-}4}—KF$$
$$KZ—K_{11\text{-}12}—AJ_{11\text{-}12}—BJ_{1\text{-}4}—KF$$

式中，各接点及其器件的下标是它们在电路中具体连接的接点号或端子号；接点之间用"—"联系，它表示经由，而不用"→"，没有导致的含义，以避免和动作程序法中的"→"相混淆。

一个继电器可能有多条励磁电路，需分别写出接通径路予以描述。

接通径路法仅表达了继电电路的导通路径，而不能反映电路的逻辑功能。对于复杂的继电电路，在对其逻辑功能不熟悉的情况下，可先用接通径路来加以描述。

在实际应用过程中，通常将动作程序法和接通径路法结合起来使用，一方面，在掌握继电电路动作程序的情况下，能方便地跑通电路；另一方面，在跑通电路的过程中，加深对动作程序的理解。

 知识拓展

1. 铁路信号对继电器的要求

信号继电器作为铁路信号系统中的重要器件，它在运用中的安全、可靠就是保证各种信号设备正常使用的必要条件。为此，铁路信号对继电器提出了极其严格的要求，具体如下：

（1）动作必须可靠、准确；

（2）使用寿命长；

（3）有足够的闭合和断开电路的能力；

（4）有稳定的电气特性和时间特性；

（5）在周围介质温度和湿度变化很大的情况下，均能保持很高的电气绝缘强度。

2. 无极继电器的动作原理

无极继电器的磁系统为无分支磁路，如图 1-23（a）所示。在线圈上加上直流电压后，线圈中的电流 I 使铁心磁化，在铁心内产生工作磁通 Φ，它由铁心极靴处经过主工作气隙 δ 进入衔铁，又经过第二工作气隙 δ' 进入轭铁，然后回到铁心，形成一闭合磁路。在工作气隙 δ 处，由于磁通 Φ 的作用，铁心与衔铁间产生电磁吸引力 F_D，当 F_D 大到足以克服机械负载的阻力 F_j（主要是衔铁自重）时，衔铁即与铁心吸合。此时衔铁通过拉杆带动动接点运动，使后接点断开，前接点闭合。

当线圈中的电流减小时，铁心中的磁通按一定规律随之减小，吸引力也随着减小。当电流小到一定值时，它所产生的吸引力小于机械力时，衔铁离开铁心，被释放。此时拉杆带动动接点运动，使前接点断开，后接点闭合。

可见，继电器具有开关特性，可利用它的接点通、断电路，构成各种控制和表示电路。如图 1-23（b）的信号点灯电路，前接点接通时点亮绿灯，后接点接通时点亮红灯。

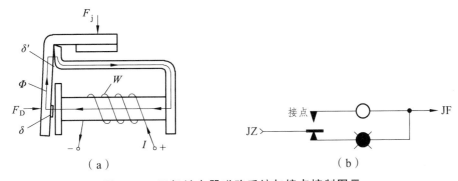

（a）　　　　　　　　　　　　　　　　（b）

图 1-23　无极继电器磁路系统与接点控制图示

项目二 信号机维护检修

项目概述

信号机是用于指挥列车运行及调车作业的信号显示设备，是保证行车安全和提高运输效率的关键的铁路信号基础设备。对运用中的信号机进行周期性的维护检修，是掌握该设备性能，预防故障，保证其经常处于良好运用状态的一种行之有效的方法。

本项目针对信号机的种类、结构、信号显示、维护及检修进行理实一体教学，通过对设备的认知、分解、组装、测试、流程检修等多项任务，使学生在动手的过程中掌握信号机种类、结构和信号显示的相关知识点，并通过模拟现场的维护检修场景，让学生掌握信号机的维护检修程序及质量标准。

教学目标

（1）认知信号机类型。

（2）识读信号机图形符号。

（3）认知色灯信号机组件及显示。

（4）色灯信号机维护、检修。

（5）色灯信号机常见故障判断处理。

任务一 铁路信号认知及符号识读

任务描述

铁路信号是向有关行车和调车人员发出的指示和命令。信号机是用于指挥列车运行及调车作业的具体信号设备，根据其设置、结构、安装方式及用途等特点，信号机可以分为很多种类。为了便于技术交流及施工维护，经常需要把信号机的显示颜色及类型绘制成图形符号。认知信号机类型及识读信号机图形符号是信号专业技术人员必备的技能之一。

本任务主要是认知铁路信号、信号机，识读信号机图形符号，熟悉不同信号机的设置、显示及作用。

任务实施

一、认知铁路信号

1. 铁路信号的种类

铁路信号分为听觉信号和视觉信号两大类。

（1）听觉信号是以不同声响设备发出音响的强度、频率、音响长短和数目等特征表示的信号，如号角、响墩、机车鸣笛等。

（2）视觉信号是以物体或灯光的颜色、形状、位置、数目或数码显示等特征表示的信号，如信号机、机车、信号旗、信号牌、火炬等表示的信号。

视觉信号有固定信号、移动信号和手信号三种。固定信号是在线路固定地点或机车上安装的信号设备显示的信号，如信号机、机车信号。移动信号是根据施工防护或其他需要临时设置的信号牌、信号灯等显示的信号。手信号是用手势或手拿信号灯、信号旗显示的信号。

固定信号是铁路信号的主要信号，移动信号和手信号作为补充和辅助。

铁路电务部门负责维护的信号只是固定信号，包括地面固定信号和机车固定信号。平时说的信号一般专指固定信号。

2. 铁路信号的颜色及其含义

铁路信号通常用不同颜色来显示其意义。我国铁路信号常用红、黄、绿三种基本颜色和月白、蓝两种辅助颜色，各种颜色表示意义如下：

红色——停车；

黄色——注意或减速行驶；

绿色——按规定速度运行；

月白色——允许调车或引导信号；

蓝色——禁止调车或容许信号。

这些显示颜色也常用如下字母来表示：

红色——H；

黄色——U；

绿色——L；

月白色——YB；

蓝色——A。

二、认知固定信号种类

1. 按设置部位分

按设置部位分，固定信号分为地面信号和机车信号。

地面信号为设于车站或区间固定地点的信号机或信号表示器，用来防护站内进路和区间闭塞分区及道口。机车信号设于机车驾驶室内，用来复示地面信号显示或作为主体信号使用。

2. 按信号机构造分

按信号机构造分,固定信号分为色灯信号机和臂板信号机。

色灯信号机用灯光的颜色、数目以及亮灯状态来表示信号。目前广泛使用透镜式色灯信号机和 LED 色灯信号机。由于臂板信号机已很少使用,本书只介绍色灯信号机。

3. 按安装方式分

按安装方式分,固定信号分为高柱信号机、矮型信号机、信号托架和信号桥。

(1)高柱信号机的信号机构安装在信号机柱上,一般用于显示距离要求较远的信号机。高柱信号机具有显示距离远、观察位置明确等优点。因此,为保证安全,提高效率,进站、正线出站、接车进路、通过、预告、驼峰等信号机必须采用高柱信号机;设在岔线入口处、牵出线上的调车信号机以及驼峰调车场内指示机车上峰的线束调车信号机,也应采用高柱信号机;进站复示信号机受地形影响,也采用高柱信号机。

(2)矮型信号机设于建筑接近限界下部外侧的基础上,一般用于显示距离要求不远的信号机上。因高柱信号机的设置受建筑限界的限制,另外应考虑信号机的设置不影响到发线有效长,站线出站、发车进路和一般情况下的调车信号机、驼峰调车场内设有线路表示器的指示机车上峰的线束调车信号机场采用矮型信号机。出站、调车复示信号机也多采用矮型信号机。设于特殊地形和特殊条件下的信号机,其中包括进站信号机,经国家铁路总局批准,亦可采用矮型信号机,如双线双向自动闭塞区段的反方向进站信号机即可采用矮型信号机。

(3)因受限界限制,不能安装信号机柱时,则以信号托架和信号桥代替。信号托架为托臂形结构建筑物,信号桥为桥形结构建筑物,如图 2-1(a)、(b)所示。

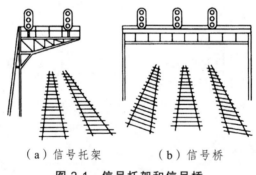

（a）信号托架　　　　　（b）信号桥

图 2-1　信号托架和信号桥

4. 按地位分

按地位分,固定信号分为主体信号机和从属信号机。

主体信号机是能独立显示信号,指示列车或调车车列运行条件的信号机。

从属信号机本身不能独立存在,只能附属于某种信号机,如预告信号机、复示信号机等。

5. 按用途分

按用途分,固定信号分为信号机和信号表示器。

信号机用来防护站内进路、防护区间、防护危险地点等，具有严格的防护意义。信号表示器是向行车人员传达行车、调车意图或对信号进行补充说明所用，无防护意义。

 知识拓展

1. 信号表示器

信号表示器是一种信号装置，但它没有防护意义，而是用来表示与行车有关设备的位置和状态，或表示信号显示的某种附加含义。下面介绍几种常见的信号表示器。

（1）进路表示器：当出站信号机有两个及两个以上发车方向时，将进路表示器设在出站信号机的机柱上，以补充说明具体的发车方向。进路表示器及设置如图 2-2（a）、（b）所示。

（2）发车线路表示器：设有线群出站信号机的地点，在每一发车线警冲标内方的适当地点设线路表示器，作线群出站信号机的补充说明。当线群出站信号机在开放的条件下，哪个线路表示器亮一个月白色灯光，即表示在该线路停留的列车可以发车。发车线路表示器如图 2-2（c）所示。

（3）道岔表示器：在发车进路上的手动道岔和非联锁区向联锁区的入口处的电动道岔，均装有道岔表示器，用以反映该道岔所处的状态，以便于扳道员确认进路，也方便调车人员办理调车作业。道岔表示器如图 2-2（d）所示。此外，信号表示器还有车挡表示器、脱轨表示器等。

（a）进路表示器

（b）设在出站信号机上的进路表示器

（c）发车线路表示器

（d）道岔表示器

图 2-2　信号表示器

2. 信号标志

信号标志设在线路沿线，用来表明线路所在地点的某种情况或状态，以便司机和其他有关行车人员能够及时、正确地进行作业。常用的信号标志有：

（1）警冲标：设在两会合线路间距离为 4 m 的中间，用来指示机车车辆的停留位置，防止机车车辆侧面冲撞。警冲标及其设置地点如图 2-3（a）所示。

（2）司机鸣笛标：设在道口、大桥、隧道或视线不良地点的前方 500～1 000 m 处。司机见到这种标志时，应当鸣笛示警。

（3）作业标：设在施工线路及其邻线距施工地点两端 500～1 000 m 处，司机见到此标志时须提高警惕并长声鸣笛。司机鸣笛标及作业标如图 2-3（b）、（c）所示。

 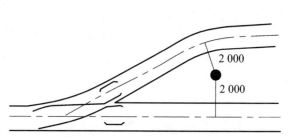

（a）警冲标及其设置地点

（b）司机鸣笛标　　　　　　　（c）作业标

图 2-3　信号标志

三、识读信号机符号

信号机是用于指挥列车运行及调车作业的信号设备，信号机显示为开放信号时允许列车或调车车列进入其防护的进路，信号机显示为关闭信号时禁止进入进路。

1. 信号显示符号

铁路常用信号显示符号如表 2-1 所示。

表 2-1　铁路常用信号显示符号

序　号	符　号	名　称	说　明
1	○	绿灯	
2	⊘	黄灯	
3	●	红灯	
4	◉	蓝灯	
5	◎	月白灯	
6	⏀	白灯	
7	⊗	空位灯	
8	⟟	亮稳定灯光	
9	 ⟠	亮闪光	
10	⊘	双半黄灯	机车信号
11	◐	半红半黄灯	机车信号

2. 信号机符号

色灯信号机符号如表 2-2 所示。

表 2-2　色灯信号机符号

序　号	符　号		名　称	说　明
1	高柱　⊢○ 	矮型　○	信号机一般符号	
2	 ⊢○○	 ○○	二灯位信号机	
3	 ⊢○○○	 ○○○	三灯位信号机	
4	 ⊬○○○		进站前方第一架通过信号机	
5	 ⊦◇○○○		带容许信号的通过信号机	
6	 ⊢○○○○	 ⊞	四灯位信号机	
7	 ⊢○-○○○○	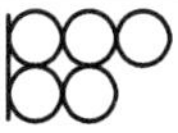 ⊟	五灯位信号机	

35

四、认知信号机的名称、设置及作用

信号机按防护用途的不同，可分为进站、出站、调车、通过、进路、驼峰、驼峰辅助、遮断、预告、复示信号机等。

1. 信号机命名

（1）进站信号机：按所指示的列车运行方向命名，上行为 S，下行为 X。若车站同方向一端有多个线路接入，则通过给 S 或 X 加下标来区分，下标多采用该信号机所属的线路名的汉语拼音首字母，如下行进站东郊方面的信号机命名为 X_D。

（2）出站信号机：按所指示的出站列车运行方向命名，上行用 S，下行用 X，在右下角加股道号作为下标，如 S_I、X_5。当有数个车场时，应先加车场号，再在右下角加股道号，如 X_{II3}。

（3）调车信号机：调车信号机以 D 命名，并在右下角加数字序号作为下标。下行咽喉的信号机用单号，上行咽喉的信号机用双号，分别从车站两端向站内方向顺序编号，如 D_1、D_3、D_2、D_4 等。

（4）进路信号机：按其用途可分为接车进路信号机、发车进路信号机和接发车进路信号机。其命名如下：

① 接车进路信号机：按运行方向，下行为 XL，上行为 SL。当有并置或连续布置的接车进路信号机时，则在其右下角加顺序号，如 XL_1、XL_3、SL_2、SL_4 等（下行取单数，上行取双数）。

② 发车进路信号机：按指示的列车运行方向，下行用 X、上行用 S 表示，并在右下角加车场号、股道号作为下标，如 I 场下行 5 股道发车进路信号机命名为 X_{I5}。

（5）预告信号机：以 Y 表示，加在主体信号机名称前，如 YS 为上行进站信号机的预告信号机。

（6）复示信号机：以 F 表示，加在主体信号机名称前面，如 FX_3 为下行 3 股道出站信号机的复示信号机。

（7）驼峰信号机：以 T 表示，在右下角加推送线的顺序号，如 T_1、T_2。

（8）驼峰辅助信号机：以 TF 表示，并在其右下角加到达场的股道编号，如 TF_1、TF_2。

（9）通过信号机：以该信号机所在地点坐标公里数和百米数组成，下行编奇数，上行编偶数。如下行通过信号机的位置坐标在 405 km+366 m 处，则该信号机编号为 4053；上行通过信号机的位置坐标在 405 km+366 m 处，则该信号机可编号为 4054。

2. 信号机的设置及作用

我国铁路实行左侧行车制，规定所有信号机应设在行车方向线路的左侧。如果两线路之间距离不足以装设信号机时，可采用信号托架或信号桥。由于地形地物的限制，也可以经过国家铁路总局特批，设于右侧。各种信号机在线路旁的纵向设置如下：

（1）进站信号机：设在车站入口处，进站线路最外方道岔尖轨尖端（顺向道岔为警冲标）50～400 m 的地点，如图 2-4 中的 X。进站信号机的作用是防护车站，指示进站列车的运行条件，保证接车进路的安全可靠。

（2）出站信号机：设在车站发车线端部、警冲标（对向道岔为尖轨尖端）内方的适当地点，应尽量不影响股道有效长，一般在 3.5 ~ 4 m 处，如图 2-4 中的 S_{II}、S_4、S_5。出站信号机的作用是防护区间，指示列车能否由车站进入区间；信号开放后，保证发车进路的安全；指示列车在站内的停车位置。

（3）调车信号机：设在调车作业繁忙的线路上，根据车站调车作业的实际需要综合考虑设置。调车信号机的作用是指示站内各种调车作业，一般采用矮型信号机。

调车信号机按设置情况可分为 4 种类型：单置、并置、差置和尽头型。

① 单置调车信号机：其前后均有道岔的信号机为单置调车信号机，如图 2-4 中的 D_{11}、D_{13}。

② 并置调车信号机：当两架背向的咽喉区调车信号机之间没有无岔区段，而需并置在一个绝缘节两侧时，这两架调车信号机称为并置调车信号机，如图 2-4 中的 D_7 和 D_9。

③ 差置调车信号机：当两架背向的咽喉区调车信号机之间有一不小于 50 m 的无岔区段时，设置的这两架调车信号机称为差置调车信号机，如图 2-4 中的 D_5 和 D_{15}。

④ 尽头型调车信号机：设在调车进路的始端，在其灯光显示的后方有道岔区段，在其灯光显示的前方有固定的线段，如图 2-4 中的 D_{18}。

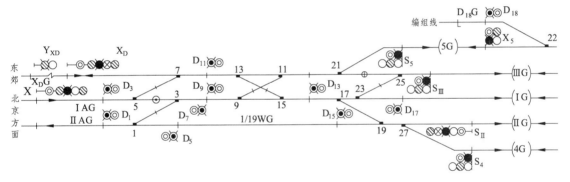

图 2-4　进站、出站、调车信号机设置

（4）进路信号机：在有几个车场的车站，指示列车由一个车场开往另一个车场，应设进路信号机。其中，接车进路信号机，对到达列车指示运行条件；发车进路信号机，对出发列车指示运行条件；接发车进路信号机，对到达及出发列车指示运行条件。

在车场前或引向不同车场的分歧道岔前应设接车进路信号机；在纵列式车场，当两个车场间线路紧密衔接，在车场入口处不能装设接车进路信号机时，可在相邻车场出口处的正线上装设接发车进路信号机；当两个车场线路较长，为了提高站内通过能力，除了在车场入口处的正线上装设接车进路信号机外，还应在相邻车场出口处正线上装设接发车进路信号机。

（5）通过信号机：设在自动闭塞区段闭塞分区分界处或非自动闭塞区段所间区间的分界处，其作用是指示列车能否进入它所防护的闭塞分区或所间区间，一般采用高柱信号机，如图 2-5 所示。

机和 LED 色灯信号机。透镜式色灯信号机因其结构简单，安装方便，控制电路所需电缆芯线少，而得到广泛应用。LED 色灯信号机作为一种节能、免维护的新型光源而被推广使用。

本任务主要是认知色灯信号机组成部件、机构组件及种类，熟悉不同色灯信号机的光源及点灯装置。

任务实施

一、认知透镜式色灯信号机

1. 透镜式色灯信号机的组成

透镜式色灯信号机有高柱和矮型两种类型，它们的区别主要在于高柱信号机的机构安装在钢筋混凝土信号机柱上，矮型信号机的机构安装在水泥基础上。

高柱透镜式色灯信号机如图 2-8 所示。它由机柱、机构、背板、托架、梯子等组成。机柱用于安装机构和梯子。机构的每个灯位配备有相应的透镜组和单独点亮的灯泡，给出信号显示。背板有圆形和方形两种，颜色为黑色，安装在机构上，用以构成较暗的背景，衬托信号灯光的亮度，改善瞭望条件。托架用来将机构固定在机柱上，每一机构需上、下托架各一个。梯子用于维修人员攀登及检修作业。

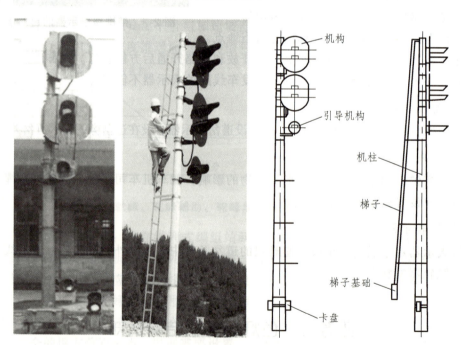

图 2-8　高柱色灯信号机

矮型透镜式色灯信号机如图 2-9 所示。它用螺栓固定在信号机基础上，没有背板、托架，也不需要梯子。

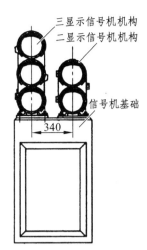

图 2-9　矮型色灯信号机

2. 透镜式色灯信号机的机构

透镜式信号机机构分为单显示、二显示和三显示 3 种，每一种又有高柱和矮型两类，如图 2-10 所示。各种信号机根据信号显示的需要选用机构。其中，二显示和三显示机构分别划分为两个和三个灯室，灯室之间用隔板分开，防止相互串光。单显示机构用于阻挡信号机，以及复示信号、引导信号及进路表示器。

图 2-10　矮型二显示、三显示及高柱三显示机构

二显示和三显示机构可以单独使用，也可以与其他两种机构组合使用，再按灯光配列对信号灯位颜色的规定安装有色内透镜，对于不使用的灯位予以封闭。例如，图 2-7 所示的进站信号机由两个高柱二显示机构和一个单显示引导机构组成，图 2-8 所示的矮型出站信号机由一个矮型二显示机构和一个矮型三显示机构组成。

透镜式色灯信号机机构的型号含义举例，例如，XSG-HL 的含义如图 2-11 所示。

图 2-11　透镜式色灯信号机机构 XSG-HL 型号含义

X—信号机构；S—色灯；G—高柱；A—矮型；B—表示；F—复示、发车；J—进路；R—容许；
Y—引导；Z—遮断；H—红灯；L—绿灯；B—白灯；A—蓝灯；U—黄灯

3. 透镜式色灯信号机的灯位

透镜式色灯信号机的每个灯位由灯泡、灯座、透镜组、遮檐、背板等组成，如图 2-12 所示。

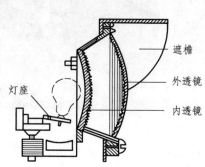

图 2-12　透镜式色灯信号机的灯位

灯泡是色灯信号机的光源，采用直丝双丝灯泡，灯泡内有两个灯丝，一个主灯丝，一个副灯丝。正常情况下点亮主灯丝，当主灯丝断丝时，自动改点副灯丝，并发出报警，提醒值班人员更换灯泡。

灯座是用来安放灯泡的，采用定焦盘式灯座，在调整好透镜组焦点后固定灯座，更换灯泡时无须再调整。

透镜组装在镜架框上，由两块带棱的凸透镜组成，里面是有色带棱外凸透镜（有红色、黄色、绿色、蓝色、月白色、无色六种），外面是无色带棱内凸透镜。透镜组利用光的折射和反射原理，将灯泡发出的光线集中射向所需要的方向，使信号机显示距离远且具有很好的方向性。信号机显示的颜色取决于有色透镜，可根据需求选用。

遮檐用来防止阳光等光线直射时产生错误的幻影显示。

4. 信号光源

（1）信号灯泡和灯座。

① 直丝信号灯泡。

信号灯泡是透镜式色灯信号机和信号表示器的光源。灯泡采用直丝信号灯泡，其灯丝为双螺旋直丝，如图 2-13 所示，在下面的为主灯丝，在上面的为副灯丝。当主灯丝烧断后应及时更换新灯泡，更换前要登记联系，更换后应进行主副灯丝转换试验，并测量灯泡端压，且把灯泡的编号、更换日期、更换人、灯位等填写在测试记录本内。

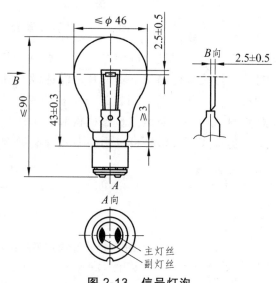

图 2-13　信号灯泡

② 定焦盘式铁路信号灯座。

与直丝信号灯泡配套的是定焦盘式铁路信号灯座。定焦盘式灯座三维（上下、左右、前后）可调，可以调整光源位置，使主灯丝位于透镜组的焦点上，获得最佳显示效果。

（2）信号点灯和灯丝转换装置。

信号点灯和灯丝转换装置早期采用信号变压器和灯丝转换继电器，后来出现了将点灯和灯丝转换结合为一体的多功能信号点灯装置和点灯单元。本任务以常用的 XDZ-B 型多功能信号点灯装置来学习。

① XDZ 型多功能信号点灯装置的作用。

XDZ 型多功能信号点灯装置的作用是把室内电源屏提供的交流 220 V 电压降压为信号灯泡的额定电压交流 12 V，并能实现主灯丝断丝后自动转换到副灯丝和告警，以防止信号灯泡断丝造成的信号显示中断。

② XDZ-B 型多功能信号点灯装置结构。

XDZ-B 型多功能信号点灯装置由点灯装置、罩壳、插座、底座、接线端子和紧固螺栓等组成，如图 2-14 所示。使用时在底座的接线端子上配线，然后把点灯装置插在底座插片上，用紧固螺栓拧紧固定即可。

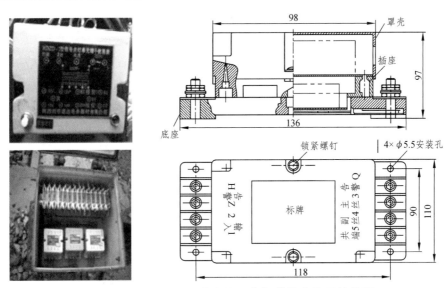

图 2-14　XDZ-B 型多功能信号点灯装置实物及结构图

③ 工作参数。

XDZ-B 型信号点灯装置工作电压为 220 V、50 Hz 交流电，灯丝输出电压为交流 10.2 ～ 11.9 V，主副灯丝转换时间小于 0.1 s。

透镜式色灯信号机的优点是结构简单，便于生产维修，比较安全可靠；主要缺点是光通量未得到充分利用，显示距离有限，在曲线上时，不能保证连续显示。

二、认知 LED 色灯信号机

LED 信号机运用了电子稳压技术，采用高亮度发光二极管（LED）作为信号机构的发光器件，是一种免维护、少维修的信号器材。

LED 信号机的机构大小同透镜式色灯信号机，机构由铝合金材料构成，质量大大减少，便于进行施工安装，密封条件好；发光盘由 LED 发光二极管构成，使用寿命长，可以做到免维护。LED 信号机机构及控制系统与现有电灯控制电路兼容，具有可靠性高、聚焦稳定、光度性好、节能、免维护的优点，是近些年推广使用的一种信号机。

1. LED 色灯信号机的优点

LED 色灯信号机构采用轻便、耐腐蚀的单灯铝合金机构，组合灵活，安装简单，显示距离超过 1.5 km，且清晰可辨，安全可靠。通过监测控制系统的电流，可监督信号显示系统的工作状态，预警异常情况，有助于准确判断故障点，便于及时处理故障。

用 LED 发光盘取代传统的双丝信号灯泡和透镜组，具有以下显著优点：

（1）可靠性高。

发光盘是用上百只发光二极管和数十条支路并联工作的，在使用中即使个别发光二极管或支路发生故障也不会影响信号的正常显示，提高了信号显示的可靠性。

（2）寿命长。

发光二极管的寿命是信号灯泡的 100 倍，改用发光盘后可免除经常更换灯泡的麻烦，且有利于实现免维修。

（3）节省能源。

传统信号灯泡耗电为 25 W，而发光盘的耗电量还不到信号灯泡的 1/2。

（4）聚焦稳定。

发光盘的聚焦状态在产品设计与生产中已经确定，现场不需调整，给安装与使用带来方便，并能始终保持良好的聚焦状态。

（5）光度性好。

发光盘除有轴向主光束外，还有多条副光束，有利于增强主光束散角以及近光显示效果。

（6）无冲击电流。

点灯时没有类似信号灯泡冷丝状态的冲击电流，有利于延长供电装置的使用寿命，并减少对环境的电磁污染。

2. LED 色灯信号机的组成部件

LED 色灯信号机有 XSLE 型、XLL 型、XSZ（G、A）型、XLG（A、Y）型和 XSL 型等。XSLE 型由发光盘、BXZ-40 点灯单元和 GTB 隔离调压报警单元组成。XLL 型由发光盘和 XLL 型 LED 信号机点灯单元组成。XSZ 型的发光盘可与现有信号点灯变压器配合使用。XLG 型由发光盘和减流报警单元组成。XSL 型由 PFL 型 LED 发光盘和 FDZ 发光盘专用点灯装置组成。各种型号的 LED 色灯信号机的部件是配套使用的。

现以 XSL 型 LED 色灯信号机为例进行介绍。

XSL 型 LED 信号机由铝合金信号机构、PFL-I 型铁路 LED 发光盘和 FDZ 型发光盘专用点灯装置组成。

（1）铝合金信号机构。

铝合金信号机构分为高柱机构和矮型机构。

① 高柱机构。

高柱信号机构由背板总成、箱体总成、遮檐和悬挂装置四大部分组成。

背板总成带有背板，并用来安装箱体总成。背板总成分为二灯位背板总成（设有两个灯位安装孔）和三灯位背板总成（设有三个灯位安装孔）两种。两种背板总成的高度不同。

把各个灯位组装成一个整体称为箱体总成。箱体总成也分为二灯位箱体总成（XSLG2型）和三灯位箱体总成（XSLG3型）两种。两种机构除背板总成不同外，其余均相同。用两个箱体总成分别固定在二灯位背板总成上，即构成二灯位高柱信号机构。用三个箱体总成分别固定在三灯位背板总成上，即构成三灯位高柱信号机构。

遮檐用螺钉装在机构箱体上的玻璃卡圈上。

悬挂装置将背板总成固定在信号机水泥机柱上。悬挂装置采用现有的上托架、下托架等设备，并经特殊的喷涂表面处理，以增强其抗锈蚀能力。

机柱上的机柱管接头用直径25 mm的蛇管接出并引至背板总成下方的配线盒内，同时用两个U形螺栓固定。然后，由配线盒底板上的蛇管接头分两路或三路经直径13 mm的蛇管引至高柱箱体总成侧面的蛇管接头上，电线穿在蛇管内。

② 矮型机构。

矮型机构分为二灯位矮型机构（XSLA2型）和三灯位矮型机构（XSLA3型）两种，如图2-15所示。其安装方法与透镜式信号机构相同，即厂家已按二灯位（或三灯位）组装成一个整体。现场安装时，先在水泥基础上垫上底座垫片（橡胶制品，随机构附上），再把机构装上（注意装机构时须先把电线穿入箱体相应的孔中），然后调整好方向，将螺母紧固即可，最后装上遮檐。

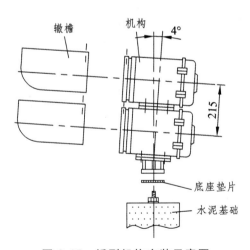

图 2-15　矮型机构安装示意图

（2）PFL-I型铁路LED发光盘。

PFL-I型铁路LED发光盘是采用发光二极管制成的铁路信号灯新光源。

① 发光盘的分类。

发光盘分为高柱发光盘、矮型发光盘和表示器发光盘。

高柱发光盘适用于高柱色灯信号机构、遮断信号机构和高柱复示信号机构。矮型发光盘适用于矮型色灯信号机构、引导信号机构、容许信号机构、矮型复示信号机构和发车线路表示器机构。表示器发光盘适用于表示器机构。

发光盘的结构尺寸可与多种传统信号机构兼容。

② 发光盘的型号。

发光盘的型号由汉语拼音字母和罗马数字组成，如图 2-16 所示。

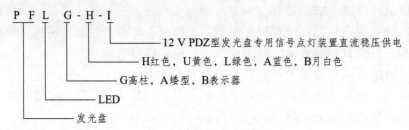

图 2-16　发光盘的型号

③ 发光盘的结构及安装。

发光盘为圆形盘状结构，前面由多颗 LED 管组成，后面有一个突起的防雷盒，发光盘的前罩上有鉴别销，以确认该灯位的颜色。只有发光盘的灯光颜色与该灯位灯箱玻璃卡圈上的鉴别槽相吻合，才能安装。发光盘前罩上有 3 个突出的卡销，用来在安装时对准玻璃卡圈上的 3 个卡槽，如图 2-17 所示。安装时，将这三个卡销对准卡槽，推到底后顺时针旋转约 10°，当听到弹珠的咔嗒声，发光盘即被牢牢地卡在玻璃卡圈上。

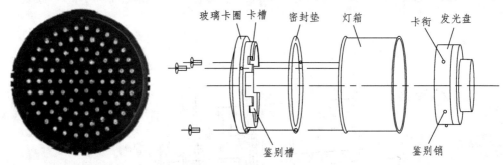

图 2-17　发光盘及安装示意图

为满足曲线轨道的信号显示，可根据现场实际需要，安装偏散镜片，叠装在需要偏散的发光盘的前面。偏散镜片有 3 种，其规格型号与偏散角度：GS176-20 型偏散角为 10°、GS176-15 型偏散角为 15°、GS176-20 型偏散角为 20°。

④ 电气参数。

PFL-I 型铁路 LED 发光盘的额定电压为直流 12 V，额定电流为直流 700 mA。发光盘的驱动电源由与其配套的 FDZ 型发光盘专用点灯装置提供。

（3）FDZ 型发光盘专用点灯装置。

FDZ 型发光盘专用点灯装置是为配套 PFL-I 型 LED 发光盘而研发的新一代信号点灯装置。该装置输出的是稳定的 12 V 直流电压，不仅性能稳定可靠，能适应电压波动较大的区段，而且使用方便，现场不需要调整。

① 功能和特点。

• 可靠性高。该装置采用主、备路电源热备切换的工作模式，当主路电源发生故障时可自动切换到备路电源，保证铁路信号行车安全。

• 抗干扰能力强。电路采用电磁兼容设计，具有较强的抗电磁干扰能力，完全达到GB/T 17262—1998标准中A级防护的要求。

• 告警功能完备。当发光盘内部LED二极管损坏数量超过总数的30%时，以及主、备路电源一路发生故障时均产生告警条件，接通告警电路发出告警。

• 输入端一侧接FDL-I型防雷模块，可承受10 kV/300 μs雷电波冲击。模块拆卸方便，便于维护测试。

• 装置输入端采用变压器隔离，具有体积小、质量轻、稳压范围宽等特点。结构采用一体化设计，配线简单，施工方便。采用插拔式安装方式，便于检修和更换。

• 绝缘电阻：输入、输出端子对地的绝缘电阻≥25MΩ。

• 绝缘耐压：输入、输出端子对地能承受交流正弦50 Hz电压有效值1 000 V历时1 min。

• 输入、输出端子对地能忍受1.2/50 μs波形在10 kV冲击下无闪络和击穿现象。

② 电路原理。

该装置原理框图如图2-18所示，由隔离变压器、整流电路、稳压电路和告警电路构成。输入电源经变压、整流后，由两路稳压电路进行稳压，两路稳压电路热备，以保证输出为稳定的12 V直流电压。告警电路对发光盘和两路稳压电路进行监督，故障时发出告警。

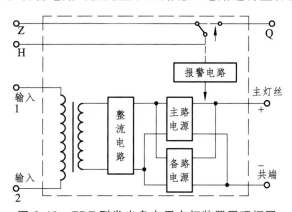

图2-18　FDZ型发光盘专用点灯装置原理框图

③ 技术指标。

• 工作电压：220 V×（1±20%）单相交流50 Hz。

• 额定负载：PFL型发光盘（相当于17 Ω/15 W电阻）。

• 输出电压：在额定负载情况下（700 mA）为DC（12±1）V。

• 空载电流：≤16 mA。

• 告警条件：LED损坏数量超过30%时告警。

• 环境温度：−40～+85 ℃。

• 相对湿度：<90%。

任务三　信号显示识读和信号机构选用

任务描述

本任务主要是识读信号显示方式和意义，能够选用常见色灯信号机的机构和配列灯光，识记常用信号机的显示距离。

任务实施

一、识读信号显示方式

1. 组合灯光

随着列车运行速度的提高，对信号显示的信息量的需求也在不断地增加，采用单一灯光显示早已不能满足列车运行的需要，因此可以采用组合灯光进行表示。组合灯光采用2～3个相同或不同颜色的基本灯光进行组合来表达信号含义。如进站信号机的组合灯光用两个黄灯、一个绿灯和一个黄灯信号显示，出站信号机用两个绿灯、一个绿灯和一个黄灯信号显示。

2. 闪光信号

闪光信号具有易于辨认、抗干扰能力强、节省电源和电缆等优点，对于解决信号显示数目不足的问题，是一个较易实现而有效的手段。我国铁路信号闪光频率确定为 50～70次/min，亮灭比为 1：1。常见的闪光信号有进站信号机对经 18 号及其以上道岔侧向位置进站所增加的黄闪/黄显示，驼峰信号机采用的绿闪、黄闪、红闪等闪光信号显示。

二、选用机构和配列灯光

色灯信号机机构有单显示、二显示和三显示 3 种。它们既可以单独使用，也可以组合使用。机构的选用和灯光的配列如表 2-3 所示。

1. 色灯信号机灯光配列和应用规定

（1）当需要减少灯位时，应以空位停用方式处理，以维持信号机应有的外形，防止司机误认。

（2）以两个基本灯光组成一种信号显示时，应在一条垂直线上（进站复示信号机除外），而且还应保持一定的间隔距离。

（3）由两个机构组成的矮型信号机，应将最大限制信号设在靠近线路的机构上。

（4）双机构加引导信号是一种专门的信号机型，它可以规定始端速度。

（5）一般情况下，站内高柱信号机的机构设于机柱右侧，区间高柱信号机的机构设在机柱左侧，电气化区段的通过信号机的机构设在机柱右侧。

表 2-3 色灯信号机机构选用、灯光配列及用途

序号	1	2	3	4	5	6	7	8
机构和灯光配列（高柱/矮型）	（信号机图示）							
名称及用途	预告信号机（矮型用于桥隧）	三显示自动闭塞区段通过信号机（矮型用于桥隧）	三显示自动闭塞区段带容许信号通过信号机	四显示自动闭塞区段通过信号机（矮型用于桥隧）	四显示自动闭塞区段带容许信号通过信号机	非自动闭塞区段的出站或通过信号机	非自动闭塞区段带调车的出站信号机	非自动闭塞区段的两方向出站信号机

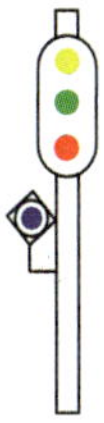

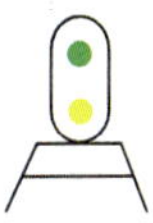

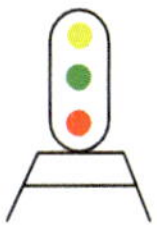

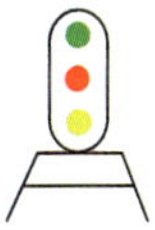

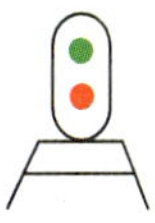

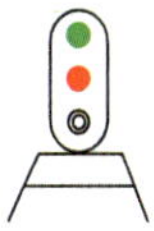

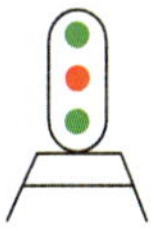

序号	9	10	11	12	13	14	15	16
机构和灯光配列（高柱/矮型）	（信号机图示）							
名称及用途	非自动闭塞区段带调车信号两方向出站信号机	三显示自动闭塞区段的出站信号机	三显示自动闭塞区段带调车的出站或发车进路信号机、驼峰及驼峰辅助信号机（高柱）、驼峰辅助兼出站信号机（高柱）	三显示自动闭塞区段两方向出站信号机	四显示自动闭塞区段的出发信号机、发车进路信号机	四显示自动闭塞区段带调车的出站或发车进路信号机、驼峰及驼峰辅助信号机（高柱）、驼峰辅助兼出站信号机（高柱）	四显示自动闭塞区段两方向的出站信号机、两方向发车进路信号机兼发车进路信号机	三显示闭塞区段带调车信号的两方向出站信号机

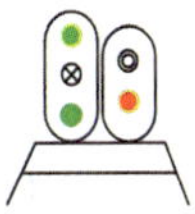

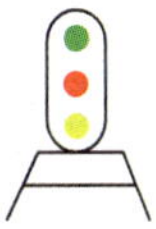

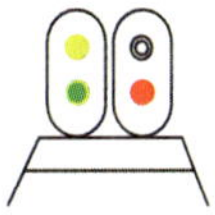

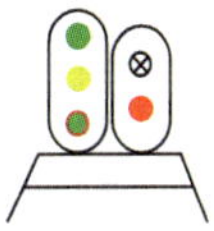

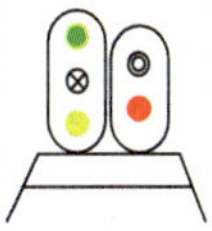

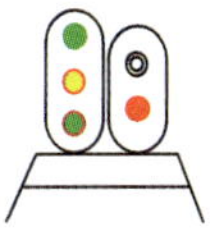

49

序号		17	18	19	20	21	22	23	24
机构和灯光配列	高柱								
	矮型								
名称及用途		四显示闭塞区段的带调车信号的两方向出站信号机	进站信号机、接车进路信号机、敬意防护分歧线路的通过信号机（封月白灯）	带调车信号的接车进路信号机（可兼出站信号机）	带调车信号的两方向出站信号机兼接车进路信号机	反面兼调车信号的进站信号机（用于高度集中区段的车站）	调车信号机	调车信号机（设置在岔线入口处）	尽头列车信号机

序号		25	26	27	28	29	30	31	32
机构和灯光配列	高柱								
	矮型								
名称及用途		出站或发车进路复式信号机	调车复式信号机	进站复式信号机	发车线路表示器（透明白灯）	驼峰复式信号机	遮断信号机	遮断信号机	道口信号机

2. 各种信号机的灯光配列

（1）进站信号机。

一般采用高柱双机构（两个显示机构），带引导信号机构，自上而下灯位为黄绿、红黄、月白；当进站为矮型信号机时，采用一个三显示机构和一个二显示机构，三显示机构灯位为黄、绿、黄，二显示机构灯位为红、月白，二显示机构靠近线路。

（2）出站信号机。

出站信号机的配置较为复杂，分为半自动闭塞、自动闭塞，单方向、两方向、三方向等情况，且出站信号机一般又兼作调车信号机。

半自动闭塞区段出站信号机采用一个三显示机构，其灯位自上而下为绿、红、月白。若有两个发车方向时，增加一个绿灯，高柱采用绿红、绿月白两个二显示机构；矮型采用一个三显示机构和一个二显示机构，三显示机构灯位为绿、空、绿，二显示为月白、红，二显示机构靠近线路。

三显示自动闭塞区段高柱、矮型出站信号机均采用两个二显示机构：黄绿、红月白，矮型出站信号机的红、月白二显示机构靠近线路。

四显示自动闭塞区段出站信号机，高柱采用绿红、黄月白两个二显示机构；矮型采用一个绿、空、黄三显示机构和一个月白、红二显示机构，二显示机构靠近线路。双方向出站，当次要方向为半自动闭塞，高柱增加一个绿灯，上面为绿、红、黄三显示机构，下面为绿、月白二显示机构；矮型不能构成，只能装设进路表示器。当出站的两个方向都是自动闭塞时，高柱和矮型都只能装设进路表示器。

任何情况下的出站信号机，若发车方向在两个以上，只能装设进路表示器。

（3）进路信号机。

接车进路信号机的机构、灯光配列与进站信号机相同，但其兼作调车信号机，应将调车信号机构设于信号机下部，且须将蓝灯封闭。

发车进路信号机的机构、灯光配列与出站信号机相同，只是没有两个发车方向的情况。

（4）通过信号机。

① 自动闭塞区段的通过信号机均采用三显示机构，三显示区段为黄、绿、红，四显示区段为绿、红、黄。设在上坡道起动困难的通过信号机，可带容许信号，方形背板，蓝灯。

② 非自动闭塞区段的通过信号机采用一个绿、红两显示机构。

（5）遮断信号机。

遮断信号机采用单机构高柱形式，只有一个红灯，方形背板，机柱涂以黑白相间斜线。

（6）预告信号机。

一般采用一个绿、黄两显示机构，遮断信号机的预告信号机采用高柱单机构，只有一个黄灯位，方形背板，机柱涂以黑白相间斜线。

（7）调车信号机。

一般采用一个月白、蓝两显示机构。设于岔线入口处的调车信号机，可以用月白、红二显示机构；设于尽头式到发线上的尽头调车信号机采用一个矮型三显示机构，灯位为空、红、月白，外形同列车用的信号机。

（8）驼峰信号机。

驼峰信号机采用高柱信号机、两个二显示机构，自上而下是黄绿、红月白。

（9）复示信号机。

复示信号机均采用方形背板，采用高柱信号机，为灯列式结构：一个机构内有 3 个呈等边三角形的月白灯。出站、进路复示信号机采用单显示机构，绿灯。调车复示信号机为单显示机构，月白灯。

三、识读信号机显示意义

各种信号机显示及意义按《铁路技术管理规程》（简称《技规》）规定，如表 2-4 ~ 2-11 所示。

表 2-4　进站信号机显示

序号	显示方式	含义	
		四显示自动闭塞区段除外的区段	四显示自动闭塞区段
1		准许列车按规定速度经正线通过车站，表示出站及进路信号机在开放状态，进路上的道岔均开通直向位置	准许列车按规定速度经道岔直向位置进入或通过车站，表示运行前方至少有三个闭塞分区空闲
2		准许列车经道岔直向位置进入站内正线准备停车	准许列车按限速要求越过该信号机，经道岔直向位置进入站内正线准备停车
3		准许列车经道岔侧向位置进入站内准备停车	准许列车按规定限速要求越过该信号机，经道岔侧向位置进入站内准备停车
4		准许列车经过 18 号及其以上道岔侧向位置进入站内越过下一架已经开放的信号机，且该信号机所防护的进路，经道岔的直向位置或 18 号及其以上道岔的侧向位置	准许列车经过 18 号及其以上道岔侧向位置进入站内越过下一架已经开放的信号机，且该信号机所防护的进路，经道岔的直向位置或 18 号及其以上道岔的侧向位置
5		不准列车越过该信号机	不准列车越过该信号机

序号	显示方式	含 义	
		四显示自动闭塞区段除外的区段	四显示自动闭塞区段
6		准许列车经道岔直向位置进入站内越过下一架已经开放的接车进路信号机准备停车	准许列车按规定速度越过该信号机，经道岔直向位置进入站内，表示下一架信号机已经开放一个黄灯
7		进站及接车进路色灯信号机的引导信号显示一个红色灯光及一个月白色灯光，表示准许列车在该信号机前方不停车，以不超过 20 km/h 的速度进站或通过接车进路，并准备随时停车	进站及接车进路色灯信号机的引导信号显示一个红色灯光，表示准许列车在该信号机前方不停车，以不超过 20 km/h 的速度进站或通过接车进路，并准备随时停车

表 2-5　出站信号机显示

序号	显示方式		含 义
1	三显示自动闭塞区段		准许列车由车站出发，表示运行前方至少有两个闭塞分区空闲
2			准许列车由车站出发，表示运行前方有一个闭塞分区空闲
3			不准列车越过该信号机
4			准许列车由车站出发，开往半自动闭塞区间
5			在兼作调车信号时，一个月白色灯光，表示准许越过信号机调车
6	四显示自动闭塞区段		准许列车由车站出发，表示运行前方至少有三个闭塞分区空闲

53

序号	显示方式		含 义
7	四显示自动闭塞区段		准许列车由车站出发，表示运行前方有两个闭塞分区空闲
8			准许列车由车站出发，表示运行前方有一个闭塞分区空闲
9			不准列车越过信号机
10			准许列车由车站出发，开往半自动闭塞区段
11			在兼作调车信号机时，一个月白色灯光表示准许越过信号机调车
12	半自动闭塞区段		准许列车由车站出发
13			不准列车越过该信号机
14			准许列车由车站出发，开往次要线路
15			在兼作调车信号机时，一个月白色灯光，表示准许越过该信号机调车

表 2-6 进路信号机显示

序号		显示方式	含义
1	接车进路信号机	见表 2-4 的 7 种显示	与进站色灯信号机的显示相同
2		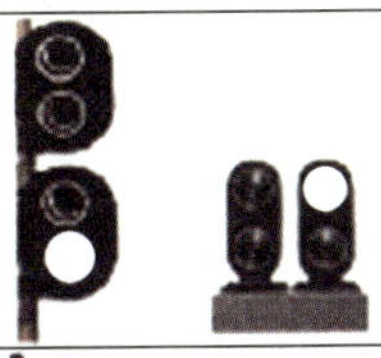	兼作调车信号机时，一个月白色灯光，表示准许越过信号机调车
3	发车进路信号机	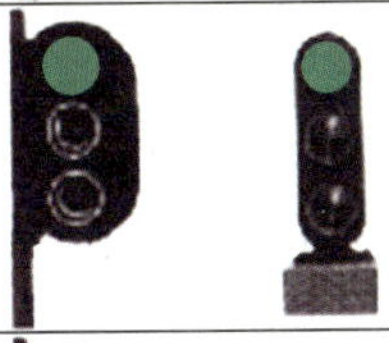	准许列车由车站经正线出发，表示出站和进路信号机均在开放状态
4			准许列车运行到次架色灯信号机之前准备停车
5			表示该信号机列车运行前方至少有一架进路信号机在开放状态
6		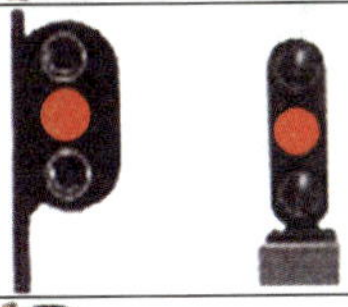	不准列车越过该信号机
7		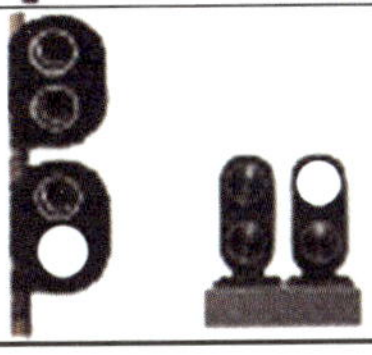	兼作调车信号机时，一个月白色灯光，表示准许越过信号机调车

表 2-7 通过信号机显示

序号	显示方式	含义		
		三显示自动闭塞	四显示自动闭塞	半自动闭塞
1		准许列车按规定速度运行，表示运行前方至少有两个闭塞分区空闲	—	准许列车按规定速度运行（显示方式参照序号 1 图，但机构为二显示）
2		要求列车注意运行，表示列车运行前方有一个闭塞分区空闲	—	—

55

序号	显示方式	含 义		
		三显示自动闭塞	四显示自动闭塞	半自动闭塞
3		列车应在该信号机前停车	—	不准列车越过该信号机（显示方式参照序号 3 图，但机构为二显示）
4		—	准许列车按规定速度运行，表示运行前方至少有三个闭塞分区空闲	—
5		—	准许列车按规定速度运行，要求注意准备减速，表示运行前方有两个闭塞分区空闲	—
6		—	要求列车减速运行，按规定限速要求越过该信号机，表示运行前方有一个闭塞分区空闲	—
7		—	列车应在该信号机前停车	—
8	见表 2-4 的 7 种显示	自动闭塞区段防护分歧道岔的线路所通过信号机，其机构外形和显示方式，应与进站信号机相同，引导灯光应予以封闭。该信号机显示红色灯光时，不准列车越过该信号机		—
9	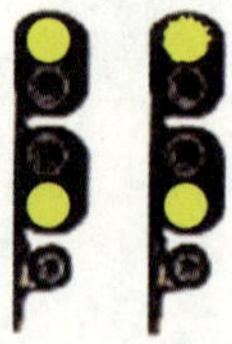	设有分歧道岔的线路所，当列车经过分歧道岔侧向运行时，色灯信号机显示两个黄色灯光（左图）；当分歧道岔为 18 号及以上道岔时，显示一个黄色闪光和一个黄色灯光（右图）		

表 2-8　驼峰信号机显示

序号	显示方式	含　义
1		准许机车车辆按规定速度向驼峰推进
2		指示机车车辆加速向驼峰推进
3		指示机车车辆减速向驼峰推进
4		不准机车车辆越过该信号机或指示机车车辆停止作业
5		指示机车车辆自驼峰退回
6		指示机车到峰下
7		指示机车车辆去禁溜线

表 2-9　驼峰辅助信号机及驼峰复示信号机显示

序号	显示方式	含　义
1		驼峰辅助信号机，指示机车车辆向驼峰预先推送。当办理驼峰推送进路后，其灯光显示与驼峰信号机显示相同
2		驼峰复示信号机，采用透镜式色灯，两个双机构的高柱信号机，灯光排列为黄、绿、红、白，平时无显示。当办理驼峰推送或预先推送进路后，其显示方式与驼峰辅助信号机相同

表 2-10　复示信号机显示

序号	显示方式	含　义
1		进站色灯复示信号机采用灯列式机构，两个月白色灯光与水平线构成60°角显示，表示进站信号机显示列车经道岔直向位置向正线接车信号
2		进站色灯复示信号机采用灯列式机构，两个月白色灯光水平位置显示，表示进站信号机显示列车经道岔侧向位置接车信号

序号	显示方式	含　义
3		进站色灯复示信号机采用灯列式机构，无显示，表示进站信号机在关闭状态
4		出站及进路色灯复示信号机显示一个绿色灯光，表示出站或进路信号机在开放状态；无显示，表示出站或进路信号机在关闭状态
5		调车色灯复示信号机显示一个月白色灯光，表示调车信号机在开放状态；无显示，表示调车信号机在关闭状态

表 2-11　其他信号机显示

序号	显示方式	含　义
1		柱上白色十字交叉表示信号机无效
2		容许信号显示一个蓝色灯光，准许列车在通过色灯信号显示红色灯光的情况下停车，以不超过 20 km/h 的速度通过，运行到次架通过色灯信号机，并随时准备停车
3		遮断色灯信号机显示一个红色灯光，表示不准列车越过该信号机；不着灯时，不起信号作用
4		预告色灯信号机显示一个绿色灯光，表示主体信号机在关闭状态
5		预告色灯信号机显示一个黄色灯光，表示主体信号机在关闭状态
6		遮断及其预告信号机采用方形背板，并在机柱上涂有黑白相间的斜线以区别于一般信号机。遮断信号机的预告信号机显示一个黄色灯光，表示遮断信号机显示红色灯光；不着灯时，不起信号作用
7		调车色灯信号机显示一个月白色灯光，表示准许越过该信号机调车
8		调车色灯信号机显示一个月白色闪光灯光，表示装有平面溜放调车区集中联锁设备时，准许溜放调车
9		调车色灯信号机显示一个蓝色灯光，表示不准越过信号机调车

1. 进站信号机

一个红色灯光：禁止列车越过该信号机。

一个绿色灯光：准许列车按规定速度经正线通过车站。

一个黄色灯光：准许列车经道岔直向位置进入站内正线准备停车，此时要注意运行速度。

两个黄色灯光：准许列车经道岔侧向位置进入车站内准备停车，此时要注意运行速度。

绿色和黄色灯光：准许列车经道岔直向位置进入站内准备停车，表示接车进路信号机在开放状态（四显示自动闭塞区段则表示次架信号机已经开放一个黄灯）。

红色和月白色灯光：月白色为引导信号，表示准许列车在该信号机前不停车，以不超过 20 km/h 的速度进站或通过接车进路，并随时准备停车。

一个黄色闪光和一个黄色灯光：准许列车经道岔侧向位置进入站内侧线，表示该进路上出站或发车进路信号机在开放状态。

2. 出站信号机

以四显示自动闭塞区段出站信号机的显示为例作介绍。

一个红色灯光：不准许列车越过该信号机。

两个绿色灯光：准许列车由车站出发，开往半自动闭塞区间。

一个月白色灯光：准许越过该信号机调车。

一个绿色灯光：准许列车由车站出发，运行前方至少有三个闭塞分区空闲。

一个绿色灯光和一个黄色灯光：准许列车由车站出发，运行前方有两个闭塞分区空闲。

一个黄色灯光：准许列车由车站出发，运行前方有一个闭塞分区空闲。

3. 调车信号机

一个月白色灯光：准许越过该信号机调车。

一个蓝色灯光：不准越过该信号机调车。

4. 通过信号机

通过信号机分三显示自动闭塞、四显示自动闭塞和半自动闭塞三种情况。以使用最多的四显示自动闭塞通过信号机为例作介绍。

一个绿色灯光：准许列车按规定速度运行，表示运行前方至少有三个闭塞分区空闲。

一个绿色和一个黄色灯光：准许列车按规定速度运行，表示运行前方有两个分区空闲。

一个黄色灯光：要求列车减速并注意运行，表示运行前方只有一个分区空闲。

一个红色灯光：列车必须在该信号机前停车，表示前方闭塞分区有车占用。

当通过色灯信号机的容许信号显示一个蓝色灯光：表示准许列车在其主体信号机显示红色灯光时不停车，以不超过 20 km/h 的速度运行至次架通过信号机并随时准备停车。

5. 复示信号机

复示信号机有进站、出站、调车、进路及驼峰复示信号机，它们平时无显示，表示主体信号机在关闭状态，主体信号机开放，复示信号机才有显示。

进站复示信号机的两个月白色灯光与水平线构成 60°角显示：表示进站信号机显示经道岔直向位置接车信号。

两个月白色灯光水平位置显示：表示进站信号机显示经道岔侧向位置接车信号。

出站、进路复示信号机用一个绿色灯光：表示出站、进路信号机在开放状态。

调车复示信号机用一个月白色灯光：表示调车信号机在开放状态。

驼峰复示信号机，当办理推送或预推进路后，其显示与驼峰辅助信号机相同。

6. 预告信号机

一个绿色灯光：表示主体信号机在开放状态。

一个黄色灯光：表示主体信号机在关闭状态。

7. 遮断信号机

一个红色灯光：禁止列车越过该信号机，表示前方线路在遮断（及故障）状态（不着灯时不起作用）。

8. 驼峰信号机

驼峰信号机为四灯七显示信号机。

一个绿色灯光：准许机车车辆按规定速度向驼峰推进。

一个绿色闪光：指示机车车辆加速向驼峰推进。

一个黄色闪光：指示机车车辆减速向驼峰推进。

一个红色灯光：指示机车车辆停止作业或禁止机车车辆越过该信号机。

一个红色闪光：指示机车车辆自驼峰退回。

一个月白色灯光：指示机车车辆到峰下。

一个月白色闪光：指示机车车辆去禁溜线。

9. 驼峰辅助信号机

驼峰辅助信号机比驼峰信号机多一个黄色灯光，用以指示机车车辆向驼峰预先推送。当办理驼峰推送进路后，其他灯光与驼峰信号机显示相同。

四、识记信号显示距离

《技规》对普速铁路各种信号机及信号表示器在正常情况下的显示距离做了具体规定：

（1）进站、通过、遮断信号机的显示距离不得小于 1 000 m。

（2）高柱出站、进路信号机的显示距离不得小于 800 m，矮型出站、进路信号机的显示距离不得小于 200 m。

（3）预告、驼峰、驼峰辅助信号机的显示距离不得小于 400 m。

（4）调车、复示信号机，容许、引导等各种信号表示器的显示距离不得小于 200 m。

《技规》还规定，在地形、地物影响视线的地方，进站、通过、预告、遮断信号机的显示距离，在最坏的情况下不得少于 200 m。

任务四 信号机维护检修

任务描述

本任务主要是识记色灯信号机检修流程及质量标准，识记信号机检修及电气特性测试内容，完成透镜的筛选、组装和信号灯光的调整，进行信号机的电气特性测试及检修。

任务实施

一、信号机的检修流程及质量标准

1. 信号机检修作业流程（见图2-19）

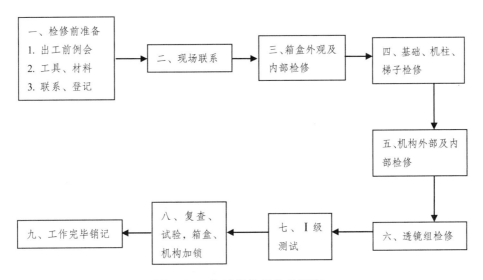

图2-19 信号机检修作业流程

2. 信号机检修作业质量标准（见表2-12）

表2-12 信号机检修作业质量标准

序 号	项 目	检修作业质量标准	注意事项
一	检修前准备	1. 召开室内外全体检修人员出工前例会，介绍检修工作内容，工长或安全员进行安全讲话。 2. 联系电话试验良好，检修工具、材料齐全，劳保用品完好。 3. 根据检修内容，按《行车组织规则》（简称《行规》）规定在《行车设备检查登记簿》内登记，登记用语符合规定要求	室内设专人进行联系登记，室外双人作业

序 号	项 目	检修作业质量标准	注意事项
二	现场联系	到达工作地点，用电话机与室内电务值班人员联系，讲清检修人员姓名及作业地点，确认检修信号机的名称及检修内容	说明特殊配合要求，联系用语要简单明确
三	箱盒外观及内部检修	1. 基础完整，不倾斜，代号清晰，培土良好，无杂草，箱盒无裂纹、不破损。 2. 箱内整洁，防尘、防水密封良好，无异物，无废孔，箱内盘根作用良好，端子编号铭牌清晰。 3. 配线整齐，不破皮，无老伤，电缆线无伤痕，线头不松动，端子插接牢固，各部螺母、垫片齐全、紧固。 4. 变压器、灯丝转换继电器、点灯装置安装牢固，各部螺丝紧固不松动，铭牌清楚，无过热现象，继电器接插牢固，不超过周期。 5. 电缆配线图表完整、齐全，与实物相符。 6. 各部清扫、注油，加锁完整	
四	基础、机柱、梯子检修	1. 基础、机柱、梯子安装牢固，各部螺丝紧固。 2. 高柱水泥机柱不得有贯通圆周的裂纹，纵向裂纹钢筋不得外露，机柱倾斜不得超过 36 mm，梯子无过甚弯曲，机柱顶端及引线孔须封闭，不进雨雪 3. 矮型信号机水泥基础无影响强度的裂纹、腐蚀。 4. 梯子安装符合标准，基础露出硬化面 100 mm 左右	
五	机构外部及内部检修	1. 机构安装牢固、平直，各部螺栓紧固完整，开口销齐全，机构各部无裂纹，托架良好，遮檐不松动，油漆良好，各活动处注油适当。 2. 机构密封良好，机构门开启灵活，盘根作用良好；机构内部清洁，防尘、防水密封良好；内部配线整齐，不破皮，无老伤，线头不松动，螺母、垫片齐全、紧固。 3. 灯室、灯座整洁，灯座安装牢固，弹片压力适当接触良好，灯泡不松动，灯丝不变形，灯泡编号清楚，与记录相符；主、副丝转换告警良好，端电压在 10.2～11.4 V。 4. 清扫、注油，加锁完整	列车来时，在高柱信号机上的作业人员要及时下梯，关闭机构门，挂上锁。更换灯泡应要点进行，并试验主、副丝，灯泡编号填入记录表内，自动闭塞区段要考虑灯光转移
六	透镜组检修	1. 透镜组安装密封良好，玻璃清洁，无破损。 2. 信号机构的光源应正确调整在透镜组焦点上	
七	I 级测试	1. 点灯变压器 I、II 次侧电压，主、副灯丝端电压（主灯丝端电压应在额定值）；列车信号为 10.2～11.4 V，调车信号为 9～11.4 V，容许信号为 7.8～10.2 V。 2. 多功能点灯装置主丝端电压不超过相应端电压的上限，下限应保证其信号显示良好。 3. 按标准填写《色灯信号机测试记录表》。 4. 更换灯泡及器材时，各项全测，并检查、调整信号显示距离	

序 号	项 目	检修作业质量标准	注意事项
八	复查、试验，箱盒、机构加锁	1. 检修完毕，全面复查确认完好后，与室内联系，配合进行开放信号试验，并确认灯位显示正确。 2. 设备加锁，清扫地面	
九	工作完毕销记	确认设备无异状和无遗失物品后，将机盖盖好并加锁，通知室内人员试验良好后销记	回想检修过程有无漏检、漏修的情况

二、信号机检修作业

1. 工作前准备

（1）检修人员按规定着装；检查各防护用品、工具是否安全可靠；高柱信号机检修人员要使用安全带，穿硬底防滑鞋。

（2）准备工具、材料、仪表。

箱盒钥匙、对讲机、安全带（如果有高柱检修）、万用表、油壶、吹风鼓、手锤、活口扳手（450 mm、300 mm 各一把）、套筒、克丝钳、平头和十字螺丝刀、笔、测试表格。

（3）携带材料。

棉纱、白布、信号灯泡、毛刷等。

2. 作业程序

（1）联系登记。

① 室内电务检修人员于天窗点前 30 min 到车站，在《行车设备检查登记簿》上登记要点手续。

天窗集中修联系登记模式：

×月×日×时×分：根据施工计划，×月×日×时×分至×时×分，检修上（下）行××设备（道岔、轨道、信号机），影响上（下）行线设备使用，停止上（下）行线接发列车及调车作业。

实际给点时间×时×分至×时×分

调度命令××号

电务：××

车站：××

销记模式：

×月×日×时×分：上（下）行线××设备检修完毕，试验良好，交付使用。

调度命令××号

电务：××

车站：××

② 明白当日检修与配合内容、影响范围。

③ 天窗点给点、接触网停电后，应及时通知室外作业人员。

④ 登、销记程序内容按照电务段要求严格执行。严格执行联系登记要点制度，坚持复诵制度，联系用语简明规范，不讲与工作无关的话。做好排路、接近、邻线来车"三预告"。

（2）室外检修人员。

① 检修人员应实行双人双岗作业并指定现场防护员，严禁单人上道作业。

② 检修人员到达现场后，与室内人员联系，将作业地点及本人姓名通知室内人员。

③ 接到室内电务人员通知给点的起止时间后，方可作业。

④ 检修高柱信号机的人员要使用安全带，严禁上下同时作业、上下抛递工具。需要开放信号测试时，室内电务人员须在值班员同意后，方能办理接发车、调车进路。

3. 检修内容及作业标准

（1）设备外观及信号显示检查。

① 平台整洁、无杂物，设备无外界干扰，高柱信号机要检查与接触网的距离是否超限。

② 基础、机柱、机构、梯子安装稳固。箱盒底部距地面不少于 150 mm，排水良好。

③ 水泥机柱不得有圆周裂纹，超过半周的应采取加固措施。纵向裂纹的钢筋不得外露，任何部分不得侵入接近限界。目测机柱的倾斜度不超过 36 mm，机柱顶部不漏水。基础歪斜限度不超过 10 mm。

④ 梯子不弯曲，支架水平，梯子中心线与机柱中心线一致，安全地线接触良好，梯子各部螺丝紧固，无松动。

⑤ 箱盒、机构、梯子、蛇管无损伤，开口销齐全，螺丝紧固，各部位加锁装置完好。

⑥ 机构、遮檐挡板安装牢固，各部螺丝紧固。

⑦ 设备名称、限界打号清晰、正确。

⑧ 信号显示距离符合《铁路信号维护规则》（简称《维规》）规定。

进站、通过、遮断信号机的显示距离不得小于 1 000 m。

高柱出站、进路信号机的显示距离不得小于 800 m，矮型出站、进路信号机的显示距离不得小于 200 m。

预告、驼峰、驼峰辅助信号机的显示距离不得小于 400 m。

调车、复示信号机，容许、引导等各种信号表示器的显示距离不得小于 200 m。

在地形、地物影响视线的地方，进站、通过、预告、遮断信号机的显示距离，在最坏的情况下不得少于 200 m。

⑨ 信号机限界测试（见表 2-13）。

信号机限界测试顺序为：围桩→基础（机柱梯子）→箱盒→保护管→机构→遮檐→透镜→显示。

表 2-13　信号机限界测试

设备名称或距轨面距离			设备突出边缘距邻近线路轨道中心的距离/mm	说明
距邻近正线、通行超限货物列车站线			2 440	1. 突出边缘包含高柱信号机构。 2. 矮型信号机（含表示器）应分别测量线路两侧机构。 3. 电气化区段通过信号机机构改装在属线路侧
距邻近站线			2 150	
继电器、变压器箱及表示器等	1 100 mm 以上	距邻近正线、通行超限货物列车站线	2 440	
		距邻近站线	2 150	
	350～1 100 mm		1 875	
	200～350 mm		1 725	
	25～200 mm		1 500	
	25 mm 以下		1 400	

（2）箱盒内部检修。

① 锁子油润、灵活。

② 盘根良好，箱盒盖严密，无破损、裂纹，不进雨雪，二次防尘作用良好。

③ 变压器灯丝转换器安装稳固，表面无过热现象，器材不超期。

④ 端子板和端子安装牢固，螺母、垫片齐全。

⑤ 配线整齐，绑扎牢固无破皮、老化；线环适当不反上，不松动，套管齐全，无严重钳伤；无长线脖、压线皮现象。

⑥ 铭牌齐全、正确，字迹清晰。

⑦ 图纸、资料保存完好，与实物相符，无涂改。

⑧ 内部清洁，防尘、防水设施良好。

顺序为：锁头→盘根→变压器→端子板配线→铭牌资料→清扫。

（3）机构检查。

① 机构门密封良好，开启灵活，锁头油润。

② 蛇管无脱落，不脱节，无腐蚀、裂损；弯头安装牢固；孔口封堵严密。

③ 机构灯室之间不窜光，透镜安装牢固，无裂纹、破损和漏水的情况。

④ 灯座、灯口安装牢固、不活动，弹片压力适当，接触良好。主、副丝试验转换正确，灯泡接触良好，灯丝无异状。配线、螺丝坚固，套管齐全。

⑤ 点灯单元器材固定良好，不发热，不超期，配线整齐无破皮、老化。各部螺丝紧固，螺帽、垫片齐全。

检查顺序为：机构门密封及锁头→孔口→蛇管弯头→透镜→灯座灯口（发光盘）→点灯单元→配线螺丝。

（4）Ⅰ级测试。

① 变压器一、二次电压测试。

普通色灯信号机：一次电压、二次电压、灯端电压均使用交流挡测试。

站内普通信号机（如 XDZ 型）：一次使用交流挡 176～235 V，二次高柱信号机为 DC 10.7～11.9 V，二次矮柱信号机为 DC 10.2～11.4 V。副丝电压要求为（10.0±0.5）V。

站内 LED 信号机（如 FDZ 型）：一次使用交流挡 176～235 V，二次直流挡（12±0.5）V、灯端电压（12±0.5）V，工作电流 70～140 mA，额定负载电流 700 mA。

区间 LED 信号机（如 BXZ-40 型）：输入额定电压 AC 102 V，输出额定电流 162 mA，输出额定电压 DC（46±2）V（适用电缆长度大于 5 km）。当 BXZ-40 型点灯单元输入电压低于 60 V 时，光源不能发光。

另外，GTB 型隔离调压报警单元（室内组合架送出电源）测试如表 2-14 所示。

表 2-14　GTB 型隔离调压报警单元测试

型号	电压输出范围（调整间隔 5 V）/V	适用距离（JZXC-H18）/km
GTB-5Q	105～145	＜5
GTB-10Q	135～175	5～10
GTB-15Q	165～205	10～15

② 灯泡电压测试：列车信号主灯丝电压应保持在额定值的 85%～95%，调车信号为 75%～95%，容许信号为 65%～85%。LED 只有主丝电压，其值为直流（12±0.5）V。

③ 主、副丝点灯电压测试（LED 不存在副丝）。

④ 主灯丝断丝时能自动转换到副丝，并且发出报警（LED 当发光二极管损坏数量达到 30%时不影响显示距离，并报警）。

⑤ 变压器Ⅱ次对地绝缘电阻测试。变压器Ⅱ次对地绝缘电阻应不小于 1 MΩ。

⑥ 记录各测试数据，填入测试卡，把测试卡放在 XB 箱的右侧，若没有 XB 箱，则（如调车信号机）放在白灯机构内右侧。

⑦ 复查各部情况。

（5）加锁销记。

① 检查机构、箱盒内部无遗物，再加锁。

② 室外作业人员通知室内联系人员作业完毕。

③ 室内电务联系人员在《行车设备检修登记簿》内销记，经值班员确认后签字，通知室外作业人员已开通使用。

（6）收尾工作。

清点工具、材料、仪表，防止遗漏丢失，并向配合人员报告去向。

三、信号机电气特性测试

（1）应按期测试色灯信号机的信号变压器输入/输出电压、主灯丝点灯电压、副灯丝点灯电压等。

色灯信号机常点红灯，将万用表置于交流挡 50 V，表笔接灯座中间端子，另一表笔接主灯丝端子，可测出红灯主灯丝端电压。将另一表笔移至副灯丝端子，将主灯丝回路中断改为点副灯丝，可测出红灯副灯丝的端电压。与车站值班员联系，依次开放其他灯光，按同样的方法可测出各种灯泡的端电压。应注意当测其他灯泡端电压时，不可向红灯信号变压器Ⅰ次侧或Ⅱ次侧供电源，这是因为点灯回路的电气特性有差异。

点亮主灯丝时，灯丝转换继电器应励磁，将万用表两表笔接于其线圈端子上，即可测出灯丝转换装置的电压。

（2）检查副灯丝及未点亮的灯泡。

用继电器转换灯丝时，检查副灯丝是否良好，可用绝缘片挑开主灯丝簧片或用串联在主灯丝电路中的按钮接点断开主灯丝的方法来进行测试。在变压器箱内采用可控硅转换装置或高柱信号机灯丝转换装置时，可用绝缘片插入灯座底部的主灯丝簧片内，轻轻将其挑起一点，就能使副灯丝点亮，松开绝缘片又恢复点主灯丝。

检查红灯灯丝时可直接采用上述方法，但信号机开放后，不可进行检查，以防误将信号关闭。检查未点亮的灯泡则需要依次开放信号，逐一进行检查。

测试过程中用到的表格见附表 2-1～2-3。

四、色灯信号机天窗内、外检修

1. 色灯信号机天窗内检修作业

（1）色灯信号机天窗内检修流程图及工具材料。

① 流程图（见图 2-20）。

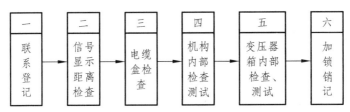

图 2-20　色灯信号机天窗内检流程图

② 工具：手锤、活口扳手、套筒、扁毛刷、万用表、维修电话、个人工具等。

③ 材料：棉纱、机油、小螺丝帽及垫片、灯泡等。

（2）色灯信号机天窗内检修作业程序及质量标准（见表 2-15）。

表 2-15　色灯信号机天窗内检修作业程序及质量标准

程　序	项　目	检修内容及质量标准
一	联系登记	按有关规定和要求办理检修登记，经车站值班员同意并签字后方可开始工作
二	信号显示距离检查调整	信号机显示距离应符合《维规》要求，不合格的要进行调整
三	电缆盒检查	1. 配线整齐，绑扎良好，无破皮，无老化现象，线头无伤痕、无霉锈，清扫无灰尘。 2. 端子完整无破损，不锈蚀，螺帽齐全、紧固、不压套管。 3. 标记清晰正确，配线图完好，图物相符

程 序	项 目		检修内容及质量标准
四	机构内部检查测试		1. 机构内部清洁、无灰尘，油饰完整。 2. 透镜组无裂纹，卡钉齐全，玻璃不旷动。 3. 灯座安装牢固，灯泡接触良好。 4. 机构内变压器安装牢固，无过热现象。 5. 配线整齐，无伤痕，无老化现象，端子紧固。 6. 灯丝转换设备良好。 7. 测试变压器输入、输出电压值。 8. 测试灯泡主、副丝端电压，标准为 10.2～11.4 V。 9. 认真填写各项测试，更换记录表
五	变压器箱检查	内部检查	1. 各部清扫干净、无灰尘。 2. 箱内器材安装牢固，继电器插接、防松、防振良好。 3. 箱内器材表面不过热无噪声，各部胶木无裂纹。 4. 配线整齐，绑扎良好，无破损，无老化现象，图纸完好，图物相符。 5. 各部端子螺丝齐全紧固，无绣蚀，标记清晰、正确。 6. 熔断器安装牢固，接触良好，容量标记符合规定，使用不超周期，记录完好
五	变压器箱检查	测试	1. 变压器 Ⅰ、Ⅱ 次侧电压。 2. 填写各项测试，更换记录
六	加锁销记		1. 加锁完好。 2. 若车站值班员试验良好，可按有关规定和要求办理销记手续，经车站值班员签字后方可离开

2. 色灯信号机天窗外检修作业

（1）色灯信号机天窗外检修流程图及工具材料。

① 流程图如图 2-21 所示。

② 工具：手锤、活口扳手、套筒、扁毛刷、万用表、维修电话、个人工具等。

③ 材料：棉纱、机油、小螺丝帽及垫片等。

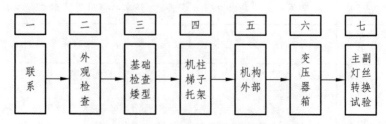

图 2-21 色灯信号机天窗外检修流程图

（2）色灯信号机天窗外检修作业程序及质量标准（见表2-16）。

表 2-16　色灯信号机天窗外检修作业程序及质量标准

程 序	项 目	检修内容及质量标准	备 注
一	联系	与信号值台人员联系	
二	外观检查	1. 信号机柱正直，倾斜度不超过 36 mm。 2. 信号机任何部分不得侵入限界	机柱的移设、扶正须在天窗内进行
三	基础检查（矮型）	基础平、正、稳，培土良好，周围平整，无积水，无杂草，基础无裂纹，无粉蚀，水平倾斜度不超过 10 mm	
四	机柱、梯子、托架	1. 水泥机柱表面光滑，废孔堵塞严密，裂纹不超限。 2. 水泥机柱顶端封闭严密，无漏水。 3. 引入处蛇管及接头安装牢固，引线蛇管无破损，防护良好。 4. 梯子安装牢固，各部螺丝紧固，支架水平，梯子无弯曲变形。 5. 托架机件齐全不破损，安装牢固	禁止上下抛递工具和材料，禁止两人上下同时作业；信号机柱横向裂纹不得超过半周，纵向裂纹钢筋不外露
五	机构外部	1. 机构安装牢固、平直，油漆不脱落。 2. 遮檐安装牢固，背板不活动。 3. 外透镜良好、严密。 4. 机构门严密，门扣良好，门开关灵活，防尘、防水作用良好	
六	电缆盒	基础不倾斜，无裂纹，盒盖无破损，油饰完整，盒盖密封不进水	
七	继电器箱或变压器箱	1. 基础安装水平，无破损，无裂纹、粉蚀，倾斜度不超过 10 mm。 2. 箱体安装稳固，箱体无破损，无绣蚀，无侵限，四周无杂草。 3. 箱门严密，通风良好，开关灵活，无卡阻。 4. 油饰完整无脱落，护管完好无损	

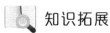 **知识拓展**

1. 透镜组装和信号灯光调整

（1）透镜筛选分级。

① 安装内外型透镜支架，并使支架与透镜支架刻度尺上的刻度对准，目视无明显错位，再将拖板推向箱体，使两者紧靠，即可开展筛选透镜。将被测透镜插入半圆形支架内，凸面对大物镜，在灯泡支架上装上毛玻璃屏幕，调整灯泡支座右侧手轮，使左侧指示标对准

零位，然后手推灯泡支座在导轨上移动毛玻璃屏幕，当光斑最小、边缘最清晰时停止，托板的箭头所指刻度尺读数即为所测量数值。

如果手推灯泡支座，在导轨上移动毛玻璃屏幕，当光斑不是最理想时，可手动调整灯泡支座上的右手轮，使其前后移动并进行微调，直到光斑最小、边缘最清晰为止，这时所测出的数值是托板上测出的刻度尺读数加上灯泡支架上测出的刻尺读数。

② 测 Φ139 透镜组焦距时，有两种方法：一是直接测量，由于 Φ139 透镜支架与 Φ212 透镜支架不处在同一平面上，必须考虑两者之间的距离，此距离可在序号 21 的标尺上直接读出，测出的数值减去标尺上的数值即为 Φ139 的实测焦距；二是将 Φ139 的支架卸下装入 Φ163 支架内进行测量，此时由于与 Φ212 透镜处于同一平面内，读数方法与前相同。

③ Φ212 透镜的设计数值为 132 mm，Φ139 透镜的设计数值为 65 mm，Φ163 透镜的设计数值为 95 mm，如测定出来的数值误差较大时，透镜光学性能就差。根据不同情况，对内外透镜分级组合，偏差大对偏差大的，小的对应小的，测试两者间距，可将两者装入试验灯柜上，改变两者间距，移动灯泡支架，标尺的读数即为两者间距。

④ 测透镜组通过率，可点燃灯泡支架上的灯泡，选择信号灯组的适当挡次，观察光电流的大小。如果光电流大，则通过率就高。

（2）透镜组的组装调试和灯泡光中心位置的确定。

① 将灯泡支架底座螺栓固定好，使它在任何方向无松动现象，目视刻度线对齐后，再将要进行组装的灯柜放入第二反射镜灯架支座的前方，以柜架底部光滑圆柱为基准，将上部左、右两侧按下扣紧，把内透镜放入灯柜内，使它做上、下、左、右或圆周运动，光斑与显示板玻璃屏幕的轴心重合，如光斑不清晰，可将分划板在毛玻璃屏做前、后移动，直到最清晰为止。然后用三个压卡将该透镜固定，安装外透镜，操作方法同上，直到光斑最清晰为止，且光环中心处于屏幕中心，光均匀即为合格。将内外透镜固定粘牢，此时找到的焦点就是内、外透镜（棱镜）的组合焦点，同时也保证了内、外透镜的主光轴重合，透镜的焦点为灯泡应安装的位置。

在灯组上装上使用灯座，安上灯泡，再将低压光源卸下，换上分划板，拧紧并目视刻度线对齐，选择 6 V 左右的电压点亮灯泡，左、右、前、后调整灯泡位置，当显示电流值最大时，将此灯泡位置固定，即完成了组装任务。

② 用双刻孔倒影重合法确定灯丝位置。

将双刻孔光栏上下水平盖在物镜上，将光轴已调重合的灯组安在灯架支座上，目视支架刻线，对准、锁紧。安装灯泡并点亮，如果灯丝位置不在透镜组组合焦点上，则在分划板上两个灯丝的成像不重合，前、后、左、右调整灯泡位置，直至分划板两像重合，再固定灯泡。

注意：找光轴和确定灯泡位置应分别进行。

（3）信号灯泡的筛选。

将校泡物镜装在大物镜上，向箱体方向转，靠牢在灯泡固定支架上，装上已知标准的灯泡，接通 6 V 电源，使灯泡支架沿燕尾型导轨前后移动，直到灯丝成像在划板上最清晰且该成像相对于分划板大十字刻线上下对称为止。如不对称，可调灯泡支架的高低使其对称。校泡物镜固定不动，然后把要检查的灯泡逐个换上，观察灯丝成像在分划板上的位置，如上下横短刻线不超过两个小格，即符合要求。

2. XDZ-B 型多功能信号点灯装置的工作原理

XDZ-B 型多功能信号点灯装置的工作原理如图 2-22 所示。信号楼的点灯电源由输入端子 1、2 进入变压器 T_1 后分为 2 路，主路以自耦方式由绕组 W_2 提供交流经 DC-DC 变换器转为直流供主灯丝点灯。DC-DC 变换器输出的直流电压 U_{OZ} 具有稳压和软启动功能。副路以变压器降压方式由绕组 W_3 提供交流经桥式整流器整流为全波直流电压 U_{OF} 供副丝点灯。主路输出的稳压电源接主丝回路，点主丝；副路经切换电路接副丝，在主路故障时点副丝。图中 JZ 为灯丝转换继电器，监测主丝的工作状态，并通过其第 1 组接点反映主丝的状态；JG 为告警继电器，检查副丝状态。主副丝都正常时，JZ 和 JG 都吸起；主丝不工作时，JZ 落下，通过 JZ 后接点闭合点副丝，并短接 JG 使其失磁落下告警；副丝断丝时，JG 落下，输出告警，此时不影响主丝的工作。JG 的第 1 组接点作告警输出，告警输出回路和主电路隔离，并和原有报警方式一致。

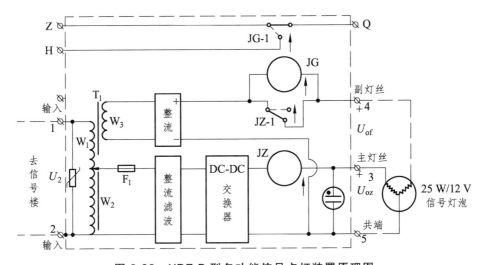

图 2-22 XDZ-B 型多功能信号点灯装置原理图

 练习思考

（1）什么是铁路信号？铁路信号如何分类？

（2）铁路信号基本颜色和辅助颜色是什么？各种颜色表示什么意义？

（3）固定信号如何分类？

（4）何时采用高柱信号机？何时采用矮型信号机？

（5）识读铁路常用信号显示图形符号。

（6）识读色灯信号机图形符号。

（7）信号机按防护用途的不同可分为哪几种？

（8）说明进站信号机如何命名。

（9）说明出站信号机如何命名。

（10）说明调车信号机如何命名。

（11）举例说明通过信号机如何命名。

（12）简述进站信号机的设置及作用。

（13）简述出站信号机的设置及作用。

（14）调车信号机按设置情况可分为哪些种类？请画图说明这些种类的调车信号机位置。

（15）简述通过信号机的设置及作用。

（16）信号机和信号表示器有何不同？

（17）信号表示器分为哪些种类？作用分别是什么？

（18）透镜式色灯信号机的优点是什么？

（19）高柱透镜式色灯信号机由哪些部件组成？各起什么作用？

（20）识读透镜式色灯信号机机构型号含义。

（21）透镜式色灯信号机的灯位由哪些部件组成？各起什么作用？

（22）透镜式色灯信号机的灯泡和灯座有什么特点？

（23）如何判别信号灯泡的主灯丝和副灯丝？

（24）定焦盘式信号灯座有何特点？

（25）XDZ 型多功能信号点灯装置的作用是什么？

（26）XDZ-B 型多功能信号点灯装置由哪些部件组成？

（27）LED 色灯信号机的优点有哪些？

（28）XSL 型 LED 信号机的组成部件有哪些？

（29）识读 LED 发光盘的型号。

（30）简述 PFL-I 型 LED 发光盘的结构及安装方法。

（31）何为灯光组合？有何应用？闪光信号有哪些应用？

（32）色灯信号机的灯光配列有哪些规定？简述各种信号机的灯光配列。

（33）简述四显示区段进站信号机的显示及意义。

（34）简述四显示区段出站信号机的显示及意义。

（35）简述四显示区段通过信号机的显示及意义。

（36）简述驼峰信号机的显示及意义。

（37）各种信号机定位如何显示？对它们的关闭时机有怎样的规定？

（38）《技规》对普速铁路各种信号机在正常情况下的显示距离有哪些规定？

（39）画出信号机检修作业流程。

（40）熟记信号机检修作业质量标准。

（41）信号机检修作业对室外检修人员有什么要求？

（42）信号机检修作业检修内容有哪些？

（43）信号机箱盒内部检修内容有哪些？

（44）信号机检修作业标准有哪些？

（45）画出色灯信号机天窗内检修流程图。

（46）画出色灯信号机天窗外检修流程图。

项目三　轨道电路维护检修

项目概述

轨道电路是以铁路线路的两根钢轨作为导体，两端加以机械绝缘（或电气绝缘），接上送电和受电设备构成的电路。轨道电路的主要作用是监督列车占用和传递行车信息。

本项目针对 JZXC-480 轨道电路、25 Hz 相敏轨道电路、ZPW-2000A 轨道电路的组成、Ⅰ级测试、调整及维护检修进行理实一体教学。通过对设备的认知、测试以及故障处理等任务，使学生在动手过程中掌握这些轨道电路的结构组成、工作原理等相关知识点，并通过模拟现场的维护检修场景，让学生掌握其日常养护、集中检修、故障范围及处理方法。

教学目标

（1）JZXC-480 轨道电路、25 Hz 相敏轨道电路、ZPW-2000A 轨道电路结构图识读。

（2）JZXC-480 轨道电路、25 Hz 相敏轨道电路、ZPW-2000A 轨道电路零部件认知。

（3）JZXC-480 轨道电路、25 Hz 相敏轨道电路、ZPW-2000A 轨道电路维护、检修。

（4）JZXC-480 轨道电路、25 Hz 相敏轨道电路、ZPW-2000A 轨道电路日常故障判断处理。

任务一　JZXC-480 型轨道电路维护检修

任务描述

JZXC-480 型轨道电路是非电气化区段使用的一种工频交流连续式轨道电路。该电路结构简单，维护方便，是我国非电气化铁路中使用最普遍的一种轨道电路。

本任务主要是认知 JZXC-480 型轨道电路设备器材名称及作用，熟悉 JZXC-480 型轨道电路日常维护内容及测试方法，学会其常见故障的查找和解决方法。

任务实施

一、认知 JZXC-480 型轨道电路

JZXC-480 型轨道电路由送电端设备、钢轨线路、钢轨接续线、受电端设备等部分组成。图 3-1 所示为无岔区段轨道电路的结构组成。

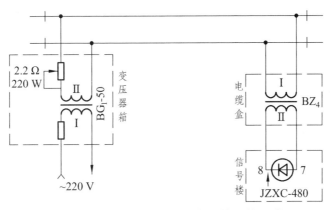

图 3-1　JZXC-480 型轨道电路的结构组成

1. 认知 JZXC-480 型轨道电路部件

（1）送电端设备有变压器箱、熔断器、送电端变压器、限流电阻、钢轨引接线、轨端绝缘等。

① 熔断器：防止室外轨道电路因故将电源短路。

② 变压器箱：用来存放并保护轨道变压器、电阻、引入电缆、箱内各种电源连接线，实物如图 3-2 所示。

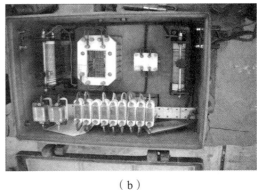

（a）　　　　　　　　　　　　　　　　（b）

图 3-2　变压器箱实物图

③ 送电端变压器：JZXC-480 型轨道电路多采用 BG_1-50 型轨道变压器将室内送出的 220 V 交流轨道电源，根据轨道区段长短的不同，经调整后输出 0.45 ~ 10.8 V 电压，其Ⅱ次侧通过限流电阻接到轨面上。BG_1-50 型轨道变压器Ⅰ次侧额定电压为 220 V，额定电流为 0.25 A，空载电流不大于 0.02 A，Ⅱ次侧额定电流为 4.5 A，其外形如图 3-3 所示。

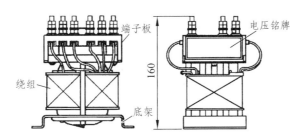

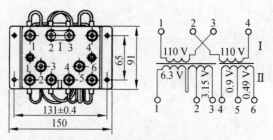

图 3-3　BG₁-50 型轨道变压器

送电端变压器的作用:

- 将室内发送出的高电压变成轨面所需的低电压。
- 根据轨道变压器Ⅱ次侧可输出多种电压的特点,可对轨道电路进行调整。
- 隔离供电作用,减少绝缘节破损对轨道电路的影响。

④ 限流电阻:采用 R-2.2/220 型可调式滑动变阻器,阻值为 2.2 Ω,功率为 220 W,容许电流为 10 A,容许温度为 105 ℃。限流电阻外形如图 3-4 所示。

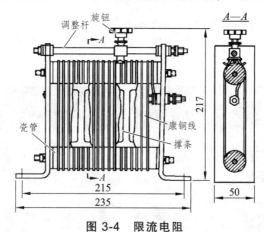

图 3-4　限流电阻

限流电阻的作用:

- 起分压作用,当轨道电路送电端被列车分路时,防止因分路电流过大而烧毁电源设备。
- 可对轨道电路的调整起到微调作用。
- 改善轨道电路的分路特性。

⑤ 钢轨绝缘:安装在轨道电路分界处,用以保证相邻轨道电路之间具有可靠的电气绝缘,使它们互不影响。其外形及组件如图 3-5 所示。

（a）

（b）

图 3-5　钢轨绝缘实物

钢轨绝缘由轨端绝缘、槽形绝缘、绝缘管、绝缘垫圈等组成。槽形绝缘按分段形式，可分为一段（整体）、二段、三段3种；按轨型，可分为P-43 kg、P-50 kg、P-60 kg等。

⑥ 轨道电路连接线包括钢轨引接线、钢轨接续线和道岔跳线，如图3-6所示。

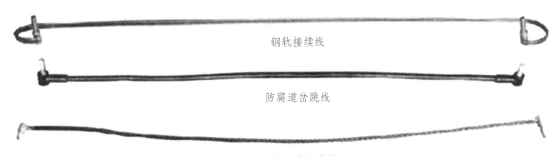

钢轨接续线

防腐道岔跳线

钢丝绳道岔跳线

图3-6 轨道电路连接线

● 钢轨引接线：连接轨道电路送/受电端变压器箱或电缆盒与钢轨的导线。它的一端用塞钉铆接在钢轨上，而另一端则用螺栓连接在变压器箱或电缆盒上；一般用涂有防腐油的多股钢丝绳制成，也有采用外包聚氯乙烯绝缘保护套制成的。钢轨引接线有1.6 m和3.6 m两种长度。

● 钢轨接续线：用于轨道电路接缝处的连接，以减小接触电阻，保证信号电流在钢轨接头处能够稳定的流通。钢轨接续线有塞钉式和焊接式。

● 道岔跳线：连接道岔岔心等处的导线，以沟通道岔区段轨道电路。道岔跳线由镀锌钢丝绳制成，两端都焊接有塞钉。根据安装的地点不同，常用900 mm、1 500 mm、3 000 mm三种规格。

（2）受电端设备有终端电缆盒、中继变压器、平衡电阻、钢轨引接线、JZXC-480型轨道继电器、轨端绝缘等。

① 终端电缆盒：用来存放并保护中继变压器、平衡电阻、引入电缆、箱内各种电源连接线，实物如图3-7所示。若受电端采用轨道变压器，终端电缆盒应相应改用变压器箱。

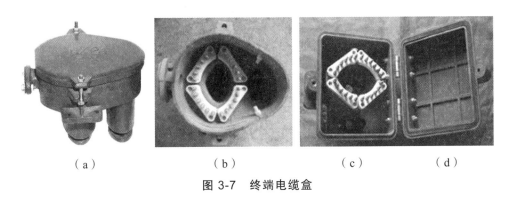

（a） （b） （c） （d）

图3-7 终端电缆盒

② 中继变压器：轨道电路的单受端多采用BZ₄型中继变压器，其Ⅰ次、Ⅱ次变比为1：20，Ⅰ次接到轨面，交流电压一般在0.7～0.9 V，Ⅱ次端子接电缆返回室内动作JZXC-480型轨道继电器，交流电压一般在14～17 V。BZ₄型中继变压器实物如图3-8所示。

（a） （b）

图 3-8　BZ₄ 型中继变压器

BZ₄ 型中继变压器的作用：

- 将从轨面上传过来低电压信号变成高电压，送回室内动作轨道继电器。
- 减少信号在电流传输过程中的衰耗。
- 改善整个回路的阻抗匹配器的条件。

③ 平衡电阻用在一送多受区段的受电端，主要是把轨道电路各分支轨面的电压经调整后送到中继变压器一次，使中继变压器二次电压达到平衡，便于调整轨道电路参数，同时对轨道继电器交流端电压具有微调作用。

④ 受电端的钢轨引接线、轨端绝缘同送电端。

（3）轨道继电器：采用 JZXC-480 型整流继电器，安装在信号机械室内，用于反映轨道状况。送回室内的交流信号首先进入 JZXC-480 型整流继电器 73、83 端子，然后经过整流再送到轨道继电器 1、4 线圈端子上动作继电器衔铁。因此，在继电器插座板上，可测得交流、直流两种电压。

2. 道岔区段轨道电路

道岔区段轨道电路与无岔区段轨道电路的不同之处在于钢轨线路被分开产生分支，为此需增加道岔绝缘和道岔跳线。

（1）道岔绝缘和道岔跳线配置。

道岔区段除了各种杆件、转辙机安装装置等要加装绝缘外，还要加装切割绝缘，以防止辙叉将轨道电路短路。道岔绝缘根据需要，可以设在直股，也可以设在弯股。为保证信号电流的畅通，道岔区段除轨端接续线外，还需装设道岔跳线。普通单开道岔的道岔绝缘和道岔跳线配置，如图 3-9 所示。其中，道岔跳线 I 型的长度为 900 mm，共 5 根；Ⅲ型的长度为 1 500 mm，共 2 根；Ⅳ型的长度为 3 000 mm，共 1 根。

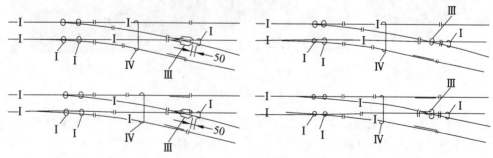

图 3-9　普通单开道岔的绝缘、跳线配置

（2）道岔区段轨道电路的连接方式。

为了符合"故障-安全"的要求，使各分支线路都得到检查，道岔区段常采用并联式一送多受轨道电路。

一送多受轨道电路设有一个送电端，在每个分支轨道电路的另一端各设一个受电端。各分支受电端轨道继电器的前接点，串联在主轨道继电器电路中。当任一分支分路时，分支轨道继电器落下，主轨道继电器也落下，将主轨道继电器接点用在联锁电路中。图 3-10（a）、（b）所示分别为一送两受和一送三受轨道电路。一送两受轨道电路：当分支轨道电路有车占用或跳线折断时，DGJ_1 落下，DGJ 也落下，就可监督轨道电路的状态。一送三受轨道电路：当 DGJ_1 或 DGJ_2 落下时，都使 DGJ 落下，以实现对整个轨道电路空闲与否的检查。

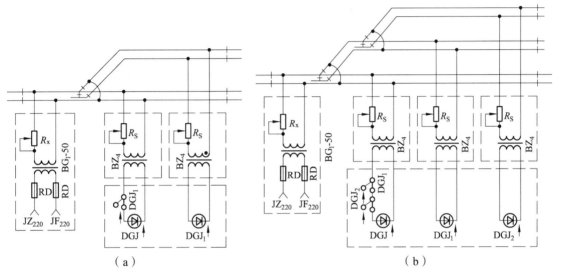

图 3-10　一送多受轨道电路

一送多受轨道电路的受电端均串接可调电阻器，其主要目的是为了提高轨道电路的分路灵敏度，以及使同一轨道电路内各轨道继电器的电压基本平衡。为了便于维修调整，一送多受轨道电路最多不超过三个受电端。

二、JZXC-480 型轨道电路测试

1. JZXC-480 型轨道电路电气参数测试

（1）测试项目。

① 送电端：轨道变压器的 Ⅰ 次侧电压和 Ⅱ 次侧电压、限流电阻电压、轨面电压、送电端电流。

② 受电端：轨面电压、平衡电阻电压、中继变压器的 Ⅰ 次、Ⅱ 次侧电压和回楼电压、受电端电流。

③ 轨道继电器：交流电压、直流电压。

（2）技术标准。

① 送电端：

● 变压器一次电压 220 V；

- 变压器二次电压 0.45 ~ 10.5 V；
- 限流电阻电压与轨面电压之和约等于变压器的二次电压。

② 受电端：

- 轨面电压约等于平衡电阻电压与变压器的一次电压之和；
- 变压器的二次电压满足传输至室内后，GJ 端电压在 10.5 ~ 16 V，最大不能超过 18 V。

（3）测试方法。

① 送电端：在送电端使用交流电压挡测量轨道变压器的一次侧电压和二次侧电压、限流电阻电压、轨面电压，还需使用交流电流挡测量送电端电流。

将 MF14 万用表打到交流 250 V 挡位，使用万用表的两个表笔分别与送电端 BG$_1$-50 变压器的一次侧 1、4 接线端子接触，读数，所测得的电压即为送电端轨道变压器的一次侧电压；将万用表打到交流 25 V 挡位，使用万用表的两个表笔分别与送电端 BG$_1$-50 变压器的二次侧实际使用端子接触，读数，所测得的电压即为送电端轨道变压器的二次侧电压；将万用表打到交流 2.5 V 挡位，使用万用表的两个表笔分别与限流电阻两接线端子接触，读数，所测得的电压即为限流电阻电压；将万用表打到交流 2.5 V 挡位（一送多受用 10 V 挡），使用万用表的两个表笔分别与两根钢轨的轨面接触，读数，所测得的电压即为送电端轨面电压。

注意：测量的轨面电压和限流电阻电压之和应大于轨道变压器二次电压，这是因为轨道电路道床和钢轨不仅有电阻，而且还具有电感和电容特性。轨道变压器的二次电压和限流电阻电压、轨面电压之间是矢量三角形的关系，即轨道变压器二次电压等于限流电阻电压和轨面电压的矢量和。因此，比较送电端轨面电压和受电端轨面电压，可以分析道床的漏泄情况。

将万用表打到交流 5 A 挡位，将送电端 BG$_1$-50 变压器二次侧的一个端子上的连接线拆下，使用万用表的两个表笔分别接触这个端子和拆下的连线，将万用表串联在被测电路中，所测得的电流即为送电端电流。

② 受电端：在受电端用交流电压挡测试变压器的一次、二次侧电压、回楼电压、轨面电压、平衡电阻电压。受电端轨面电压、平衡电阻电压测试方法同送电端，其他参数测试方法根据采用的轨道变压器型号不同而略有不同。

BG50 型的一次电压：用万用表交流 25 V 挡，将两表笔分别与变压器一次侧的 1、4 端子接触，读数；二次电压：用万用表交流 2.5 V 挡，将两表笔分别与变压器二次侧的实际使用端子接触，读数。

BZ$_4$ 型的一次电压：用万用表交流 2.5 V 挡，将两表笔分别与变压器一次侧的 1、2 端子接触，读数；二次电压：用万用表交流 25 V 挡，将两表笔分别与变压器二次侧的 1、2 端子接触，读数。

③ 轨道继电器：在室内测量轨道继电器交、直流电压。

交流电压：用万用表交流 25 V 挡，将两表笔分别与轨道区段组合内 DGJ 插座的 73、83 端子接触，读数。在调整状态下，轨道继电器交流电压一般为 10.5 ~ 16 V。

直流电压：用万用表直流 25 V 挡，将两表笔分别与轨道区段组合内 DGJ 插座的 2（ － ）、3（ ＋ ）端子接触，读数。

以上参数也可以用轨道电路测试盘测量：在室内的组合架上装有轨道电路测试盘，盘上装有 0~20 V 交、直流电压表各一块，用钮子开关作为控制开关，每个开关上方装有铭牌，标明对应轨道电路的名称。扳动一个开关后，可测试一个轨道继电器的端电压，以此监督轨道电路状态变化。测试后开关应扳回原位。

2. 轨道电路的分路检查

用电阻为 0.06 Ω 的标准分路线在轨道电路两端分流并测试轨道继电器交流端子的电压。对于道岔区段轨道电路，受电端必须在最远支路的末端上分流，测出其残压。如果是一送多受道岔区段轨道电路，在受电端可分别进行支路的残压测试，送电端分流时取各支路受电端轨道继电器残压的最大值。

3. 钢轨绝缘检查

方法一：如图 3-11（a）所示，利用短接线 a 跨接在其中一组绝缘节 A 两端的钢轨上，如果 GJ 落下或电压表示数减少，甚至指针反偏，则说明绝缘节 B 已损坏；同理跨接 B 可检查 A 的好坏。

方法二：按图 3-11（b）所示的方式接线，则可能发生以下 3 种情况。

（1）1GJ 落下，则说明绝缘节 A 已破损；

（2）2GJ 落下或电压表读数降低，则说明绝缘节 B 已破损；

（3）1GJ、2GJ 均落下或电压表的读数降低，则说明绝缘节 A、B 均破损。

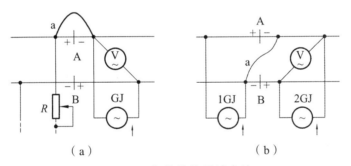

图 3-11　钢轨绝缘测试方法

4. 极性交叉检查

有钢轨绝缘的轨道电路，为实现对钢轨绝缘破损的防护，要使绝缘节两侧的轨面电压具有不同的极性或相反的相位，这需要轨道电路的极性交叉。相邻轨道电路的电源极性必须进行交叉排布，以防止在相邻的轨道电路间的绝缘节破损时，引起轨道继电器的错误动作。

极性交叉测试方法如图 3-12 所示。

（1）在交流轨道电路区段两个受电端邻接时，可利用两根短路线跨接在两组绝缘上。如果轨道继电器落下，则说明交叉正确；反之，则说明没有做到极性交叉，如图 3-12（a）所示。

（2）送电端和受电端相邻时，若 V1 > V2，则说明电源极性交叉；反之，则说明电源极性未交叉，如图 3-12（b）所示。

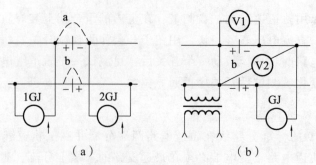

（a） （b）

图 3-12 极性交叉测试方法

5. JZXC-480 型轨道电路 I 级测试

JZXC-480 型轨道电路 I 级测试作业过程及内容如下：

（1）出工前，由工长组织召开出工预想会。

① 工长分工，布置工作任务，强调安全注意事项。

② 成员了解分组情况及上道作业的内容。

（2）工作前准备。

① 准备工具、材料、仪表，包括个人小工具、MF14 型万用表等。

② 测试、分析 JZXC-480 型轨道电路的电气特性。

③ 在天窗点给点前由工长指定人员申请上道授权。

④ 联系登记，由工长指定室内防护人员到运转室进行联系、登记。

⑤ 设好室外防护人员，保证人身及设备安全。

（3）给点后上道作业。

① 防护人员随时和室内联系人员取得联系，掌握列车运行情况。

② 邻线有车，及时下道避车。

（4）现场测试、分析 JZXC-480 型轨道电路的电气特性。

① 确认天窗给点后，打开 JZXC-480 型轨道电路箱盖，按照表 3-1 的轨道电路 I 级测试记录项目，逐项进行测试作业，并填表。

表 3-1 JZXC-480 型轨道电路 I 级测试记录表

站_____区段

测试日期	送电端电压/V				受电端电压/V				绝缘检查	极性交叉	测试人
	I 次	II 次	限流电阻	轨面	轨面	平衡电阻	I 次	II 次			

② 测试送电端（受电端）轨道变压器一次、二次侧电压。

将 MF14 万用表打到合适的挡位，使用万用表的两个表笔分别与变压器的一次侧的接线端子接触，读数，所测得的电压即为轨道变压器的一次侧电压；将万用表的两个表笔分别与变压器的二次侧的接线端子接触，读数，所测得的电压即为变压器的二次侧电压。

③ 测试限流电阻（平衡电阻）电压。将万用表打到交流 2.5 V 挡位，使用万用表的两个表笔分别与电阻的两个接线端子接触，读数，所测得的电压即为限流电阻（平衡电阻）电压。

④ 测试轨面电压。将万用表打到交流 2.5 V 挡位，使用万用表的两个表笔分别接触送电端（受电端）的两根钢轨，所测得的电压即为轨面电压。

⑤ 做绝缘检查和极性交叉检查。

⑥ 对照各项标准值，认真分析所测项目是否正常，若有异常，应及时处理。

三、JZXC-480 型轨道电路检修

JZXC-480 型轨道电路检修作业过程及内容如下：

（1）出工前，由工长组织召开出工预想会。

① 工长分工，布置工作任务，强调安全注意事项。

② 成员了解分组情况及上道作业的内容。

（2）工作前准备。

① 准备工具、材料、仪表，包括个人小工具、MF14 型万用表、手锤、油壶等。

② 在天窗点给点前由工长指定人员申请上道授权。

（3）天窗点给点后，室内值台员立即通知室外作业人员上道作业。

① 检查箱盒外部连接线、跳线、引接线等设备。

• 钢轨接续线应双套化，塞钉打入深度至少与轨腰齐平，露出长度不超过 5 mm，塞钉与塞钉孔紧密接触，并涂漆封闭。

• 钢轨接续线应密贴在接头夹板（鱼尾板）上，线条不能弯曲，更不能浮起，外观要做到平、紧、直。

• 焊接式接续线应焊接牢固，焊接接头的上端端头应低于钢轨轨面 10 mm，与接头夹板固定螺母竖向中心线的间距不得小于 10 mm。

• 引接线与变压器箱、电缆盒应连接紧固，不得有松动现象。绝缘片、绝缘管应完整无破损，保证绝缘良好。引接线的裸线部分不得与箱、盒金属体接触。

• 引接线距轨底应不小于 30 mm，采取防混措施。引接线处不得设有防爬器和轨距杆等金属部件，以免造成短路。

• 钢绞线应油润、无锈，断股不得超过 1/5。

• 道岔跳线和箱盒引接线应双套化，紧固，断股不得超过 1/5。

• 道岔跳线、钢轨引接线的塞钉与塞钉孔应采用涂机油的方法来防锈。

• 检查道岔跳线、钢轨引接线是否埋在沙土里，防止日后因腐蚀断线而造成轨道电路故障。

② 检查箱盒外部。

- 箱盒无破损，号码清楚正确，加锁装置良好。
- 基础倾斜不超过 10 mm，箱盒底距地面不少于 150 mm，排水良好。
- 各部螺栓油润、紧固、满帽。
- 表面整洁，无杂物。

③ 检查轨道绝缘。

- 钢轨绝缘应做到钢轨、槽型绝缘、接头夹板相吻合，轨端绝缘应与钢轨接头保持平直；道钉、扣件不得碰到接头夹板。
- 装有钢轨绝缘处的轨缝应保持在 6～10 mm，两钢轨头部保持水平，高低相差不大于 2 mm，在钢轨绝缘处的轨枕应保持紧固。高强螺栓的扭力达标。
- 转辙机安装装置绝缘、轨距杆绝缘、尖端杆绝缘、道岔钢枕外观检查良好，清洁无破损，各部螺丝紧固。

④ 检查箱盒内部。

- 箱盒内清洁，无灰尘、霉痕，油漆无严重脱落。
- 铭牌齐全正确，字迹清楚，防尘、防潮设施良好。
- 器材类型正确，安装牢固，使用不超期，不过热，不破损，印封完整，防振装置作用良好。
- 熔断器容量标准，安装牢固。
- 各部螺丝紧固，垫片、背帽、套管齐全，配线绑扎整齐，无破皮及混线隐患。
- 限流电阻辅助线、簧片接触良好，阻值符合规定（道岔区段送电端不少于 2 Ω，股道不少于 1 Ω）。
- 电缆引接口处采用灌胶防护，电缆不下沉。
- 箱盒内图纸准确。

四、查找 JZXC-480 型轨道电路故障

1. 室内外故障的鉴别

（1）轨道电路在正常工作时，轨道继电器的直流电压比交流电压低 2～3 V。如果交流电压为 15 V，直流电压应在 12.5 V 左右。

（2）如果交流电压与直流电压相差悬殊，则说明轨道继电器整流电路有问题，需要更换一台好的轨道继电器看是否正常。

（3）如果测得的交流电压为零或低于轨道继电器正常工作时的电压，则断开分线盘上的电缆，测试室外返回电压值是否正常。

（4）若在分线盘测得的电压为零或很低，则说明故障在室外；若测得的电压正常，则说明故障在室内。

2. 室外轨道电路开、短路故障的鉴别

室外轨道电路的故障无非是开路和短路两种。区别室外轨道电路开路、短路故障由限

流电阻上电压与正常值相比较，是最快速、最准确判断轨道电路故障性质的方法。其查找分析的步骤如下：

（1）若限流电阻的电压值为零，而轨面电压与轨道变压器二次电压近似相等，则说明轨道电路中发生了断线故障。

（2）若测限流电阻上的电压与轨道变压器二次电压基本相等，则说明轨道电路中发生了短路故障。

在轨道电路的钢轨上有阻抗，道床上有漏泄，所以还可以根据限流电阻上的电压值来判断开路、短路故障点与送电端的距离。若短路点距送电端很近，在限流电阻上的降压将与轨道变压器二次电压相等；若短路点距送电端很远，由于钢轨阻抗的压降和道床的漏泄，限流电阻上的电压将略低于轨道变压器二次电压。同样，当断路点在受电端时，由于道床的漏泄，限流电阻上将有很小的压降；若断线点在送端，限流电阻上电压基本为零。

 知识拓展

1. 轨道电路的基本原理

轨道电路是以铁路线路的两根钢轨作为导体，两端加以钢轨绝缘，并用引接线连接信号电源和接收设备所构成的电气回路。轨道电路用于监督铁路线路是否空闲，并自动、连续地将列车的运行和信号设备联系起来，以保证行车的安全，是故障—安全系统。

轨道电路的基本组成应包括钢轨线路、轨端接续线、钢轨绝缘、引接线、送电端设备（轨道电源及限流电阻）、受电端设备（轨道继电器），其电路原理如图3-13所示。

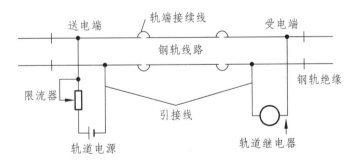

图 3-13　轨道电路原理

轨道电路中限流电阻的作用是保护轨道电源不致因为过载损坏和配合调整轨面电压。钢轨、轨端接续线、引接线用以传送电信息，保持电信息延续。钢轨绝缘有机械绝缘和电气绝缘两类，用以分割各相邻轨道电路。

轨道继电器用来反映轨道占用状况和线路是否完好。

当轨道电路的钢轨完整且没有列车占用时，轨道继电器吸起，表示轨道电路空闲；当轨道电路的钢轨线路被列车占用时，钢轨被列车轮对分路，由于轮对电阻远小于轨道继电器线圈电阻，流经轨道继电器的电流大大减小，轨道继电器落下，表示轨道电路被占用。

当轨道电路没有被列车占用而轨道电路的钢轨、连接设备在某处断开时，轨道继电器线圈得不到电流，轨道继电器落下，表示轨道电路故障。

由于轨道电路直接关系到行车安全和行车效率，因此要求：

（1）当轨道电路空闲且设备良好时，轨道继电器衔铁应可靠吸起。

（2）轨道电路在任何一点被列车占用时，轨道继电器应立即释放衔铁。

（3）当轨道电路不完整时（发生断轨、断线或绝缘破损等情况），轨道继电器应立即释放衔铁，关闭信号。

2. 轨道电路的三种工作状态

（1）调整状态：或称为正常工作状态，即在轨道电路空闲，设备完好的状态。此时，轨道继电器衔铁应当可靠地吸起。

（2）分路状态：即轨道电路在任一点被列车占用的状态。此时，轨道继电器衔铁应当可靠地落下。

（3）断轨状态：即轨道电路的钢轨在某处断开时的状态。此时，轨道继电器衔铁应当可靠地落下。

轨道电路在这三种状态下工作，主要会受三个变量参数影响：轨道电路的道碴电阻、钢轨阻抗、电源电压。

调整状态最不利条件为：接收设备获得电流最小、钢轨阻抗模值最大、道碴电阻最小、电源电压最低。

分路状态最不利条件为：接收设备获得电流最大、钢轨阻抗模值最小、道碴电阻最大、电源电压最高。

断轨状态最不利条件为：接收设备获得电流最大、钢轨阻抗模值最小、电源电压最高，此外，断轨点的道碴电阻也会对它产生影响。

3. 轨道电路的作用

（1）监督列车的占用，反映线路的空闲状况，为开放信号，建立进路或构成闭塞提供依据。

（2）传递行车信息，如移频自动闭塞系统利用轨道电路传递不同的频率信息来反映列车的位置，决定通过信号机的显示或决定列车运行的目标速度，从而控制列车运行。

4. 轨道电路的分类

（1）按动作电源分：直流轨道电路、交流轨道电路。

直流轨道电路的轨道电源采用直流电，种类很少，现今已经很少使用。交流轨道电路的轨道电源采用交流供电，种类很多，根据电源频率可以分为：低频（300 Hz 以下）、音频（300～3 000 Hz）、高频（10～40 kHz）三段。

（2）按传送的电流特性分：连续式、移频式及数字编码式轨道电路。

（3）按分割方式分：绝缘轨道电路、无绝缘轨道电路。

（4）按所处的位置分：站内轨道电路、区间轨道电路。

（5）按轨道电路内有无道岔分：无岔区段轨道电路、道岔区段轨道电路。

（6）按适用的区段分：电气化区段轨道电路、非电气化区段轨道电路。

（7）按轨道电路利用钢轨作为通道的方式分：单轨条轨道电路、双轨条轨道电路。

5. 轨道电路的应用

轨道电路主要用于区间和车站站内。

区间的轨道电路通常是与自动闭塞制式相一致的轨道电路，按照自动闭塞通过信号机分区，每个闭塞分区就是其轨道电路。

站内轨道电路的应用更为广泛。对于电气集中联锁来说，列车进路和调车进路都必须安装轨道电路。

对于机车信号来说，各种制式的区间轨道电路和站内电码化以后的轨道电路，就是其地面发送的设备，也就是信息来源。对于列车超速防护来说，带有编码信息的轨道电路是其车—地之间传输信息的通道之一。

6. 站内轨道电路的划分和命名

（1）划分原则。

① 信号机的内外方应划分为不同的区段。

② 一个轨道电路区段内包含的单动道岔不能超过3组，复式交分道岔不超过两组。否则，道岔组数过多，轨道电路受道岔分支漏阻的影响较大，轨道电路难以调整。

③ 满足行车、调车作业效率的提高。

（2）命名。

道岔区段和无岔区段命名方式不同，如图 3-14 所示。

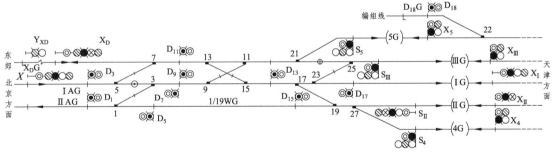

图 3-14　轨道电路命名

① 道岔区段：根据包含道岔的编号来命名，如 1DG、9-15DG、19-27DG 等。

② 无岔区段：有几种不同情况，对于股道，以股道号命名，如 IG、4G 等；进站内方，根据所衔接的股道编号加 AG（下行咽喉）或 BG（上行咽喉），如 I AG、II AG 等；差置调车信号机之间无岔区段，以两端相邻的道岔编号写成分数形式加 WG 来表示，如 1/19WG；半自动闭塞区间进站信号机外方的接近区段，用进站信号机名称后加 JG 表示，如 X_DJG；牵出线、编组线、机待线、专用线等调车信号机外方的接近区段，用调车信号机名称后加 G 表示，如 D_{18}G。

7. JZXC-480 型轨道电路工作原理及特点

（1）工作原理。

JZXC-480 型轨道电路的结构如图 3-1 所示。当轨道线路空闲、设备完好时，从电网送入的 50 Hz 电源，经室内的电源屏稳压送出，作轨道电路的专用电源。轨道电源由室内通过电缆供向室外轨道电路的送电端变压器，送电端 BG_5 型轨道变压器一次侧得到此 220 V 交流电压，从二次侧抽了适当的低电压，经限流电阻降压后送至送电端轨面，由钢轨绝缘将其与相邻区段隔离，只能沿着钢轨向受电端传输，受电端钢轨绝缘再将其与相邻区段隔离，只能经钢轨引接线送至受电端 BZ_4 型变压器的一次侧，BZ_4 变压器使钢轨线路的特性阻抗与室内轨道继电器阻抗相匹配，并把这一电压放大 20 倍，从二次侧向设于室内的 JZXC-480 型继电器送电，经继电器内部整流成直流电压，使继电器励磁吸起，轨道电路处于调整状态，反应轨道线路空闲；若此时因电路故障，电压不符合要求时，继电器落下，反应电路故障。当轨道线路有车占用时，轮轴将钢轨电流短路，BG_5 型轨道变压器二次侧的电压基本上全加到限流电阻上，BZ_4 型变压器二次侧只能得到小于 2.7 V 的残压，JZXC-480 型继电器失磁落下，此时，整个轨道电路成分路状态。

（2）特点。

JZXC-480 型轨道电路电源采用交流，钢轨中传输的是交流，继电器接收的是交流，但动作继电器的是直流。当电路完整且无车占用时，GJ 吸起，其交流电压应在 10.5 ~ 16 V；当轨道有车占用时，GJ 落下，GJ 的交流残压此时应低于 2.7 V。

任务二　97 型 25 Hz 相敏轨道电路维护检修

任务描述

97 型 25 Hz 相敏轨道电路用于电气化区段站内轨道电路，用以检测轨道电路区段是否空闲，它具有工作稳定可靠、抗干扰能力强、传输长度远、维修简单和故障率低等优点。1997 年，通过原铁道部鉴定，97 型 25 Hz 相敏轨道电路在全路推广使用。

本任务主要完成 97 型 25 Hz 相敏轨道电路结构的认知、测试、日常维护以及常见故障处理。

任务实施

一、认知 97 型 25 Hz 相敏轨道电路

97 型 25 Hz 相敏轨道电路由室内 25 Hz 专用电源屏提供轨道电源和局部电源，设备主要由送电端变压器箱（XB）、送电端熔断器（RD）、送电端轨道变压器（BG_{25}）、送电端限

流电阻（R_X）、送电端扼流变压器（BE25）和受电端扼流变压器（BE25）、受电端变压器箱（XB）、受电端熔断器（RD）、受电端轨道变压器（BG25）、防雷补偿器、25 Hz 防护盒（HF）、二元二位轨道继电器（GJ）等组成，典型结构如图 3-15 所示。

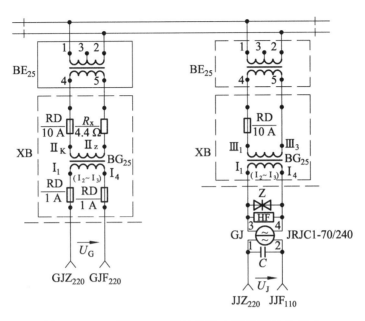

图 3-15　97 型 25 Hz 相敏轨道电路典型结构组成

1. 认知 97 型 25 Hz 相敏轨道电路部件

（1）变压器箱：存放并保护轨道变压器、限流电阻、熔断器、引入电缆、箱内各种电源连接线，实物如图 3-16 所示。

图 3-16　变压器箱外观及内部

（2）钢轨引接线：采用钢包铜结构。有两个作用：一是用作构通牵引电流的回路；二是连接钢轨和扼流变压器的导线，用于传递轨道信息。

（3）25 Hz 轨道变压器：在 25 Hz 相敏轨道电路中作为供电电源和阻抗匹配使用，通过调整其二次侧端子，以保证轨道电路的正常工作。25 Hz 轨道变压器匹配轨道电路的低阻抗和继电器与防护盒并联的高阻抗，送电端和受电端的轨道变压器应用同一型号。25 Hz 轨道变压器的结构及各线圈电压如图 3-17 所示。

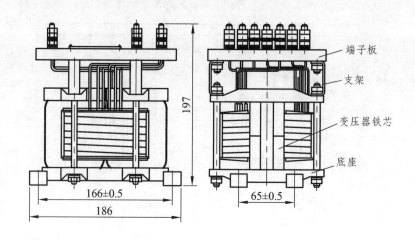

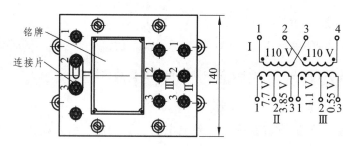

图 3-17　25 Hz 轨道变压器

（4）扼流变压器：有两个作用：一是使钢轨上流经的机车牵引电流，顺利通过轨道电路绝缘节；二是防止钢轨上流经的牵引电流进入送、受电设备，将送受电设备烧毁。其外观及内部如图 3-18 所示。

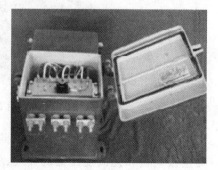

图 3-18　扼流变压器外观及内部

扼流变压器主要是用来隔离牵引电流对信号电流的影响和构通牵引电流回路，它用在送电端时降压，用在受电端时升压，变比为 1 : 3（牵引线圈 8+8 匝，信号线圈 48 匝）。

（5）限流电阻（固定使用）：确保轨道电路分路灵敏。在送电端分路时，防止变压器和变频器过载。

（6）熔断器（分 1 A 和 10 A）：当轨道电路电流超过规定值时，切断电源，以保证器材的安全。

1 A 熔断器用于送电端过载保护，防止一个送电电源短路影响一束轨道电源。10 A 熔断器用于有扼流变压器的区段，轨道变压器与扼流变压器之间装设 10 A 保险丝，可安全度过牵引电流的浪涌冲击。

（7）防雷补偿器：有 FB-1、FB-2 型，由对接的硒片和电容器构成，用来防雷和提高轨道电路局部线圈电路的功率因数，以减小变频器的输出电流。电容并接于交流二元继电器局部线圈侧，对 25 Hz 局部电源进行补偿；硒堆并接于交流二元继电器轨道侧，对轨道输入进行雷电防护。

（8）防护盒：由电感、电容串联而成，并联在受电端交流二元二位继电器轨道线圈处，对 50 Hz 信号电流呈串联谐振，相当于 15 Ω 电阻，以抑制干扰电流；对 25 Hz 信号电流相当于 16 μF 电容；对 25 Hz 信号电流的无功分量进行补偿，起到减少轨道电路传输衰耗和相移的作用。防护盒外形如图 3-19 所示。

图 3-19　HF₄-25 型防护盒

（9）JRJC 型交流二元二位继电器：用于交流电化区段 25 Hz 相敏轨道电路中，作为轨道继电器，它由专设的 25 Hz 铁磁分频器供电，具有可靠的频率相位的选择性，对于轨端绝缘破损和不平衡造成的 50 Hz 的干扰能可靠地防护。

JRJC 型交流二元二位继电器的吸起电压不大于 15 V，落下电压不小于 7.5 V，返还系数为 50%。交流二元继电器由两个独立的双相变频器供电，轨道线圈由轨道变频器经过送电端、轨道电路供给 25 Hz/220 V 电源，局部线圈由局部变频器供给 25 Hz/110 V 电源。

2. 识读 25 Hz 相敏轨道电路的单元图

97 型 25 Hz 相敏轨道电路按送、受电端是否有扼流变压器分为送、受电端均设扼流变压器和送、受电端均不设扼流变压器两种。

有回归牵引电流流过的轨道区段，应采用带扼流变压器的轨道电路；对于没有回归牵引电流流过的轨道区段，仍需防止牵引电流对轨道电路的干扰，可采用无扼流变压器的轨道电路。无扼流变压器的轨道电路也可用于非电化区段。根据受电端的设置情况可分为一送一受、一送两受和一送三受轨道电路。25 Hz 相敏轨道电路单元图如图 3-20 所示。

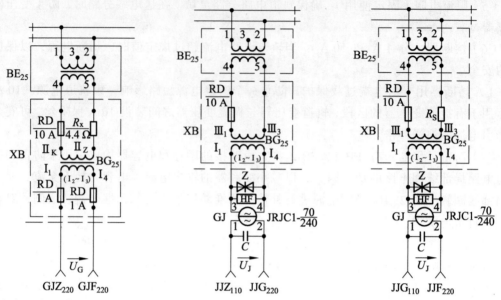

（a）设扼流变压器的送电端　（b）设扼流变压器的送一受　（c）设扼流变压器的一送多受
　　　　　　　　　　　　　　　　　　受电端　　　　　　　　　　的分支受电端

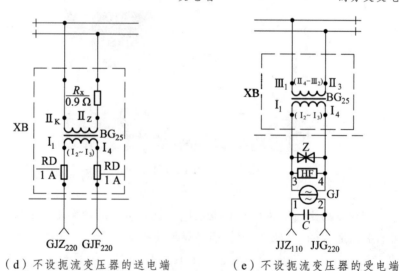

（d）不设扼流变压器的送电端　　（e）不设扼流变压器的受电端

图 3-20　25 Hz 相敏轨道电路单元图

注：GJ 处并联 C 为减少变频器供电电流，提高功率因数，新制式不用。

二、97 型 25 Hz 相敏轨道电路的测试

1.97 型 25 Hz 相敏轨道电路测试项目、标准及周期

（1）测试项目。

① 送电电源电压。

② 送电端：变压器（130/25）Ⅰ次电压、Ⅱ次电压；限流电阻电压；扼流变压器Ⅰ次电压、Ⅱ次电压；轨面电压。

③ 受电端：轨面电压，扼流变压器Ⅰ次电压、Ⅱ次电压；限流电阻电压；变压器（130/25）Ⅰ次电压、Ⅱ次电压。

④ 交流二元继电器：轨道电压。

⑤ 分路残压测试。

⑥ 极性交叉检查。

⑦ 相位角。

⑧ 送、受电端定点电流。

（2）参数标准。

① 送电端。

- 变压器（130/25）Ⅰ次电压 50～220 V。
- 变压器（130/25）Ⅱ次电压 0.44～18.48 V。
- 限流电阻电压 2～6 V。
- 扼流变压器Ⅰ次电压 0.5～1.2 V。
- 扼流变压器Ⅱ次电压 1.5～3.5 V。
- 轨面电压 0.5～1.2 V。

② 受电端。

- 轨面电压 0.5～1.1 V。
- 扼流变压器Ⅰ次电压 0.5～1.1 V。
- 扼流变压器Ⅱ次电压 1.5～3.3 V。
- 限流电阻电压 0.1～3 V。
- 变压器（130/25）Ⅰ次电压 0.5～1.2 V。
- 变压器（130/25）Ⅱ次电压 1.5～3.6 V。

③ 交流二元继电器轨道线圈电压不小于 15 V。

④ 分路残压测试不大于 7.4 V。

⑤ 局部电压超前于轨道信号电压的相位角为 90°。

⑥ 送、受电端定点电流应符合动作机车信号的最小短路电流的要求。

（3）测试周期如表 3-2 所示。

2．测试方法

（1）送电电源电压用数字万用表（移频综合在线测试表，选择测试 25 Hz 电压挡测试，下同）交流 700 V 电压挡，在电源屏对应区段送电线束的端子上进行测试。

（2）送、受电端变压器Ⅰ、Ⅱ次电压分别用数字万用表交流 700 V 电压挡测试Ⅰ次对应端子和交流 20 V 电压挡测试Ⅱ次对应端子。

（3）限流电阻电压降用数字万用表交流 20 V 电压挡测试。该项限流电阻的阻值应按《调整表》的要求固定使用。

（4）送、受电端轨面电压用数字万用表交流 20 V 挡测试。其中，带扼流变压器的轨面电压乘以 3 与限流器压降之和应约等于变压器Ⅱ次输出电压；不带扼流变压器的轨面电压与限流器压降之和应约等于变压器Ⅱ次输出电压。

表 3-2　97 型 25 Hz 相敏轨道电路测试周期

测试项目	测试周期		备注
	Ⅰ 级	Ⅱ 级	
1. 送电电源电压			
2. 送、受电端变压器Ⅰ、Ⅱ次电压			
3. 限流电阻电压			第 8、9 项下雨、下雪时需加测；测电流用钳型电流表；第 6 项对分路不良区段每月 1 次
4. 送、受电端轨面电压	1 次/半年		
5. 送、受电端扼流变压器信号线圈、轨道线圈电压		1 次/6 年	
6. 分路残压测试			
7. 极性交叉检查			
8. 相位角			
9. 二元二位继电器轨道线圈端子电压	1 次/10 日		
10. 送、受电端定点电流			

（5）送、受电端扼流变压器信号线圈和轨道线圈电压分别用数字万用表交流 20 V 电压挡测试信号线圈对应端子和轨道线圈对应端子，变比应为 3∶1。

（6）分路残压测试用 0.06 Ω标准分路线在轨道分路最不利处（无岔区段在两头，道岔区段在受电端末端及没有受电端的末端分支或钢轨生锈处）分路时，室内派人测试二元二位继电器轨道电压的输入端子，交流残压应不大于 7.4 V。

（7）极性交叉检查用数字万用表交流 20 V 电压挡测试，其判断方法为：轨端绝缘同侧电压比交叉测试电压高则说明极性交叉正确，否则极性交叉不正确。

（8）相位角一般采用轨道测试盘测试，若轨道测试盘没有相位角测试功能，则用相位表单独测试，局部电压超前于轨道信号电压的理想相位角为 90°。

（9）二元二位继电器的轨道线圈端子电压采用轨道测试盘测试，室外各项调整应按《调整表》规定进行。在调整状态时，轨道继电器轨道线圈上的有效电压应不小于 18 V。

（10）送、受电端定点电流用移频综合在线测试表，选择 25 Hz 电流挡测试，分别在送、受电端用 0.06 Ω标准分路线短路，使用专用的钳型电流表卡在短路棒上进行测试。送、受电端定点电流应符合动作机车信号的最小短路电流的要求。

三、97 型 25 Hz 相敏轨道电路的调整与检修

1. 97 型 25 Hz 相敏轨道电路的调整

（1）调整方法。

多年的现场运用情况表明：97 型 25 Hz 相敏轨道电路较易做到一次调整，只有少数区

段在雨季，要将轨道继电器端电压调整到不低于其最低值，并确认励磁吸起，待晴天后再检查能否确保分路检查，即轨道继电器残压应小于 7.4 V 和前接点分离，如分路良好，即能实现一次调整。

（2）调整注意事项。

① 送电端限流电阻的数值以及受电端中继变压器的变化，应按原理图的规定加以固定，不应作为轨道电路的调整手段进行调整。

② 97 型 25 Hz 相敏轨道电路具有相位选择性，在调整轨道电路前，应检查元件间是否按同名端相连，和轨道的连接是否符合相位交叉的要求，在调整供电变压器时，也应注意不要将同名端接错。

③ 一送多受的轨道电路区段，各分支电压应调整至相同或相似电压值。

④ 应检查机车信号的入口电流是否满足机车信号的要求。

⑤ 设有空扼流变压器的轨道电路应对其轨道电路进行补偿，有电码化的区段，还应对机车信号的电码化信息进行补偿。

⑥ 一送多受的轨道电路的受电端电阻也应按调整参考表的给定值固定。

2. 97 型 25 Hz 相敏轨道电路集中检修

（1）集中检修作业程序（见图 3-21）。

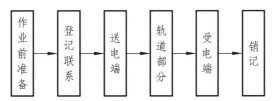

图 3-21 97 型 25 Hz 相敏轨道电路集中检修作业程序

（2）集中检修作业内容及标准（见表 3-3）。

表 3-3 集中检修作业内容及标准

序　号	项　目		作　业　内　容　及　标　准
一	作业前准备		1. 工长认真布置检修任务，检修执行人明确作业地点和任务； 2. 准备工具、仪表，认真检验工具、仪表的性能、状态良好； 3. 试验联系工具状态良好
二	登记联系		1. 按综合天窗管理办法要点，由室内值班人员在《行车设备检查登记簿》上登记，并经车站值班人员签字后，方可进行工作； 2. 现场作业前需接通联系工具，作业过程中应不间断地将列车运行情况及时通知现场人员
三	送电端	基础及外观	1. 基础培土牢固，无裂纹，不倾斜，歪倾不超过 10 mm，周围无杂草，箱底距地面不少于 150 mm，排水良好； 2. 轨道变压器箱、扼流变压器箱内侧边缘距钢轨内侧 ≥1 350 mm； 3. 轨道变压器与扼流变压器箱应是"一"字形排列，中心正对轨缝；

95

序号	项 目		作 业 内 容 及 标 准
三	送电端	基础及外观	4. 两扼流变压器箱中心距为 650 mm，扼流变压器箱中心到轨道变压器箱中心的距离为 700 mm； 5. 轨道变压器箱、扼流变压器箱安装牢固，无裂纹，锁鼻及加锁设备良好，内部防尘、防水良好
		保险及配线	1. 配线整齐、美观，线头不活动，无破皮，线头应有线环或扎成环状，断股不超过 1/5； 2. 电缆需有辅助托环，电缆、软线应有热缩管防护； 3. 箱内各种铭牌齐全、正确； 4. 断路器安装牢固，性能良好； 5. 端子座安装牢固，端子不活动，无裂纹，螺丝备帽、垫圈齐全； 6. 贯通电缆贯通正确，并有标记； 7. 胶室灌胶适当，胶面不得超过电缆内防护层，胶室内电缆无下沉现象
		变压器	1. 变压器安装平整，有固定措施； 2. 变压器不锈蚀，无噪声及过热现象
		限流电阻	限流电阻的阻值应按《维规》规定予以固定，不得调小，更不得调至零值
		清扫测试	1. 内部清扫干净； 2. 用聚硫橡胶封堵良好，不进尘土，不进水； 3. 测量电源变压器一、二次电压，扼流变压器一、二次电压和不平衡电流、不平衡率，限流器、轨面电压，分路残压，并填写测试记录本
四	轨道部分	钢丝绳引接线	1. 送、受电端钢丝绳引接线过道处应采用绝缘防护卡，其他部分用白布带包扎好； 2. 跳线和引接线的长度、规格适当，焊接牢固，应平直地固定在枕木或其他专用的设备上，卡钉要牢固，不得埋入土或石碴中，并须涂油防蚀，断股不得超过 1/5； 3. 引接线及跳线塞钉牢固，打入钢轨深度至少与钢轨齐平，露出长度不得超过 5 mm，塞钉根部不得有堆边； 4. 跳线和引接线处不得有防爬器和轨距杆等金属件，穿越钢轨处距轨底应不小于 30 mm，不得与可能造成短路的金属件接触； 5. 引接线采用钢包铜，跳线采用 Φ9.3 mm、截面面积为 70 mm^2 的粗油芯钢丝绳，必须为双套化； 6. 轨道电路送、受电端扼流变压器至钢轨的接线电阻应不大于 0.1 Ω； 7. 轨道电路送、受电端轨道变压器至扼流变压器的接线电阻不大于 0.3 Ω； 8. 轨道继电器至轨道变压器间的电缆电阻不大于 150 Ω
		各种绝缘	1. 检查轨道绝缘（槽型、垫圈、轨端）、道岔连接杆、轨距保持杆和角钢绝缘应无严重破损和混电的可能； 2. 邻接轨道电路间钢轨绝缘破损时，轨道接收设备应不受邻接轨道电路电流影响而误动或有符合设计要求的防护措施； 3. 钢轨绝缘应做到钢轨、槽型绝缘、鱼尾板相吻合，轨端绝缘安装应与钢轨接头保持平直，轨端绝缘上部不准许超出钢轨的上部顶面；

序 号	项 目		作 业 内 容 及 标 准
四	轨道部分	各种绝缘	4. 钢轨绝缘处的轨缝应保持在 6～10 mm，两钢轨头部应在同一平面，高低相差不大于 2 mm，在钢轨绝缘处的轨枕应保持坚固，道床捣固良好
		塞钉式接续线	1. 塞钉式接续线应无伤痕，焊接牢固，采用双套化，塞钉间距为 940 mm、1 100 mm； 2. 塞钉打入深度至少与钢轨齐平，露出长度不超过 5 mm，根部无堆边； 3. 塞钉式接续线应密贴鱼尾板，保持平、紧、直
五	受电端	基础及外观	1. 基础培土牢固，无裂纹，不倾斜，歪倾不超过 10 mm，周围无杂草，箱底距地面不少于 150 mm，排水良好； 2. 轨道变压器箱、扼流变压器箱内侧边缘距钢轨内侧≥1 350 mm； 3. 轨道变压器与扼流变压器箱应是"一"字形排列，中心正对轨缝； 4. 两扼流变压器箱中心距为 650 mm，扼流变压器箱中心到轨道变压器箱中心的距离为 700 mm； 5. 轨道变压器箱、扼流变压器箱安装牢固，无裂纹，锁鼻及加锁设备良好，内部防尘、防水良好
		保险及配线	1. 配线整齐、美观，线头不活动，无破皮，线头应有线环或扎成环状，断股不超过 1/5； 2. 电缆需有辅助托环，电缆、软线应有热缩管防护； 3. 箱内各种铭牌齐全、正确； 4. 断路器安装牢固，性能良好； 5. 端子座安装牢固，端子不活动，无裂纹，螺丝备帽、垫圈齐全； 6. 贯通电缆贯通正确，并有标记； 7. 胶室灌胶适当，胶面不得超过电缆内防护层，胶室内电缆无下沉现象
		变压器	1. 变压器安装平整，有固定措施； 2. 变压器不锈蚀，无噪声及过热现象
		防雷元件	防雷元件安装正确，元件无击穿现象，防雷元件编号要与台账一致
		清扫测试	1. 内部清扫，密封完好，引线口封严，不进尘土，不进水； 2. 测试轨面、限流电压，扼流变压器一次电压、二次电压、不平衡电流、不平衡率，轨道变压器一、二次电压，分路残压，并记录在测试记录本上； 3. 调整状态时，轨道继电器轨道线圈上的有效电压应不小于 18 V（按段要求道岔区段调为 20 V，到发线或与之相似的无岔区段调为 22 V）； 4. 用 0.06 Ω标准分路电阻线在轨道电路送、受电端轨面分路时，轨道继电器端电压：97 型应不大于 7.4 V，其前接点应断开
六	销 记		复查试验良好后，室外作业人员通知室内值班人员在《行车设备检查登记簿》内销记，车务人员和电务人员共同签字

四、97 型 25 Hz 相敏轨道电路故障判断、处理

1. 确认故障并汇报

（1）接到车站通知轨道电路红光带后，立即到运转室控制台上确认故障是否存在。

（2）立即报告工区工长、车间干部、电务段调度，并且在申请上道命令后进入机械室。

2. 工作前准备

（1）准备工具、材料、仪表。

（2）了解轨道电路配线图。给点后上道或进入机械室判断室内外故障。

（3）从分线盘上找到故障区段的送电端、受电端电缆配线端子的位置。

3. 作业流程

（1）在《行车设备检查登记簿》内登记停用设备。

（2）首先进入机械室查找故障，查找顺序应先按室内后室外的方式进行。

用万用表测试故障区段分线盘端子有无交流电压，如电压不正常，可判断为相位不对或交流二元继电器局部线圈侧故障。一般相位不对的故障均发生于施工后，如在正常使用过程中出现故障，可排除是相位不对的原因。如电压高于正常值时，可判定为室内故障，故障应为分线盘受电端端子到设备的配线短路。

如在分线盘测量故障区段的电压为零或低于正常值时，应甩开故障区段电缆线，测量电缆电压，并按如下方法进行判断分析。

① 如有 40 V 左右电压值时，是室内故障。

② 如电缆回送电压偏低，挂上软线后不足以使继电器吸起，说明室外部分有虚短或虚断故障。

③ 电缆回送电压为零时，先测试室内送电端端子的电压是否送出。如送电端电压正常送出，可判断为室外故障；如未送出电压，可进一步甩开故障区段电缆线测量区分故障点在室内还是室外。

（3）查找室内断路故障。

判断为室内故障后，如轨道继电器不吸起，则用万用表测量交流二元继电器线圈 3-4 的电压，如低于正常值几伏电压，一般可判断为轨道继电器线圈 3-4 断线。如线圈电压低于正常值将近一半，一般为防护盒开路故障；如线圈近似于正常值的 1/3，一般为硒堆半击穿故障；如电压正常，测量局部线圈 1-2 有 110 V 电压则说明轨道继电器局部线圈开路故障或交流二元继电器本身机械卡阻；如 3-4 线圈无电压，可判断为分线盘至继电器线圈软线断线故障。

（4）查找室外断路故障。

① 查找送电端断路故障。

判断为送电端断路故障后，应先检查钢轨引接线塞钉、连接钢板是否虚接，然后开箱测量。先测量送电端电缆端子，无交流 220 V 可判断为送电端电缆断线；有交流 220 V，则测量 BG$_{25}$ 型变压器一次侧。无电压，可判断为熔断器或配线断线，有电压，则测量 BG$_{25}$ 型变压器二次侧，如无输出，可判定为变压器故障、线头松动或连接端子封线断线。若二次侧输出正常，则检查二次侧熔断器、电阻及软线。测量扼流变压器信号圈，无电压，则可判断为 XB 箱至扼流变压器电缆断线；有电压，则测量扼流变压器牵引线圈，如无输出，可判断为扼流变压器故障，依次顺序查找。

② 查找钢轨断路故障。

从送电端沿钢轨逐段测量轨面电压，电压值突变点即是断路点。当测到某段电压突然下降时，可判定该段断路。应查找钢轨、接续线、跳线是否断裂，塞钉有无虚接、脱落。

③ 查找受电端断路故障。

用万用表测得受电端轨面电压正常时，先检查受电端钢丝绳、塞钉有无松动或折断现象。再测量扼流变压器的牵引线圈、信号线圈电压。如牵引线圈与轨面电压相同，信号线圈无电压输出时，可判断为扼流变压器断线故障。若信号线圈正常，则检查 XB 箱内受电端电缆、熔断器，测量 BG_{25} 型变压器的二次侧，无电压，则可判断为熔断器或软线断线。测量轨道变压器一次侧，无电压时检查变压器各部分端子及一次、二次封线，如无问题，则判断为轨道变压器故障；如有电压，则测量受电端回送电缆端子有无电压，按顺序查找。

（5）处理完后，复查、试验、销记、汇报。

 知识拓展

1. JRJC1-$\frac{70}{240}$ 型交流二元继电器的结构和工作原理

交流二元继电器中的二元是指有两个互相独立又互相作用的交变电磁系统。根据频率不同，交流二元继电器分为 25 Hz 和 50 Hz 两种，前者用于交流电气化区段的 25 Hz 相敏轨道电路中作为轨道继电器，后者主要用于地下铁道、矿山等直流牵引区段的轨道电路中作为轨道继电器。

这里介绍铁路上常用的 JRJC1-$\frac{70}{240}$ 型 25 Hz 交流二元继电器，它由专设的 25 Hz 铁磁分频器供电，具有可靠的频率选择性和相位选择性，对于轨端绝缘破损和不平衡造成的 50 Hz 干扰能可靠地防护，另外还有动作灵活的翼板转动系统、紧固的整体结构，不仅经久耐用，而且便于维修。

（1）结构。

JRJC1-$\frac{70}{240}$ 型交流二元继电器由局部线圈、轨道线圈、带轴铝翼板、接点系统构成，其实物如图 3-22 所示。

图 3-22 JRJC1-$\frac{70}{240}$ 继电器实物

① 局部线圈：铁心上绕制线圈，通入局部电源，该电源由 25 Hz 电源屏供出，电压 110 V，频率 25 Hz。

② 轨道线圈：铁心上绕制线圈，通入轨道电源，该电源由 25 Hz 电源屏供出，经轨道电路送电端传输至受电端得到电源，电压大于 15 V，频率 25 Hz。

局部电源和轨道电源的初相角在理想状态下相差 90°。

③ 带轴铝翼板：呈椭圆形的铝金属板，其轴心方向与板平面方向成 90°。

④ 接点系统：附着在铝翼板上，由接点支架和中、上接点片构成。交流二元继电器结构如图 3-23 所示。

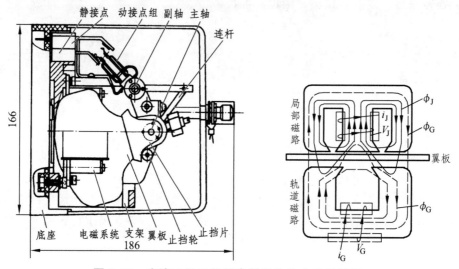

图 3-23　交流二元二位继电器结构和电磁系统图

（2）工作原理。

交流二元继电器依据两条电磁感应原理工作。这两条电磁感应的原理是：① 处在磁场中的导体在其内部会产生感应电动势或感应电流；② 带电的导体在磁场中会运动。

交流二元继电器的电磁系统（见图 3-23），铝翼板在局部线圈产生的磁场作用下，在其内部会产生涡流，带涡流的铝翼板在轨道线圈产生的磁场作用下会转动；同样地，铝翼板在轨道线圈产生的磁场作用下，在其内部会产生涡流，带涡流的铝翼板在局部线圈产生的磁场作用下会转动。两个线圈在铝翼板内产生的涡流方向一致，因而在两个磁场共同作用下，就会使铝翼板转动，铝翼板带动接点支架向上动作，从而中接点和上接点接通。任意一个磁场消失即任意一个电源消失，铝翼板在回位弹簧的作用下回位，中接点和上接点断开。

（3）频率检查性和相位检查性。

经计算，只有局部电源、轨道电源的频率同为 25 Hz 时，在这两个电源的作用下铝翼板才能旋转，所以交流二元继电器具有对电源频率的检查特性。只有局部电源、轨道电源的初相角相差（局部电源超前轨道电源）90°时，在这两个电源作用下铝翼板的转矩最大，当局部电源和轨道电源初相角相同时，铝翼板的转矩为零，所以交流二元继电器具有对电源的相位检查性。

当牵引电流不平衡时，将 50 Hz 电压加在轨道线圈上，这时所产生的转矩力在一个周期内平均值为零，即轨道线圈混入干扰电流与固定的 25 Hz 局部电流相作用，翼板不产生转矩，不能使继电器误动。同时，由于翼板的惯性较大，使继电器缓动，跟不上转矩力变化的速率，使继电器保持原来的位置而不致误动。

由于交流二元继电器具有频率选择性，不仅可以防止牵引电流的干扰，而且对于其他频率也有同样的作用。可以证明：当轨道线圈电流频率为局部电流频率的 n 倍时，不论电压有多高，翼板均不能产生转矩使继电器误动。

交流二元继电器的可靠的频率选择性便于电码化的实现，当 25 Hz 相敏轨道电路叠加移频轨道电路时，移频信号加在轨道线圈上，不会使轨道继电器误动，这使得设备简单，工作稳定，避免了切换方式降低轨道电路技术标准的情况。

2. 扼流变压器

在电气化牵引区段，为保证牵引电流顺利流过绝缘节，在轨道电路发送端、接收端设置扼流变压器，轨道电路设备通过扼流变压器接向轨道，并传递信号信息，如图 3-24 所示。

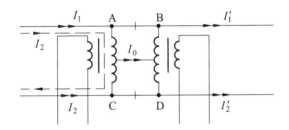

图 3-24　扼流变压器工作原理

扼流变压器对牵引电流阻抗很小，而对信号电流阻抗较大，沿着两根钢轨流过的牵引电流，在轨道绝缘处通过扼流变压器的上部和下部线圈，再经过其中心线流向另一扼流变压器的上部和下部线圈，然后又流向相邻轨道电路的两根钢轨中去。这样，牵引电流就越过了绝缘节。因为钢轨中的牵引电流大小相等，扼流变压器上、下部线圈的匝数也相同，所以牵引电流在上、下线圈中产生的磁通相等而方向相反，它们的总磁通等于零。因此对次线线圈的信号设备没有影响。但若两根钢轨中流过的牵引电流不平衡，扼流变压器铁心中总磁通不为零，在次级线圈中将产生干扰，影响信号设备使用，故需增设防护设备。

信号电流因极性交叉，在两扼流变压器中点处电位相等，故不会越过绝缘节流向另一轨道电路区段，而流回本区段，在次级感应出信号电流。

97 型 25 Hz 相敏轨道电路用的扼流变压器有 $BE_1\text{-}\dfrac{400}{25}$、$BE_2\text{-}\dfrac{400}{25}$，$BE_1\text{-}\dfrac{600}{25}$、$BEz\text{-}\dfrac{600}{25}$，$BE_1\text{-}\dfrac{800}{25}$ 和 $BEz\text{-}\dfrac{800}{25}$ 等类型。其中，$BE_1\text{-}\dfrac{400}{25}$、$BE_1\text{-}\dfrac{600}{25}$、$BE_1\text{-}\dfrac{800}{25}$ 采用 400 Hz 铁心，主要用于轨道电路实施移频电码化的区段；$BE_2\text{-}\dfrac{400}{25}$、$BE_2\text{-}\dfrac{600}{25}$、$BE_2\text{-}\dfrac{800}{25}$ 采用 50 Hz 铁心，用于一般轨道电路区段。各型扼流变压器的电气特性如表 3-4 所示。

表 3-4　扼流变压器电气特性表

项　目			BE_1-$\dfrac{400}{25}$ BE_2-$\dfrac{400}{25}$	BE_1-$\dfrac{600}{25}$ BE_2-$\dfrac{600}{25}$	BE_1-$\dfrac{800}{25}$ BE_2-$\dfrac{800}{25}$
中点允许通过连续总电流/A			400	600	800
变比（牵引线圈/信号线圈）n			1：3	1：3	1：3
牵引线圈空载阻抗	牵引线圈加 25 Hz、0.4 V 电压	阻抗不小于/Ω	0.8	0.8	0.8
		阻抗角不小于	75°	75°	75°
	牵引线圈加 25 Hz、2.5 V 电压不大于/Ω		1.2	1.2	1.2
	经 50 Hz、15 V 电源磁化的牵引线圈加 25 Hz、2.5 V 电压不大于/Ω		1.0	1.0	1.0
不平衡系数/%			0.5	0.5	0.5

注：BE_1 型为 400 Hz 铁心；BE_2 型为 50 Hz 铁心。

3. 25 Hz 相敏轨道电路的工作原理

25 Hz 相敏轨道电路的结构如图 3-15 所示。当轨道线路空闲、设备完好时，从电网送入 50 Hz 电源，经专设的 25 Hz 电源屏变频后，由轨道分频器和局部分频器分别供出 25 Hz 相敏轨道电路的轨道电源和局部电源。轨道电源由室内通过电缆供向室外，经由送电端轨道变压器（BG_{25}）、送电端限流电阻（R_X）、送电端 25 Hz 扼流变压器（BE_{25}）、钢轨线路、受电端 25 Hz 扼流变压器（BE_{25}）、受电端 25 Hz 轨道变压器（BG_{25}）、电缆线路，回到室内，经过防雷硒堆（Z）、25 Hz 防护盒（HF）给二元二位轨道继电器（GJ）轨道线圈 3-4 供电。局部线圈 1-2 电源由室内 25 Hz 电源屏局部分频器提供 110 V 电压，其中局部电源电压超前轨道电源电压 90°。当轨道线圈和局部线圈所到电源满足规定的相位和频率要求时，二元二位轨道继电器吸起，轨道电路处于调整状态，则轨道线路空闲；若此时因电路故障，频率、相位不符合要求时，二元二位轨道继电器落下，则电路故障。反之，当轨道线路有车占用时，轨道电源被分路，二元二位轨道继电器得不到足够的电流而落下，则轨道电路处于分路状态。这样，25 Hz 相敏轨道电路就具有相位鉴别能力，即相敏特性，抗干扰性能较高。

25 Hz 轨道电路采用交流 25 Hz 电源连续供电。其受电端采用二元二位轨道继电器。从外电网送入 50 Hz 电源，经专设的 25 Hz 电源屏分频器分频作为轨道电路的专用电源。由于二元二位轨道继电器具有可靠的频率选择性，故该轨道电路不仅可用于交流电气化区段，而且可用于非电气化区段。

4. 25 Hz 相敏轨道电路种类

（1）一送一受轨道电路。

双扼流一送一受轨道电路，当限流电阻为 4.4 Ω 时，轨道电路准许长度为 1 500 m。无扼流一送一受轨道电路，当限流电阻为 0.9 Ω 时，其轨道电路准许长度为 1 500 m。因区间大多采用 25 m 钢轨，其钢轨阻抗比 12.5 m 的钢轨低，且区间道碴电阻比站内道碴电阻高，接近区段轨道电路的允许长度可达 2 000 m。

在电气化区段，为了使回归牵引电流畅通无阻地流回牵引变电所，相邻轨道电路的扼流变压器的中点需相连。如果全部采用双扼流轨道电路，中点相连后易构成迂回电路，有可能造成在轨道电路不完整或有列车占用的情况下失去检查，使轨道继电器错误吸起。为了减小迂回电路对轨道电路的影响，在确保回归牵引电流畅通的条件下，应将个别扼流变压器的中点连线不连，以断开迂回电路。但必须注意，正线（包括正线上的道岔区段和无岔区段）装设的扼流变压器中点连线必须相连。

一送一受轨道电路可以设长度不大于 65 m 的三个或三个以上的无受电分支，为了沟通牵引电流的回流道路，可以在其中一个分支上设置一个空扼流变压器。为连接吸上线或有些车站内电接触网取电的馈电地线，也可在轨道电路区段内设置一个空扼流变压器。

（2）一送两受轨道电路和一送三受轨道电路。

邻接股道的道岔区段一般采用一送两受或一送三受轨道电路，以监督线路完整和有良好的分路检查。在一个区段内，所用扼流变压器总数应考虑轨道变压器供电电压和保证轨道电路分路检查的要求，一般不超过 4 台。为提高分路灵敏度，带扼流变压器的轨道电路，其限流电阻采用 4.4 Ω；无扼流变压器的轨道电路，则采用 1.6 Ω。在受电端串有电阻器，是为了同时满足轨道电路的调整、分路和过载三种状态。

一送两受轨道电路根据有无受电分支的数量，有 20 种不同布置：两个分支的 12 种，一个分支的 6 种，无分支的 2 种。在无受电分支末端允许设一个沟通牵引电流的附加空扼流变压器。不带分支的一送两受轨道电路如图 3-25 和图 3-26 所示。

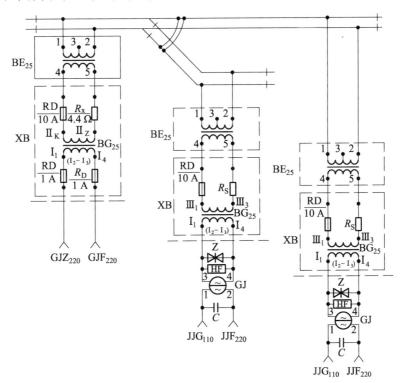

图 3-25　带扼流变压器的一送两受轨道电路原理图

103

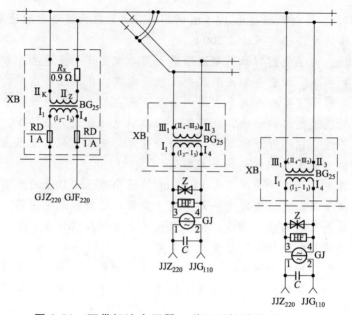

图 3-26　不带扼流变压器一送两受轨道电路原理图

一送三受轨道电路根据有无受电分支的数量，可以有 5 种不同布置：一个分支的 3 种，无分支的 2 种。一送三受不带无受电分支的轨道电路如图 3-27 和图 3-28 所示。

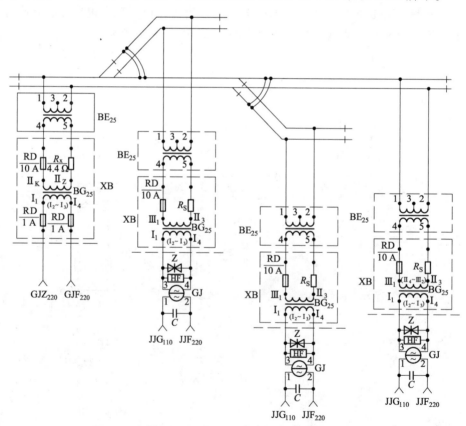

图 3-27　带扼流变压器的一送三受轨道电路原理图

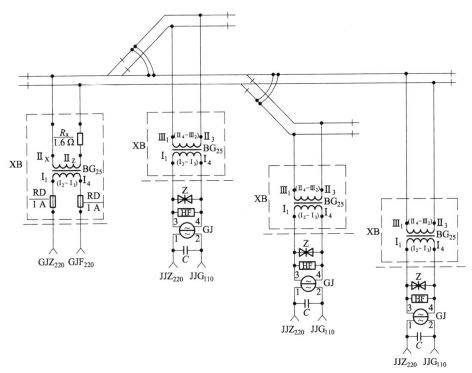

图 3-28　不带扼流变压器的一送三受轨道电路原理图

5. 25 Hz 相敏轨道继电器组合

采用 25 Hz 相敏轨道电路时，轨道继电器采用 JRJCl-$\frac{70}{240}$ 型交流二元继电器，需设专用的 25 Hz 相敏轨道继电器组合。

一个 25 Hz 相敏轨道继电器组合，内设三个受电端用防雷补偿器、防护盒和交流二元继电器。从正面看，组合内器材排列如表 3-5 所示。

表 3-5　25 Hz 相敏轨道电路组合

01-1	01-2	1	2（A）	3	4（B）	5	6（C）
QFB	QFB	HF	GJ	HF	GJ	HF	GJ
FB-1	FB-1	HF₂-25	JFJC₁-$\frac{70}{240}$	HF₂-25	JFJC₁-$\frac{70}{240}$	HF₂-25	JFJC₁-$\frac{70}{240}$

一个组合架可安装 9 个 25 Hz 相敏轨道继电器组合，当一个组合架上同时安装轨道组合和安全型继电器组合时，相邻处应空开一个组合位置。二元二位继电器是感应式继电器且无附加轴，它的后接点不得在控制和表示电路中使用。二元二位继电器只有两组接点，故必须设复示继电器，采用专用的 JWXC-H310 型缓动继电器。

任务三　ZPW-2000A 型无绝缘轨道电路维护检修

任务描述

ZPW-2000A 型无绝缘移频自动闭塞系统于 2002 年 5 月 28 日通过原铁道部技术鉴定，确定推广应用。ZPW-2000A 无绝缘轨道电路由较为完备的轨道电路传输安全性技术及参数优化的传输系统构成。它是我国目前安全性较高、传输性能较好、具有自主知识产权的一种先进自动闭塞制式，为机车信号作为主体信号创造了必备的安全基础条件。

本任务主要完成 ZPW-2000A 型无绝缘轨道电路结构的认知、测试、日常维护检修以及常见故障处理。

任务实施

一、认知 ZPW-2000A 型无绝缘轨道电路

ZPW-2000A 型无绝缘轨道电路采用电气绝缘节来实现相邻轨道电路区段的隔离，有较高的安全度、可靠的分路保证，能实现全程断轨检查功能，能抗电气化大电流的干扰，传输特性好，能满足无缝线路、双方向、四显示以及发展列车自动控制的要求。

ZPW-2000A 型无绝缘轨道电路由室内、室外及系统防雷三部分组成，有电气-电气绝缘节（JES-JES）和电气-机械绝缘节（JES-BA//SVA）两种结构，两者电气性能相同。现以电气-机械绝缘节结构为例进行介绍，系统构成如图 3-29 所示。

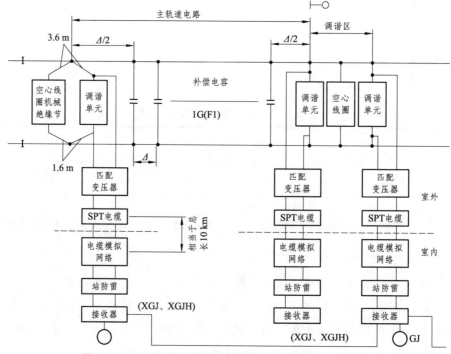

图 3-29　ZPW-2000A 无绝缘移频自动闭塞系统构成

ZPW-2000A 型无绝缘轨道电路的室外设备包括调谐单元、空心线圈、匹配变压器、补偿电容，室内设备包括发送器、接收器和电缆模拟网络。

1. 室外部分

（1）电气绝缘节。

电气绝缘节用于实现两相邻轨道电路间的电气隔离。其长度为 29 m，由成对的调谐单元（F1 型和 F2 型）、空芯线圈（SVA）、设备引接线及 29 m 钢轨组成。调谐单元安装在 29 m 的调谐区两端，空芯线圈安装在调谐区的中央，这三个器材的共同作用完成两段闭塞分区的电气隔离，其组成原理如图 3-30 所示。

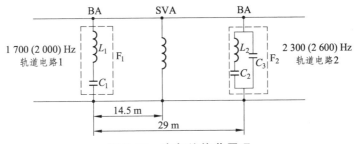

图 3-30　电气绝缘节原理

① 调谐单元。

调谐单元分为两种，一种为 F1 型，由电感、1 个电容构成，安装在主钢轨内传输 1 700 Hz、2 000 Hz 频率信号一侧；另一种为 F2 型，由电感、两个电容构成，安装在主钢轨内传输 2 300 Hz、2 600 Hz 频率信号一侧，其实物和原理如图 3-31 所示。

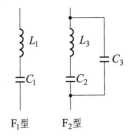

图 3-31　调谐单元

② 空芯线圈。

空芯线圈有三个作用：一是在电气化牵引区段平衡钢轨中的牵引电流；二是复线电气化区段，将上、下行对应空芯线圈中心抽头连接起来，平衡上、下行线的牵引电位；三是改善电气绝缘的品质因数，提高调谐区工作的稳定性。空芯线圈实物如图 3-32 所示。

图 3-32　空芯线圈

（2）匹配变压器。

每台匹配变压器由两个电容和两个电感线圈、1个9：1的变压器组成，其实物和原理如图 3-33 所示。

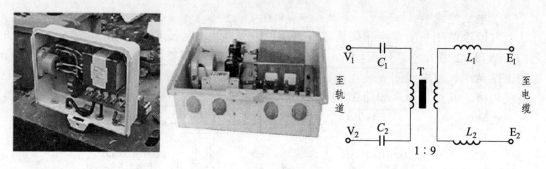

图 3-33　匹配电压器

匹配变压器的作用：

① 匹配：将室内发送器和 SPT 铁路数字信号电缆线路的高阻抗和室外钢轨线路的低阻抗匹配连接，提高移频信息的传输效果。

② 变压：因室内送出的高电平不能直接加在钢轨上，匹配变压器在送电端为降压，在受电端为升压（1：9）。

③ 轨道电路横向雷电防护功能。

（3）补偿电容。

根据通道参数兼顾低道碴电阻道床传输，采用分段加装补偿电容方法，在一定程度上减少了钢轨感对移频信号传输的影响，延长（保证）了轨道电路的长度，保证了轨道电路的传输性能。

（4）传输电缆。

ZPW-2000A 采用铁路内屏蔽数字信号电缆，其电缆芯线直径为 $\Phi 1.0$ mm。一般条件下，电缆长度按 10 km 考虑。

（5）设备引接线。

采用 3 600 mm、1 600 mm 钢包铜注油线，用于调谐单元、空芯线圈、匹配变压器等设备与钢轨间的连接。

2. 室内部分

（1）发送器。

发送器型号为 ZPW·F 型，外形尺寸为 220 mm × 100 mm × 383 mm。发送器为模块化结构，内部由数字板、功放板两块集成电路板组成，外罩为黑色网罩，发送器的实物和底座如图 3-34 所示。

发送器的作用：

① 产生 18 种低频信号、8 种载频（上下行各 4 种）的高精度、高稳定性的移频信号；

② 产生足够功率的输出信号；

③ 调整轨道电路；

④ 对移频信号特征的自检测，故障时给出报警及 $N+1$ 冗余运用的转换条件。

图 3-34　发送器

（2）接收器。

接收器型号为 ZPW·J 型，其外形如图 3-35 所示。

ZPW-2000A 型无绝缘轨道电路分为主轨道电路和调谐区内的小轨道电路两个部分，并将小轨道电路视为列车运行前方主轨道电路所属的"延续段"。接收器除接收本主轨道电路的频率信号外，还同时接收相邻区段小轨道电路的频率信号。接收器接收端及输出端均按双机并联运用设计，与另一台接收器构成相互热机并联运用系统（或称 0.5+0.5），以保证接收系统的高可靠运用。

图 3-35　接收器图

接收器的作用：

① 接收本区段主轨信号，对主轨电路移频信号解调，并配合与送电端相连接的调谐区小轨道电路的检查条件，动作轨道继电器。

② 检查本轨道所属的小轨信号，对小轨移频信号解调，给出小轨道电路的执行条件，送至相邻轨道电路接收器。

③ 检查轨道电路完好，减少分路死区长度，通过接收门限控制，实现对 BA 断线的检查。

（3）衰耗盘。

衰耗盘用于实现主轨道电路、小轨道电路的调整，提供电源使用和轨道电路空闲、占用表示及 13 个测试孔。对应每一个轨道区段设置一个衰耗盘，如图 3-36 所示。

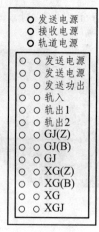

○ 发送电源
○ 接收电源
○ 轨道电源

○ ○ 发送电源
○ ○ 发送电源
○ ○ 发送功出
○ ○ 轨入
○ ○ 轨出1
○ ○ 轨出2
○ ○ GJ(Z)
○ ○ GJ(B)
○ ○ GJ
○ ○ XG(Z)
○ ○ XG(B)
○ ○ XG
○ ○ XGJ

图 3-36　衰耗盘

① 衰耗器盘面表示灯显示意义。

• 发送电源：绿灯、灭灯两种表示。绿灯表示发送器的工作电源正确，灭灯表示发送器没有提供工作电源。

• 接收电源：绿灯、灭灯两种表示。绿灯表示接收器的工作电源正确，灭灯表示接收器没有提供工作电源。

• 轨道占用：绿灯、红灯两种表示。绿灯表示轨道区段空闲，红灯表示轨道区段被占用或故障。

② 衰耗盘 13 个测试孔的作用：

• 发送电源：发送器工作直流电源。

• 接收电源：接收器工作直流电源。

• 发送功出：发送器输出电压。

• 轨入：衰耗器接收轨道输入电压。

• 轨出 1：衰耗器输出主轨道电压。

• 轨出 2：衰耗器输出小轨道电压。

• GJ（Z）：主机输出的主轨道电压。

• GJ（B）：并机输出的主轨道电压。

• GJ：轨道继电器电压。

• XGJ（Z）：主机输出的相邻小轨道继电器的执行条件电压。

• XGJ（B）：并机输出的相邻小轨道继电器的执行条件电压。

• XG：接收器接收到的小轨道电压。

• XGJ：相邻小轨道继电器的执行条件电压。

（4）电缆防雷模拟网络。

电缆防雷模拟网络设在室内，一个站内防雷模拟网络由六节电路构成，这六节电路补偿的电缆长度分别是 0.5 km 两节、1 km 一节、2 km 两节、2 km×2 km 一节、横向防雷一节、纵向防雷一节。模拟网络的每一节由两个四头电容、一个隔离变压器、两个电阻组成，相当于一个四端网络。电缆防雷模拟网络实物如图 3-37 所示。

图 3-37　模拟电缆网络图

电缆防雷模拟网络的作用：

① 雷电防护。电缆敷设在室外，很容易将雷电引入室内，因此要对引入室内的电缆进行雷电防护。

② 补偿电缆长度。补偿后，使实际电缆盒模拟电缆的长度之和达到 10 km，保证了正、反向运行下轨道电路的正常工作。

3．系统防雷

系统防雷可分为室外、室内两部分。

（1）室外。

一般防护从钢轨引入雷电信号，包括横向、纵向。横向应限制电压在交流 75 V、10 kA 以上。横向雷电防护设在调谐单元、匹配变压器两端。纵向雷电防护一般可通过空芯线圈中心线直接接地进行，当不能直接接地时，应通过空芯线圈中心线与地间加装横、纵向防雷元件实现。防雷元器件根据需要，尽可能地选择高可靠、免维护、带劣化指示的器件。

电化牵引区段考虑牵引回流不畅条件下，出现的纵向不平衡电压峰值，限制电压应选在交流 500 V、5 kA 以上。

（2）室内。

发送端、接收端的站防雷设于模拟网络盘内，实现对从电缆引入雷电冲击的横向、纵向防护，站内电码化设计单独的防雷单元，防护由电缆引入的雷电信号。

横向：限制电压为交流 280 V、10 kA 以上。

纵向：利用 1∶1R 型低转移系数防雷变压器进行防护。

二、ZPW-2000A 型无绝缘移频轨道电路的测试

1．ZPW-2000A 型无绝缘轨道电路的测试及调整

（1）技术条件。

① 主轨道电路工作值为 240 mV；

② 小轨道电路工作值为 33.3 mV；

③ 分路灵敏度为 0.15 Ω；

④ 主轨道电路分路残压为不大于 140 mV。

（2）设备的测试。

设备正常工作时，从衰耗盘的测试塞孔可测出各设备电压范围如下：

① "发送电源" 塞孔：发送器 24 V 工作电源，23.5～24.5 V；

② "接收电源" 塞孔：接收器 24 V 工作电源，23.5～24.5 V；

③ "发送功出" 塞孔：发送器功放输出电压，与调整表范围一致为 33～176 V；

④ "轨入" 塞孔：接收器输入电压（主轨道与相邻小轨道叠加），主轨道大于 240 mV，小轨道大于 33 mV；

⑤ "轨出 1" 塞孔：主轨道信号经过调整后的输出电压，与调整表范围一致，一般应大于 240 mV；

⑥ "轨出 2" 塞孔：小轨道信号经过衰耗电阻调整后的输出电压，与调整表范围一致，一般应大于 240 mV；

⑦ "GJ（Z）" 塞孔：主机轨道继电器电压，大于 20 V；

⑧ "GJ（B）" 塞孔：并机轨道继电器电压，大于 20 V；

⑨ "GJ" 塞孔：轨道继电器电压，大于 20 V；

⑩ "XGJ（Z）" 塞孔：主机小轨道执行条件 XGJ 电压，大于 20 V；

⑪ "XGJ（B）" 塞孔：并机小轨道执行条件 XGJ 电压，大于 20 V；

⑫ "XG" 塞孔：小轨道（或执行条件）电压，大于 20 V；

⑬ "XGJ" 塞孔：小轨道执行条件 XGJ 电压，大于 20 V，开路大于 30 V。

（3）轨道电路的测试。

① 调整状态的测试：测试发送功出、送电端轨面、受电端轨面、接收主轨输出等各点电压应符合对应轨道电路调整表范围。

② 分路状态测试：用 0.1 Ω分路线在轨道电路送、受电端分路，在衰耗盘 "主轨输出" 塞孔测出的分路残压 ≥140 mV。

（4）轨道电路的调整。

在日常检修测试时，ZPW-2000A 型无绝缘移频轨道电路主要做以下三项调整工作。

① 发送器输出电平调整。

对发送器输出电平的调整，要从发送器底座后的发送电平调整端子座上进行调整。

发送器输出电平常用的有 5 级，其调整是根据轨道电路调整表进行的，此项工作在设备施工开通时调整好后，在正常使用中一般不再做调整。

每一级电平的端子连接如下：

• 底座端子 9-11、12-1 连接，构成第 1 级发送电平，输出电压 176 V。

• 底座端子 9-11、12-2 连接，构成第 2 级发送电平，输出电压 158 V。

• 底座端子 9-11、12-3 连接，构成第 3 级发送电平，输出电压 137 V。

• 底座端子 9-11、12-4 连接，构成第 4 级发送电平，输出电压 111 V。

• 底座端子 9-11、12-5 连接。构成第 5 级发送电平，输出电压 78 V。

② 轨出 1 电压调整。

测试中发现某区段轨出 1 电压不符合技术指标时，需在衰耗器背板的主轨调整配线端子座上进行调整。轨出 1 电压的调整有精确调整和经验调整两种方法。

精确调整要根据具体区段的各项参数指标查找《铁路信号维护规则》技术标准 II 中轨道电路调整表，算出接收电平级后，根据主轨道接收电平调整接线表在轨出 1 电压调整端子座进行调整。

经验调整法是在衰耗器"轨入"测试孔测量，读取主轨信号幅值，利用公式：116/所测数值×想要调整到理想数值（一般为 600～700 mV），可以算出电平级，然后根据主轨道接收电平调整接线表进行调整。

③ 轨出 2 电压调整。

测试中发现某区段轨出 2 电压不符合技术指标时，需在衰耗器背面的小轨正向调整或小轨反向调整配线端子座上进行调整。

现场轨出 2 电压一般调整在 135 mV 左右，调整方法：在衰耗器"轨入"测试孔测量小轨道信号幅值，根据这个幅值在《铁路信号维护规则》技术标准 II 中小轨道电路调整表的规定，轨出 2 电压应调整至 135 mV 左右，在调整表中查找与之对应的数值，然后根据表中的接线端子在轨出 2 电压正向调整端子座用短连线连接即可。

2. ZPW-2000A 型无绝缘移频轨道电路 I 级测试作业

（1）出工前由工长组织召开出工预想会。

① 工长分工，布置工作任务，强调安全注意事项。

② 成员了解分组情况及上道作业的内容。

（2）工作前准备。

① 准备工具、材料、仪表，包括个人小工具、万用表等。

② 分析 ZPW-2000A 型无绝缘移频轨道电路的电气特性。

③ 在天窗点给点前，由工长指定人员申请上道授权。

④ 联系登记，由工长指定室内防护人员到运转室进行联系、登记。

⑤ 设好室外防护人员，保证人身及设备安全。

（3）给点后上道作业。

① 防护人员应随时和室内联系人员取得联系，掌握列车运行情况。

② 邻线有车，应及时下道避车。

（4）现场测试、分析 ZPW-2000A 型无绝缘移频轨道电路的电气特性。

① 确认天窗给点后，打开 ZPW-2000A 型无绝缘移频轨道电路设备外壳，开始进行测试作业，并填写表 3-6。

② 测试发送端匹配变压器 E_1-E_2 电压。将万用表打到交流 100 V 挡位，两表笔分别测试匹配变压器 E_1、E_2 端子，所测得的电压即为发送端匹配变压器 E_1-E_2 电压。

③ 测试发送端匹配变压器 V_1-V_2 电压。将万用表打到交流 10 V 挡位，两表笔分别测试匹配变压器 V_1、V_2 端子，所测得的电压即为发送端匹配变压器 V_1-V_2 电压。

表 3-6　ZPW-2000A 型无绝缘移频轨道电路室外设备 I 级测试记录表

____站____工区　　主轨频率 1 700 Hz　　小轨频率 2 300 Hz　　长度 1 435 m　电测表：ZPW-3

日期	区段名称	发送端匹配变压器/V			接收端匹配变压器/V			入口电流/mA	空心线圈检查	测试人	备注
		E_1-E_2	V_1-V_2	轨面	轨面	V_1-V_2	E_1-E_2				
8.2	1094G	60.5	1.7	1.6	1.35	1.3	13.6	3 400	良好	王×、李×	

④ 测试发送端轨面电压。将万用表打到交流 2.5 V 挡位，两表笔分别测试两钢轨，所测得的电压即为轨面电压。

⑤ 测试入口电流。使用移频表，将移频表卡钳两表笔分别插在电流测试表笔插孔内，挡位打到测试电流挡位，将卡钳卡在等阻线上，所测得的电流即为入口电流。

三、ZPW-2000A 型无绝缘移频轨道电路的检修

ZPW-2000A 型无绝缘移频轨道电路检修作业过程如下：

（1）出工前由工长组织召开出工预想会。

① 工长分工，布置工作任务，强调安全注意事项。

② 成员了解分组情况及上道作业的内容。

（2）工作前准备。

① 准备工具、材料、仪表，包括个人小工具、移频表、手锤、油壶等。

② 在天窗点给点前，由工长指定人员申请上道授权。

③ 联系登记，由工长指定室内防护人员到运转室进行联系、登记。

④ 设好室外防护人员，保证人身及设备安全。

（3）给点后上道作业。

① 防护人员应随时和室内联系人员取得联系，掌握列车运行情况。

② 邻线有车，应及时下道避车。

（4）检修作业。

① 箱盒外部检修。

箱盒、防护罩无破损，加锁装置良好，号码清楚、正确。基础倾斜度不超过 10 mm，排水良好，硬面整洁无杂物，各部螺栓油润、紧固、满帽。

② 防护盒限界测量。

• 防护盒顶距轨面小于或等于 200 mm。

• 护盒内侧边缘距最近钢轨外沿大于或等于 1 500 mm，特殊情况下大于或等于 900 mm。

③ 引接线检修。

- 引接线固定在枕木或其他专用的设备上，不得埋于土或石砟中，油润不锈蚀，断股不得超过 1/5。
- 引接线处不得有防爬器和轨距杆等物。穿越钢轨处，距轨底不应小于 30 mm，并进行绝缘防护，不得与可能造成短路的金属件接触。
- 接线的塞钉或膨胀螺栓与钢轨接触良好，不锈蚀。

④ 通道设备检修。

- 大桥上护轮绝缘完整、良好。
- 补偿电容引接线塞钉接触良好，安装及防护措施良好。
- 接续线采用双套化，塞钉打入深度至少与轨腰齐平，露出长度不超过 5 mm，塞钉与塞钉孔要全面接触，并涂漆封闭。
- 轨距杆绝缘外观检查，安装良好。

⑤ 箱盒内部检修。

- 箱盒内部清洁，防尘、防潮设施良好，铭牌齐全、正确，字迹清楚。
- 器材类型正确，无过热现象，安装牢固。
- 箱盒内部螺丝紧固，配线良好、整洁，无破皮及混线可能。
- 防雷单元劣化指示窗正常为绿色，若变红则说明已经失效，须更换。
- 图纸、资料保存完好，与实物相符，无涂改。
- 加锁，销记。

四、ZPW-2000 型无绝缘移频轨道电路的故障判断、处理

1. 工作前准备

（1）故障接到通知时，值班人员要及时通知车间和电务段。

（2）准备好所需的工具、材料、仪表。

（3）申请上道命令并安排好室内外安全防护人员。

2. 接到电务段调度的上道命令后及时进行上道检查

（1）防护人员随时和室内联系人员取得联系，掌握列车运行情况。

（2）当室外作业接到有车的通知后，应及时下车避道。

3. 故障检查处理

处理轨道电路红光带故障，首先要熟悉电路图。判断主轨故障还是小轨故障，或者主轨、小轨均故障，不同故障现象的处理方法如下。

（1）本区段主轨、小轨均故障。

本区段主轨、小轨均故障，则说明故障点在发送端的公共部分。首先观察是否有移频报警，如有移频报警，则说明柜内有发送器故障，须更换相应的发送器；如果没有移频报警，则在分线盘测试发送电压，进一步确定故障点在室内或者室外。

分线盘发送电压正常，说明室内发送设备正常，故障在室外发送设备，室外分别测量匹配压器电压、调谐单元送电电缆、匹配变压器、调谐单元、等阻线等。

分线盘没有发送电压，说明室内发送设备故障，室内分别测量衰耗器功放输出、组合架继电器接点、电缆模拟网络盘输入及输出，确定故障的具体位置。

（2）本区段主轨故障，小轨正常（XGJ 24 V 正常）。

① 一离去区段。

本区段主轨故障，小轨正常，说明故障点在本区段的接收处。首先观察是否有移频报警，如有移频报警，则说明柜内有接收器故障，须更换相应的接收器；如果没有移频报警，则在分线盘测试接收电压，进一步确定故障点在室内或者室外。

分线盘接收电压正常，说明室外接收设备正常，故障点在室内接收设备，室内分别测量电缆模拟网络盘输入及输出、衰耗盘信号输入及轨道继电器输出，从而进一步确定故障的具体位置。

分线盘没有接收电压，说明室外接收设备故障，室外主要测试接收轨面电压。接收轨面电压正常，说明补偿电容好，故障在接收器材，分别测量相应调谐单元、匹配变压器电压进一步确定故障的具体位置；接收轨面没有电压，说明室外该区段轨道及补偿电容不好，需测试轨面电压进一步确定故障的具体位置。

② 三接近区段。

故障点在发送设备，首先观察是否有移频报警，如有移频报警，说明柜内有发送器故障，须更换相应的发送器；如果没有移频报警，则在分线盘测试发送电压，进而确定故障点在室内还是室外。

分线盘发送电压正常，说明室内发送设备正常，故障在室外发送设备，室外分别测量匹配压器电压、调谐单元送电电缆、匹配变压器、调谐单元、等阻线等。

分线盘没有发送电压，说明室内发送设备故障，室内分别测量相应衰耗器功放输出、电缆模拟网络盘输入及输出，再确定故障的具体位置。

③ 接收电压低。

- 测试电容值。
- 测试塞钉电阻值。
- 测试电缆绝缘。

（3）瞬间闪红光带。

检查吸上线、空芯线圈及连线是否完好；检查扼流变压器及连接线等。

（4）ZPW-2000A 设备及电码化设备故障处理及日常维护注意事项。

① ZPW-2000A 设备故障后，不要盲目去室外处理。首先对故障区段的主轨电压进行测试，同时对本区段的 XGJ 进行测试，再通过测试分线盘电压来判断室内外故障点。

② 对 ZPW-2000A 设备的零层端子必须清楚，例如，XGJ 的 24 V 在每个零层端子的 03-11 和 03-12，而零层端子 03-17 和 03-18 则为 24 V 电源。

③ 发送器的断路器跳闸，必须将此发送器换掉，更换发送器后再合断路器。如果由于发送器工作不稳定而造成轨道区段闪红光带，应将该发送器人为转至 $N+1$ 工作。

④ 更换接收器时应注意两点：一是更换时注意测试另一台接收器并机的各项输出是否正常；二是更换接收器时衰耗器的轨出 2 电压升高，注意测试轨出 2 电压。

⑤ 更换衰耗器时影响两个区段的正常工作，不能盲目更换。

⑥ 判断 ZPW-2000A 设备电缆是否良好的方法是，将室外匹配变压器的 E_1、E_2 甩开，如果电压达到了该区段供出电压，说明电缆良好。

⑦ 平时注意跟踪发送器两端功放管热度是否平均，如果温差较大，则提前将该发送器进行更换。

⑧ 室内加强对轨出 1、轨出 2 的测试，且与原始记录进行比较，如外界环境无变化时，一般轨出 1 电压波动超过 20 mV 需进行分析，轨出 2 变化超过 10 mV 需进行分析。

⑨工区应将 ZPW-2000A 设备的各点电压保留一份原始记录，确保在 ZPW-2000A 设备故障后有依据可进行比较，以便更快地将故障排除。

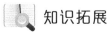 知识拓展

1. ZPW-2000A 型无绝缘轨道电路的工作原理

ZPW-2000A 型无绝缘移频轨道电路系统与 UM71 无绝缘轨道电路一样，采用电气绝缘节来实现相邻轨道电路区段的隔离。电气绝缘节长度改进为 29 m，由空芯线圈、29 m 长钢轨和调谐单元构成。调谐区对于本区段频率呈现极阻抗，利于本区段信号的传输及接收；对于相邻区段频率信号呈现零阻抗，可靠地短路相邻区段信号，防止了越区传输，这样便实现了相邻区段信号的电气绝缘。同时为了解决全程断轨检查，在调谐区内增加了小轨道电路。

ZPW-2000A 型无绝缘移频轨道电路将轨道电路分为主轨道电路和调谐区小轨道电路两部分，并将短小轨道电路视为列车运行前方主轨道电路所属的"延续段"。

主轨道电路的发送器由编码条件控制产生，表示不同含义的低频调制的移频信号，该信号经电缆通道（实际电缆和模拟电缆）传给匹配变压器及调谐单元，因为钢轨是无绝缘的，该信号既向主轨道传送，也向小轨道传送。主轨道信号经钢轨送到轨道电路受电端，然后经调谐单元、匹配变压器、电缆通道，将信号传至本区段接收器。

调谐区小轨道信号由运行前方相邻轨道电路接收器处理，并将处理结果形成小轨道电路轨道继电器执行条件通过（XG、XGH）送至本轨道电路接收器，作为轨道继电器（GJ）励磁的必要检查条件之一。本区段接收器同时接收主轨道移频信号及小轨道电路继电器执行条件，判决无误后驱动轨道电路继电器吸起，并由此来判断区段的空闲与占用情况。该系统"电气-电气"和"电气-机械"两种绝缘节结构电气性能相同。

2. ZPW-2000A 型无绝缘轨道电路的载频

（1）下行 1 700-1 Hz、1 700-2 Hz、2 300-1 Hz、2 300-2 Hz；

（2）上行 2 000-1 Hz、2 000-2 Hz、2 600-1 Hz、2 600-2 Hz；

（3）1 型：−1.3 Hz；-2 型：+1.4 Hz。

3. ZPW-2000A 型无绝缘轨道电路的低频及含义

F1（29 Hz）：H 码，机车信号显示红灯（不用）。

F2（27.9 Hz）：区间反向及站内检测码，不作为机车信号信息使用（常用）。

F3（26.8 Hz）：HU 码，机车信号显示红黄灯（常用）。

F4（25.7 Hz）：转频码，用于实现上下行载频转换（常用）。

F5（24.6 Hz）：HB 码，机车信号显示红黄闪灯（常用）。

F6（23.5 Hz）：不用。

F7（22.4 Hz）：U3 码，机车信号显示黄灯（不用）。

F8（21.3 Hz）：不用。

F9（20.2 Hz）：U2S 码，机车信号显示黄 2 闪灯（经 18#道岔的弯出）。

F10（19.1 Hz）：UUS 码，机车信号显示双黄闪灯（经 18#道岔的弯进直出）。

F11（18 Hz）：UU 码，机车信号显示双黄灯（进侧线、侧线股道发车，常用）。

F12（16.9 Hz）：U 码，机车信号显示黄灯（进正线，常用）。

F13（15.8 Hz）：LU2 码，机车信号显示黄灯（不用）。

F14（14.7 Hz）：U2 码，机车信号显示黄 2 灯（直进弯出、进站开放 UU，第二接近发 U2 码，常用）。

F15（13.6 Hz）：LU 码，机车信号显示绿黄灯（常用）。

F16（12.5 Hz）：L2 码，机车信号显示绿灯（常用）。

F17（11.4 Hz）：L 码，机车信号显示绿灯（常用）。

F18（10.3 Hz）：L3 码，机车信号显示绿灯（常用）。

 练习思考

（1）JZXC-480 型轨道电路调整状态时，GJ 交流端电压范围是多少？

（2）检修 JZXC-480 型轨道电路时，对钢轨接续线有何要求？

（3）检修 JZXC-480 型轨道电路时，对装有钢轨绝缘的钢轨接头有何要求？

（4）轨道电路的作用是什么？

（5）JZXC-480 型轨道电路由哪几部分组成？

（6）画出 JZXC-480 型无岔区段轨道电路结构组成示意图。

（7）JZXC-480 轨道电路送电端设备有哪些？各有什么作用？

（8）JZXC-480 轨道电路送电端变压器的作用有哪些？

（9）JZXC-480 轨道电路限流电阻的作用是什么？

（10）轨道电路连接线有哪些？各有什么作用？

（11）JZXC-480 轨道电路受电端设备有哪些？各有什么作用？

（12）中继变压器 BZ$_4$ 的作用有哪些？

（13）JZXC-480 型轨道电路电气参数测试项目有哪些？

（14）如何进行 JZXC-480 型轨道电路的分路检查？

（15）如何进行 JZXC-480 型轨道电路的钢轨绝缘检查？

（16）什么叫极性交叉？

（17）画图说明极性交叉检查的方法。

（18）简述 JZXC-480 型轨道电路 I 级测试的内容和程序。

（19）简述 JZXC-480 型轨道电路检修的内容和程序。

（20）如何鉴别 JZXC-480 型轨道电路室内外故障？

（21）如何鉴别 JZXC-480 型轨道电路室外开、短路故障？

（22）97 型 25 Hz 相敏轨道电路有什么作用？

（23）97 型 25 Hz 相敏轨道电路由哪几部分组成？

（24）画出 97 型 25 Hz 相敏轨道电路结构示意图。

（25）97 型 25 Hz 相敏轨道电路中，1 A 或 10 A 熔断器的作用是什么？

（26）扼流变压器的作用是什么？

（27）HF4-25 型防护盒的作用是什么？

（28）画出 97 型 25 Hz 相敏轨道电路集中检修作业程序图。

（29）25 Hz 相敏轨道电路基础及外观集中检修的内容是什么？

（30）对于 97 型 25 Hz 相敏轨道，一送多受电路各受电端电压平衡度有何规定？

（31）如何判断 25 Hz 相敏轨道电路室内外故障？

（32）如何进行 25 Hz 相敏轨道电路室外断路故障查找？

（33）轨道电路故障时，在分线盘测量故障区段的电压为零，试分析判断故障位置。

（34）ZPW-2000A 型无绝缘轨道电路的室外设备、室内设备包括哪些？

（35）画出 ZPW-2000A 无绝缘移频自动闭塞系统构成示意图。

（36）电气绝缘节的作用是什么？

（37）画出电气绝缘节的组成原理图。

（38）简述 ZPW-2000A 型轨道电路 I 级测试作业的程序及内容。

（39）简述 ZPW-2000A 型轨道电路检修作业过程。

（40）说明 ZPW-2000A 型轨道电路本区段主轨、小轨均故障的处理方法。

（41）轨道电路如何分类？各种轨道电路在铁路信号中有哪些应用？

（42）站内轨道电路如何划分？怎么命名？

（43）简述交流连续式轨道电路的工作原理。

（44）道岔区段轨道电路有何特点？何为一送多受轨道电路？

（45）设置钢轨绝缘有哪些规定？何谓侵限绝缘？何谓死区段？

（46）97 型 25 Hz 相敏轨道电路有哪些改进？

（47）何谓轨道电路的三种工作状态？

（48）何谓分路灵敏度、极限分路灵敏度和标准分路灵敏度？

（49）轨道电路中用到哪些信号继电器？比较它们的异同。

（50）衰耗器的作用是什么？

（51）如何调整轨出 2 电压？

（52）区间某一区段出现红光带，在送电端防雷模拟网络盘测试无输入电压，判断故障点。

项目四　转辙机维护检修

项目概述

转辙机用来实现道岔的转换和锁闭，是直接关系行车安全的关键信号基础设备。对运用中的转辙机进行周期性养护维修，是掌握该设备性能、预防故障、保证其经常处于良好运行状态的一种行之有效的方法。

本项目针对转辙机的结构组成、调试及维护检修进行理实一体教学，通过对设备的部件认知、拆装、调试等多项任务，使学生在动手过程中掌握转辙机的相关知识点，并通过模拟现场的维护、检修场景，让学生掌握转辙机的维护规则及检修程序。

教学目标

（1）ZD6、S700K、ZYJ7 型转辙机结构图识读。

（2）ZD6、S700K、ZYJ7 型转辙机主要零部件认知。

（3）ZD6、S700K、ZYJ7 型转辙机维护、检修。

（4）ZD6、S700K、ZYJ7 型转辙机日常故障判断处理。

任务一　ZD6 型电动转辙机维护检修

任务描述

ZD6 系列转辙机采用内锁闭方式，是我国铁路交通中使用最为广泛的电动转辙机，它用于非提速区段以及提速区段的侧线上。ZD6-A 型电动转辙机是基本类型，其他型号，如 D、E、J 型等属于派生型号，都是以 ZD6-A 型为基础改进、完善而发展起来的。

本任务主要是认知 ZD6-A 型转辙机结构组件，熟悉 ZD6-A 型转辙机的检修、日常维护内容及方法，学会其常见故障的处理和解决方法。

任务实施

一、认知 ZD6 型电动转辙机

1. ZD6-A 型转辙机结构

ZD6-A 型转辙机主要由电动机、减速器、摩擦联结器、主轴、动作杆、表示杆、移位接触器、自动开闭器、安全接点、底壳、机盖等组成，其结构图如图 4-1 所示。

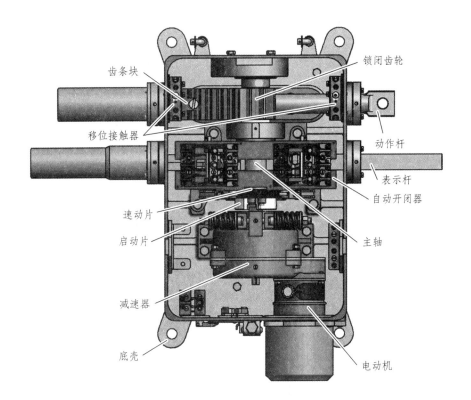

图 4-1　ZD6-A 型转辙机结构图和实物图

2. ZD6-A 型转辙机组件的作用

（1）电动机：为转辙机提供动力，采用直流串激电动机。

（2）减速器：降低转速以换取足够的转矩，并完成传动，由第一级齿轮、第二级行星
传动式减速器组成。

（3）摩擦联结器：用弹簧和摩擦制动板组成输出轴与主轴之间的摩擦联结，以防止尖轨受阻时损坏机件。

（4）主轴：由输出轴通过启动片带动旋转，主轴上安装锁闭齿轮，由锁闭齿轮和齿条块相互动作，将转动运动变为平动，通过动作杆带动尖轨运动，并完成锁闭作用。

（5）动作杆：带动道岔移动，实现道岔方向的转换。动作杆通过挤切削与齿条块相连，正常动作时，齿条块带动动作杆；挤岔时，挤切削折断，动作杆与齿条块分离，避免机件损坏。

（6）表示杆：由前后表示杆以及两个检查块组成。随着尖轨移动，只有当尖轨密贴且锁闭后，自动开闭器的检查柱才能落入表示杆的缺口之中，接通表示电路。挤岔时，表示杆被推动，顶起检查柱，从而断开表示电路。

（7）移位接触器：监督挤切削的受损状态，道岔被挤或挤切削折断时，断开道岔表示电路。

（8）自动开闭器：由动静接点、速动爪、检查柱组成，用来表示道岔尖轨所在的位置。

（9）安全接点（遮断开关）：用来保证维修安全。

（10）外壳：固定各部件，防止器件受损坏和雨水、尘土等侵入。

3. 认知 ZD6-A 型转辙机各组件

（1）电动机。

ZD6-A 型转辙机的电动机要求具有足够的功率，以获得必要的转矩和转速。电动机要有较大的启动转矩，以克服尖轨与滑床板之间的静摩擦。同时，道岔需要定向、反位转换，要求电动机能够逆转。通过改变定子绕组或电枢（转子绕组）中电流的方向来实现。两个定子绕组通过公共端子分别与转子绕组串联。该电动机的额定电压为 160 V；额定电流为 2.0 A，摩擦电流为 2.3～2.9 A；额定转速为 2 400 r/min；额定转矩为 0.882 6 N·m，单定子工作电阻为（2.85±0.14）×2 Ω，刷间总电阻为（4.9±0.245）Ω。电动机实物及接线、符号如图 4-2 所示。

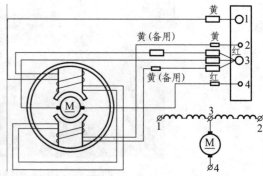

图 4-2　电动机实物及接线、符号图

（2）减速器。

减速器的作用是将电机的高速旋转降下来以得到足够的转矩。减速器由两级组成：第一级小齿轮带动大齿轮，减速比为 103∶27；第二级为行星传动式，减速比为 41∶1，总的减速比为：103/27×41/1=156.4。

行星减速器中内齿轮靠摩擦联结器的摩擦作用"固定"在减速器壳内，内齿轮里装有外齿轮。外齿轮通过滚动轴承装在偏心的轴套上。外齿轮有 41 个齿，内齿轮有 42 个齿槽，两者相差 1 齿。因此，外齿轮做一周偏心运动时，外齿轮的齿在内齿轮里错位一齿。内齿轮静止不动，外齿轮在一周偏心运动中反方向旋转一齿的角度，带动输出轴逆时针方向旋转一周，这样就达到了减速的目的。其实物和结构图如图 4-3 所示。

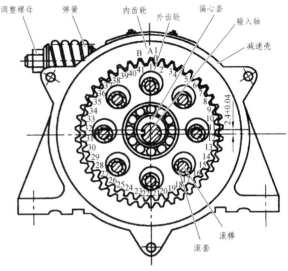

图 4-3　减速器实物和结构图

（3）传动装置。

传动装置包括减速齿轮、输入轴、减速器、输出轴、启动片、主轴等。

① 启动片。

启动片是介于减速器与主轴间的传动媒介。它连接输出轴与主轴，利用其正反两面相互垂直成"十"字形的沟槽，在旋转时补偿两轴不同心的误差，同时，还能够对自动开闭器起到控制作用。

② 主轴。

主轴带动锁闭齿轮，通过与齿条块配合完成转换和锁闭道岔。

（4）转换锁闭装置。

转换锁闭装置由锁闭齿轮和齿条块组成，其作用是将旋转运动变为直线运动以带动道岔的尖轨位移，并完成内部锁闭，如图 4-4 所示。

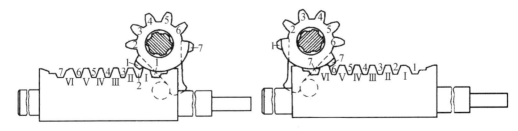

图 4-4　转辙机的内锁闭

（5）自动开闭器。

自动开闭器用来及时、正确反映道岔尖轨的位置，并完成控制电动机和挤岔表示的功能。其结构由接点部分、动接点块传动部分和控制部分组成。

接点部分包括动接点、静接点、接点座。

动接点块传动部分包括速动爪、滚轮、接点调整架、连接板、拐轴。

控制部分由拉簧、检查柱和速动片组成。检查柱在正常转换过程时，对表示杆缺口起到探测作用。道岔不密贴，缺口位置不对，检查柱不会落下，它阻止动接点块动作，不构成道岔表示电路。挤岔时，检查柱被表示杆顶起，迫使动接点块转向外方，断开表示电路。速动片的作用是配合启动片完成解锁和锁闭功能，使速动爪落入其梯形凹槽之中。

自动开闭器的动作受启动片和速动片的控制。输出轴转动时带动启动片转动。速动片由启动片上的拨片钉带动转动，从而将速动爪顶起或到位后落入，带动动接点块的运动。自动开闭器结构及与表示杆动作关系如图 4-5 所示。

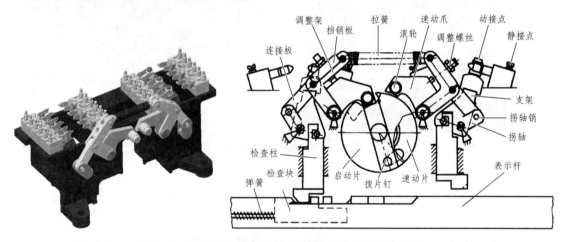

图 4-5　自动开闭器结构及与表示杆动作关系图

自动开闭器有两排动接点，4 排静接点。静接点编号是站在电动机处观察的，自右向左分别为 1、2、3、4 排，每排有 3 组接点，自上向下顺序编号，如图 4-6 所示。

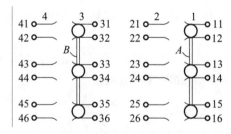

图 4-6　自动开闭器接点

（6）表示杆。

电动转辙机的表示杆通过与道岔的表示连接杆相连随道岔动作，用来检查尖轨是否密贴，以及在定位还是在反位。

表示杆由前表示杆、后表示杆及两个检查块组成，如图 4-7 所示。两杆通过并紧螺栓和调整螺母固定在一起。前表示杆的前伸端设有连接头，用来和道岔的表示连接杆相连。并紧螺栓装在后表示杆的长孔与相对应的前表示杆圆孔里。前表示杆后端有横穿后表示杆的调整螺母，后表示杆末端有一轴向长孔，内穿一根调整螺杆并拧入调整螺母内，在调整螺杆颈部用销子将它与后表示杆连成一体。松开并紧螺栓，拧动调整螺杆时，它带动后表示杆在调整螺母内前后移动。由于后表示灯前端与并紧螺栓相连的是一长孔，所以调整范围较大，为 86～167 mm，以满足不同道岔开程的需要。

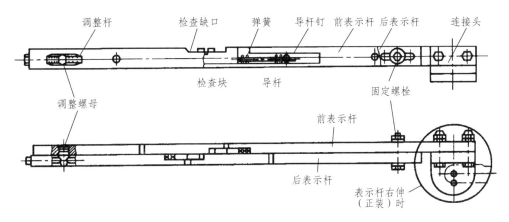

图 4-7　表示杆结构图

为检查道岔是否密贴，在前后表示杆的腹部空腔内分别设一个检查块。每个检查块上有一个缺口，道岔转换到位并密贴后自动开闭器所带的检查柱落入此缺口，使自动开闭器动作。设两个检查块是为了满足道岔定位和反位检查的需要。

道岔转换到位后，自动开闭器上的检查柱就落入表示杆检查块的缺口之中，两侧的间隙应调整为 1.5 mm。现场调整表示缺口是一项重要的工作，在密贴调整完成后，才能进行表示的调整。先调整伸出方向，再调整拉入方向。

（7）摩擦联结器。

摩擦联结器是保护电动机和吸收转动惯量的联结装置。其主要用于道岔因故转换不到底时保护电动机，因为此时电机的电路不能断开，如果电动机突然停转，电动机将会因为电流过大而烧坏。另外，在正常使用过程中，摩擦联结器可以消耗电动机的惯性，以避免转辙机内部器件受到撞击或毁坏。

正常情况下，摩擦联结器依靠摩擦力，内齿轮反作用于外齿轮，使外齿轮做摆式旋转，带动输出转动，使道岔转换。其实物和结构图如图 4-8 所示。

当发生尖轨受阻不能密贴和道岔转换完毕电动机惯性运动的情况下，输出轴不能转动，外齿轮受滚棒阻止而不能自转，但在输入轴的带动下做摆式运动，这样外齿轮对内齿轮产生一个作用力，使内齿轮在摩擦制动板中旋转（称为摩擦空转），消耗能量，保护电动机和机械传动装置。

摩擦联结器的摩擦力要调整适当，调整过紧会失去摩擦联结作用，损坏电动机和机件；过松则不能正常带动道岔转换。其松紧可以通过调整螺母和调整弹簧压力来实现。调整的标准是摩擦电流为额定电流的 1.3～1.5 倍。

图 4-8　摩擦联结器实物和结构图

（8）挤切装置。

挤切装置包括挤切销和移位接触器，用来进行挤岔保护，并给出挤岔表示。

两挤切销将动作杆与齿条块连成一体。正常转换时，带动道岔。当来自尖轨的挤岔力超过挤切销能承受的机械力时，主、副挤切销先后被挤断，动作杆在齿条块内移动，道岔即与电动转辙机脱离机械联系，保护了转辙机的主要机件和尖轨不被损坏。

4. ZD6-A 型电动转辙机的整体动作过程

ZD6-A 型电动转辙机的传动原理如图 4-9 所示。电动机轴按逆时针方向旋转，电动机通过齿轮 1 带动减速器。减速器中的输入轴按顺时针方向转动，输出轴按反时针方向旋转。输出轴通过一个正反十字形接头的启动片带动主轴，使主轴随输出轴按反时针方向旋转，锁闭齿轮在旋转的过程中完成了机械的解锁、转换时拨动齿条块（使动作杆向右移带动道岔）、锁闭三个作用，同时带动自动开闭器的动接点 1、3 排接点断开，2、4 排接点闭合。

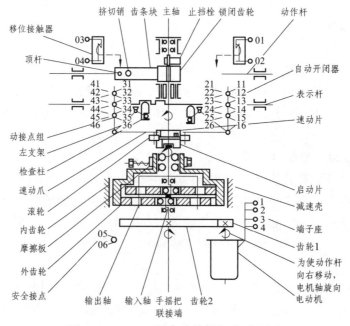

图 4-9　ZD6-A 型电动转辙机传动原理

ZD6-A 型电动转辙机整体动作过程为手摇把转动 38.6 圈,完成解锁→转换→锁闭三大过程,各部件工作如下:

(1)电动机得电旋转;

(2)电动机通过齿轮带动减速器;

(3)减速器输出轴通过启动片带动主轴;

(4)锁闭齿轮随主轴旋转;

(5)锁闭齿轮在旋转过程中完成机械解锁后拨动齿条块,使动作杆带动道岔尖轨运动,到位后完成内部锁闭;

(6)转换过程中,通过自动开闭器的接点完成表示。

5. ZD6 系列转辙机的使用

随着铁路运输的发展,重型钢轨和大号道岔的大量上道,额定负载为 2 450 N 的 ZD6-A 型电动转辙机已不能满足要求,于是产生了其他型号的转辙机。A、D、F 型可以单机使用,E、J 型配套双机牵引提速道岔使用。

6. ZD6 型电动转辙机的安装

ZD6 型电动转辙机需要安装在由角钢搭建的平台上,进而和道岔尖轨相连,如图 4-10 所示。

图 4-10　安装于角钢上的电动转辙机

电动转辙机宜设在线路外侧,一般都将转辙机的电动机对向岔尖,根据电动转辙机的安装位置分为正装和反装。若站在电动机侧看,动作杆从右侧伸出或拉入,即为正装;动作杆从左侧伸出或拉入,即为反装。

正装拉入和反装伸出为定位时,自动开闭器 1、3 排接点接通,如图 4-11(a)所示。正装伸出和反装拉入为定位时,2、4 排接点闭合,如图 4-11(b)所示。

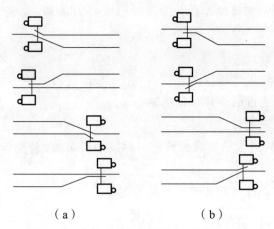

（a）　　　　　　　　（b）

图 4-11　ZD6 型电动转辙机的安装方式

二、ZD6 型电动转辙机的日常维护

1. 日常巡视项目

（1）检查道岔密贴和飞边情况，尖轨爬行是否超标。

（2）检查安装装置是否完好。

（3）检查表示杆缺口标记是否有变化。

（4）检查设备有无外界干扰。

（5）检查机盖装置是否良好。

（6）检查加锁装置是否良好。

（7）紧固外部螺栓，检查开口销是否完好，是否符合标准。

（8）访问车务值班人员，了解道岔运用状况。

日巡视中发现问题应及时处理，巡视周期可根据本地实际情况由本单位制定。

2. 月份检查项目

（1）同日巡视全部内容。

（2）清扫、注油。

（3）开盖检查机内配件有无松动、损伤和异状。

（4）检查静、动接点接触深度。

（5）试验观察整机工作状态有无异常，接点接触、表示杆缺口、换向器火花有无异状。

（6）检查速动爪和速动片间隙是否符合标准。

（7）试验四毫米锁闭情况、摩擦电流。

（8）机内重点部位清扫、注油。

（9）启动箱内、外部检查。

3. 季度检修项目

（1）同月检查全部内容。

（2）检查道岔密贴、锁闭状态及缺口位置。

（3）调整接点，清扫换向器，用仪表检查换向器引线有无断线。

（4）检查挤切销有无损伤。

（5）检查移位接触器动作。

（6）检查后进行Ⅰ级测试并记录。

4. 年度整治项目

（1）测试电动转辙机绝缘。

（2）更换挤切销。

（3）分解检查安装装置绝缘。

（4）测试整流匣交、直流电压。

（5）配合入所修更换器材。

（6）配合Ⅱ级测试。

（7）油饰工作。

（8）配合集中修。

（9）协同工务工区共同解决尖轨吊板、反弹，消除影响转辙机正常动作的各种外因。

三、ZD6 型电动转辙机的检修

1. ZD6 型电动转辙机道岔天窗内检修作业及质量标准

（1）检修工具、材料的准备。

工具：维修电话，万用表，钥匙，活口扳手，长把夹钳，手锤，钢丝刷，扁毛刷，1.5 mm、2.5 mm、4 mm 试验片，克丝钳，尖嘴钳，套筒，大小螺丝刀一套，专用工具等。

材料：白绸布、棉纱、各种开口销、1.6 mm 铁扎线、机油等。

（2）检修作业程序（见图 4-12）。

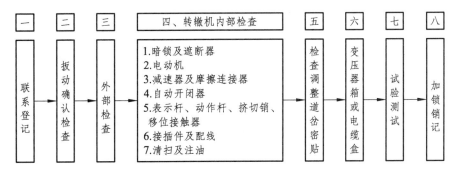

图 4-12　检修作业程序图

（3）检修内容及质量标准（见表 4-1）。

表 4-1 检修内容及质量标准

程序	项 目			检修内容及质量标准	重点提示
一	联系登记			按有关规定和要求办理检修登记，经车站值班员同意并签字后方可开始工作	在检修工作中严格执行"三不动、三不离"的安全制度，并注意人身安全和行车安全
二	扳动确认检查			1. 扳动，确认所检修的道岔号码是否正确。 2. 道岔转换是否正常，密贴是否良好	
三	外部检查	三杆检查		1. 尖端杆、方钢拉杆、丁字铁安装螺丝紧固。 2. 连接销良好，旷动量不大于 1 mm；开口销齐全，劈开角度大于 60°	方钢销子旷动时需联系工务处理
		道岔密贴		3. 竖切部分密贴，无影响密贴的飞边，无过甚吊板，尖轨平直不反弹	
四	电动转辙机内检修	（一）箱体、暗锁及遮断器		1. 机体清洁无裂纹，盘根防尘防水良好。 2. 遮断器底座、胶木座安装牢固、完整，无裂纹，安全接点接触良好，接触深度不小于 3 mm，插入手摇把或钥匙时，能可靠地自动断开电路，断开距离不小于 2 mm，非经人工恢复，不得接通电路。 3. 暗锁固定牢固，弹簧作用良好，机盖开启灵活，关闭时锁闭良好	
		（二）电动机		1. 电机安装牢固，电枢引出线良好，端子座无裂纹。 2. 转子和磁极间不磨卡，转子无断线。 3. 换向器面光滑干净，绝缘槽内无炭粉，无伤痕。 4. 炭刷和刷握盒内上下不卡阻，四周无过量旷动，弹簧压力适当，炭刷与换向器呈同心圆接触，工作时无过大火花。 5. 测试电机转子（刷间）电阻为（4.9±0.25）Ω。 6. 测试定子电阻，单定子电阻为（5.7±0.28）Ω	严禁用机油、汽油擦洗换向器面
		（三）减速器及摩擦联结器		1. 减速器安装牢固，转动时无杂音。 2. 摩擦弹簧无损伤，作用良好，在规定摩擦电流下，相邻圈最小间隙不小于 1.5 mm，弹簧不得与夹板接触，夹板轴不松动，开口销完好。 3. 摩擦带与内齿轮伸出部分保持清洁无油污，摩擦带无过大磨耗，作用良好，销钉不松动并低于表面	摩擦带作用不良时需分解或更换
四	电动转辙机内检修	（四）自动开闭器		1. 自动开闭器各部件及绝缘座安装牢固、完整，无裂损，动作正常，无卡阻。 2. 接点罩完整，无裂损，接点及接点环干净，拐肘轴开口销完整，连接销无脱落可能，拉簧弹力适当，作用良好。 3. 动接点不松动，接点片不弯曲，不扭斜，辅助片作用良好；接点片磨耗不得超过厚度的 1/2，接点接触良好，接触深度不少于 4 mm，速动爪落下前，即使动接点在静接点内有窜动，亦应保证接点接触深度不少于 2 mm。	

程序	项 目		检修内容及质量标准	重点提示
四	电动转辙机内检修	（四）自动开闭器	4. 速动爪与速动片的间隙：在解锁时不少于 0.2 mm，锁闭时为 1～3 mm。 5. 速动片的轴向窜动，应保证速动爪滑轮与滑面的接触量不少于 2 mm，电动转辙机在转动中速动片不得提前转动。 6. 速动爪的滚轮在传动中，应在速动片上滚动，落下后不得与启动片缺口底部相碰	
		（五）表示杆动作杆移位接触器	1. 表示杆平、正、直，无锈蚀。 2. 主副销定期抽出检查良好，固定良好，顶杆动作正常。 3. 锁闭齿轮圆弧与动作齿条削尖齿圆弧应吻合，无明显磨耗，接触面不小于 50%。 4. 移位接触器安装牢固，无裂损，作用良好。 5. 顶杆与触头间隙为 1.5 mm 时，接点不应断开，用 2.5 mm 垫片试验或用备用销带动道岔试验时，接点应断开，非经人工恢复，不得接通电路	挤切销按规定周期更换
		（六）接插件及配线	1. 配线整齐，无伤痕，并固定良好，各部螺丝紧固，线头不松动，无混线可能，色标不移位。 2. 接插件安装牢固，防松装置作用良好，线头无损伤。 3. 引线孔堵塞严密	
		（七）清扫及注油	机箱内清洁，无油污，无锈蚀，无杂物，箱底清扫干净，注油适当，不漏注油点	摩擦带内齿轮伸出部分禁止注油
五	检查调整道岔密贴	调整道岔密贴	道岔密贴力量适当，定反位均衡	
		调整表示杆	表示杆缺口间隙为（1.5±0.5）mm	
		螺丝紧固	动作杆、表示杆、尖端杆调整螺母紧固，防松措施良好	
六	变压器箱或电缆盒		1. 箱（盒）内清洁。 2. 整流装置安装牢固，表面无过热，无烧损现象。 3. 配线整齐，无伤痕，引线孔堵塞严密，各部螺丝紧固，标记清晰、正确，配线图完好，图物相符	
七	试验测试	试验	1. 扳动试验时电机无过大火花。 2. 当第一连接杆处的尖轨与基本轨间有 4 mm 及以上间隙时，道岔不能锁闭。 3. 校对室内表示与室外道岔位置一致	应认真复查表示杆缺口间隙（室内扳动和手动时可能有变化）
		测试	1. 动作电压：大于 160 V。 2. 动作电流：不大于 2 A。 3. 故障电流：2.3～2.9 A，定反位偏差不大于 0.3 A	
八	加锁销记		1. 加锁良好。 2. 会同车站值班员试验良好，按有关规定和要求办理销记手续，经车站值班员签字后方可离开	

2. ZD6型电动转辙机道岔天窗外检修作业程序及质量标准

（1）检修工具、材料的准备。

材料：白绸布、棉纱、各种开口销、1.6 mm铁扎线、机油等。

工具：维修电话，万用表，钥匙，活口扳手，长把夹钳，手锤，钢丝刷，扁毛刷，1.5 mm、2.5 mm、4 mm试验片，克丝钳，尖嘴钳，套筒，大小螺丝刀一套，专用工具等。

（2）检修作业程序（见图4-13）。

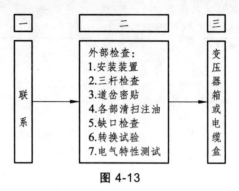

图 4-13

（3）检修内容及质量标准（见表4-2）。

表 4-2　检修内容及质量标准

程序	项　目		检修内容及质量标准
一	联系		与信号值台人员联系
二	外部检查	安装装置	角钢安装方正，无裂纹、损伤，无严重锈蚀，各部螺丝紧固，吊铁吻合基本轨
		三杆检查	1. 密贴调整杆、表示杆因锈蚀磨耗的减少量不得超过 1 mm，原直径方向的圆顶部距钢轨底部应不小于 10 mm。 2. 三杆螺纹部分的内外调整余量不少于 10 mm，密贴调整杆在动作时的空动距离须在 5 mm 以上，防松卡完整，作用良好。 3. 各部安装绝缘良好
		道岔密贴	道岔方正，爬行不超过 20 mm，无过甚吊板，开程符合标准
		各部清扫注油	各部清扫干净，注油适当，螺丝紧固，标记完整。
		除锈油饰	箱盒外部和安装装置除锈油饰（每年一次）
三	变压器箱或电缆盒		1. 基础安设稳固，无影响强度的裂纹，其倾斜不超过 10 mm。 2. 蛇管无断裂、腐蚀，安装牢固，无脱落，封堵良好。 3. 箱（盒）体、箱（盒）盖无裂纹，盘根防尘、防水良好

1. ZD6 型电动转辙机的安装

（1）一般规定。

转辙设备的规格、型号、安装方式应符合设计文件规定。

安装转辙设备的道岔应符合下列要求：

① 道岔处轨距的变化不超过限度，基本轨不横移，尖轨走向灵活一致。

② 道岔应方正。单开道岔（或对称道岔）两尖轨前后偏差不得大于 20 mm；复式交分道岔双转辙器及复示交分道岔活动心轨的钝角辙叉不得大于 10 mm。

③ 道岔开程适当，尖轨应能与基本轨密贴。

④ 轨枕空挡应满足安装装置的安装要求。

⑤ 道岔不符合安装要求时，应由工务部门进行整治，以达到转辙装置安装标准。

安装转辙设备前应对下列内容进行检查：

① 工务道床水平、轨距标准符合电务设备安装的有关技术要求。

② 两基础角钢中心间距，直股钢轨内侧距近端短基础角钢中心的距离。

③ 道岔第一方钢中心线至岔尖方向基础角钢距离。

④ 道岔轨距及岔枕位置应调整适合于安装外锁闭装置。

⑤ 尖轨与基本轨、心轨与翼轨应达到密贴状态，尖轨与基本轨、心轨与翼轨间在外锁闭杆中心线的间隙应不大于 0.5 mm。

⑥ 安装装置应确保道岔正常转换，道岔尖轨应与基本轨密贴，道岔开程应符合转辙装置安装的要求。

⑦ 装置安装前应检查道床预留角钢、杆件安装槽的位置是否合适。

⑧ 转辙机内部配线，宜采用 7×0.52 mm 多股铜芯绝缘软线。

（2）电动转辙机的安装程序。

根据信号设备平面布置图，确定电动转辙机安装方式。其施工工艺流程如图 4-14 所示。

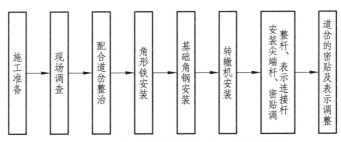

图 4-14　电动转辙机的安装工艺流程图

① 施工准备。

道岔施工前，进行技术交底，明确安装标准和要求，并准备所需的安装工具材料（见表4-3）。

表 4-3 道岔安装工器具

序　号	名　　称	型　号	单　位	数　量	备　注
1	轻便式发电机		台	1	1.2 kW
2	台钻		台	1	
3	电钻		台	1	带卧式电钻架
4	钻头	21 mm	根	30	
5	方尺	1 700 mm	把	1	自制
6	直角尺	120 mm	把	1	
7	钢卷尺	5 m	把	1	
8	号眼冲	Φ20 mm	个	1	自制
9	铁划针		支	1	自制
10	垫木		块	4	自制
11	手锤		把	2	
12	活口扳手	375 mm	把	3	
13	活口扳手	450 mm	把	1	
14	特制长扳手		把	4	电动转辙机配件
15	黄油枪		把	5	电动转辙机配件
16	电动转辙机摇把		个	1	电动转辙机配件

② 现场调查。

调查新铺设的道岔是否就位，道岔部件是否完整。核对道岔是否方正，各部位轨距是否符合标准。调查地面段道岔位置枕木是否符合要求，整体道床地段预留道岔安装装置的安装槽是否符合设计文件规定。不符合技术标准要求的部位，做好记录，作为整治道岔的基础资料和依据。

③ 配合道岔整治。

通过调查记录，不符合要求的部位，请前期线路施工部门调整至符合技术要求的标准。道岔开程调整：道岔开程小的，要求前期线路施工部门更换第一连接杆；开程大的可在连接杆耳铁与尖轨间加"E"字形铁片。ZD型转辙机安装动程为156 mm，道岔尖轨开程应调整在148～152 mm。尖轨应方正：用木方尺靠紧直股基本轨，第一连接杆、尖轨尖端要与直股基本轨垂直，如有偏差，不能大于20 mm，同时消除尖轨弹性。道岔各部位轨距不符合标准的，调整到技术要求的标准。尖轨与滑床板出现"吊板"现象时，请线路施工调整枕木，使滑床板的枕木没有落枕现象，滑床板与尖轨密贴。

④ ZD6-D 直流电动转辙机的安装。

a. 角形铁的安装。

角形铁分为 43 kg/m、50 kg/m、60 kg/m 三种，如图 4-15 所示，安装时应使用与钢轨同一规格的角形铁。

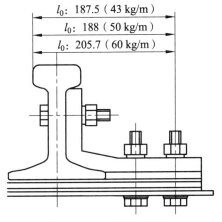

图 4-15　角形铁安装图

将方尺卡在道岔基本轨直股上，横臂与直股基本轨贴紧，直臂边线与第一连接杆中心线重叠，用划针或特种铅笔在两条基本轨面上做标记，画出第一连接杆的中心线，按照安装图册以第一连接杆的中心线向岔尖方向量出 1 035 mm、向岔后方向量出 460 mm 距离，做好标记，如图 4-16 所示。

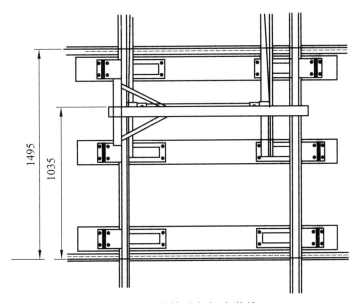

图 4-16　长基础角钢安装线

预先将四个角形铁的直面画出中心线，每个角形铁对准各自位置的轨面记号，用划针伸进角形铁孔内，在基础轨腰部画出圆圈，取下角形铁，用冲子冲出钻孔中心。

架好电钻，用直径为 21 mm 的钻头钻孔。孔钻好后，用圆锉除去毛刺。注意，钻孔前必须与站内取得联系，有足够的行车间隙方可施工。

钢轨钻孔后，将 M20×70 mm 的螺栓从钢轨内侧穿出，装上原来画标记的角形铁，加上垫片、弹簧垫圈，拧紧螺帽，岔后角形铁应采用头部厚度为 10 mm 的螺栓紧固，以免影响尖轨密贴。

记录道岔规格（岔号、钢轨千克数）、电动转辙机安装在左侧或右侧、直股或弯股，为工厂加工基础角钢做技术准备。

b. 基础角钢划线。

长基础角钢划线。

站在岔尖处，面对道岔，单开道岔分左直右弯和左弯右直两种，而 ZD6 型电动转辙机可装在左侧或右侧。因此，安装装置分成四种类型。但无论哪种类型，安装电动转辙机的短基础角钢始终与长基础角钢保持垂直，长基础角钢上连接短基础角钢的四个孔位置是一致的。即在同一长角钢上两孔中心距离为 360 mm，靠近长角钢端部孔的中心距离端部为 60 mm。因此，四种类型的区别就在于与角形铁相连的长基础角钢的 8 个孔位置的确定有所不同。图 4-17 示意了左直侧和右弯侧两种安装装置的长基础角钢的 8 个连接孔的位置。

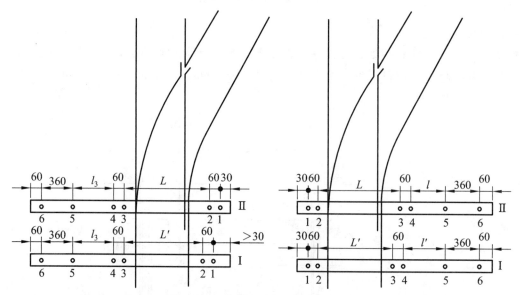

图 4-17　长基础角钢连接孔位置

ZD6 型电动转辙机装在直股侧的长角钢划线。

电动转辙机装在直股侧又分左直型和右直型，这两种情况划线步骤相同。下面以左直型为例介绍。

将前、后两长角钢 125 mm 边相靠，两头插入带槽木垫，使角钢呈"┐ ┌"形平置于地面上。

先划岔后长角钢。从不装电动转辙机一端量出 30 mm，划出第 1 孔中心；加上 60 mm（角形铁水平面两孔中心距离），为第 2 孔中心；再量出实际测得的岔后两角形铁中心距离 L，为第 3 孔中心；又量出 60 mm，为第 4 孔中心，如图 4-18 所示。

测量第 4 孔中心与邻近的固定短基础角钢孔 a 的中心距 l，然后划岔前长角钢。从靠近钢轨的固定短基础角钢孔 b 量得距离 l'，为第 4′ 孔中心；加上 60 mm，为第 3′ 孔中心；再量出实际测得的岔前两角形铁中心距 L'，为第 2′ 孔中心；又量得 60 mm，为第 1′ 孔中心。由于 $L > L'$，第 1′ 孔中心距长角钢端部的距离大于 30 mm。

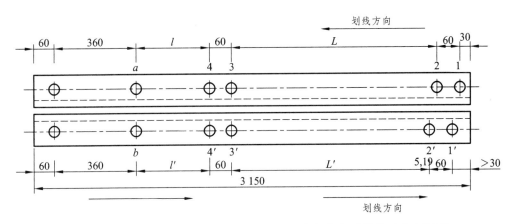

图 4-18 ZD6 型电动转辙机安装于直股侧（左直）时长基础角钢划线

短基础角钢划线。

短基础角钢长 1 575 mm。划线步骤如下：

将两短基础角钢短边相靠呈"⌐ ⌐"形，用带槽木垫支起。

从两端量得 40 mm，为与长基础角钢连接孔的中心。

从岔前连接孔中心量得 595 mm，为固定转辙机孔 2 和 2′ 的中心；加上 610 mm，为固定转辙机孔 1 和 1′ 的中心，如图 4-19 所示。

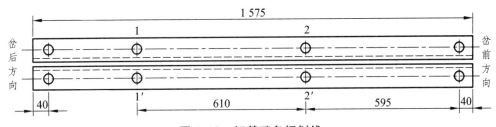

图 4-19 短基础角钢划线

c. 角钢钻孔、涂漆和安装。

基础角钢的孔中心位置确定后，用冲子冲出记号，随即用 6 mm 电钻钻以 3 ~ 4 mm 深的小孔。然后统一用钻床钻孔。长角钢上连接角形铁的 8 个孔用 28 mm 钻头钻孔，其他则用 21 mm 钻头钻孔。钻完孔，用圆锉除去毛刺。

短基础角钢短边两端还需切割 80 mm，以便搭架在长基础角钢上。

钢刷除锈，涂防锈漆、深灰调合漆，并用油漆标明道岔号，以免装错。

基础角钢按各自标明的道岔号码及前后角钢位置，分别穿入轨底，配齐各种配件，用 M20×90 mm 螺栓将长基础角钢与角形铁连接，绝缘管、绝缘线圈要安装齐备完好，如图 4-20 所示。

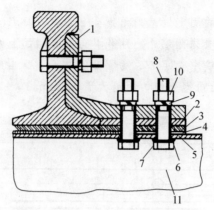

图 4-20　角形铁与基础角钢组装

1—角形铁；2—垫板；3—角钢垫板；4—绝缘垫板；
5—绝缘管；6—绝缘垫圈；7—垫圈；8—螺栓；
9—弹簧垫圈；10—螺母；11—基础角钢

两根短角钢横架在长基础角钢上，竖边朝里，固定电动转辙机的孔位与安装图相符。用 M20×60 mm 的螺栓由下向上穿，加弹簧垫圈，拧紧螺母。

d. 电动转辙机的安装。

将转辙机平稳地放到短角钢上，对准与短角钢连接的 4 个孔，用 M20×70 mm 的螺栓由下向上穿，加弹簧垫圈，拧紧螺母。把电动转辙机至电缆盒内部配线线把，从转辙机引线孔经弯头蛇管穿至电缆盒内。

e. 密贴调整杆的安装。

密贴调整杆的形状如图 4-21 所示。安装步骤如下：

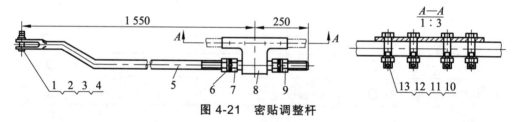

图 4-21　密贴调整杆

1，2，3，4—螺栓组；5—拉杆；6—挡环；7—轴套；
8—立式杆架；9—螺母；10，11，12，13—螺栓组

首先将杆架安装在第一连接杆上。

将卸下远端螺母、挡环、轴套的密贴调整杆从电动转辙机一侧穿过轨底，伸入杆架，使止挡缺口朝外拧入远端轴套，再使挡铁面朝内顺丝扣凹槽套入挡环，最后拧上紧固螺母。

拔出密贴调整杆另一端的连接螺栓，插入转辙机动作杆，三孔对齐，由下向上插入螺栓销，套垫圈，拧紧螺母，并穿入开口销劈开。

f. 尖端杆的安装。

安装时先将尖端杆一头连接销抽出，分别用螺栓将 L 形尖端铁固定在尖轨上。拧动尖端杆上螺丝接头，使螺丝接头上的连接销孔比两个尖端铁连接销孔长 1 mm 左右，将连接销打入。

g. 表示连接杆。

将连接杆 H 接头铁与电动转辙机表示杆连接，另一端卸下连接螺栓，套在尖端杆舌铁上，三孔对齐，由下向上穿出连接螺栓，加垫圈，拧紧螺母，并在端部穿开口销劈开。

2. 道岔调整

电动转辙机安装完毕，必须严格按技术标准进行道岔调整，以确保开通后正常使用。调整时，宜用手摇把摇动电机使道岔转换变位。

（1）密贴调整。

道岔无论在定位或是反位，尖轨必须密贴基本轨。假如转辙机已转换到底并且锁闭，但尖轨仍未密贴左侧基本轨，说明道岔太松。此时，需逐步旋紧密贴调整杆嘴唇铁右侧轴套螺母，使尖轨密贴。反之，若尖轨已密贴左侧基本轨，但电动转辙机尚未转换到底和实行锁闭，说明道岔过紧。此时，需旋松嘴唇铁右侧轴套螺母，使电动转辙机能转换到底并实行锁闭。道岔的松紧程度：要求用手摇把摇动电动转辙机，当尖轨靠拢基本轨后，再继续摇动 2.5～3 圈，使尖轨与基本轨间有一定压力，此时动接点打入静接点，获得表示。

左侧调好后，手摇转辙机使道岔转换，再调右侧密贴，调整合适后，密贴调整杆轴套应有大于 5 mm 的空动距离，螺杆两侧丝扣长度基本相当。最后，将轴套两侧挡环对位，拧紧两侧螺母，在螺母外侧再用 Φ1.6 mm 铁丝绑扎两道，以防螺母松动。

（2）表示杆缺口及连接杆调整。

表示杆缺口的调整直接关系着道岔的表示与锁闭。道岔密贴并被锁闭后，左侧检查柱恰好落在前表示杆检查块的缺口内，并且其两侧各有（1.5±0.5）mm 的间隙，如图 4-22 所示。

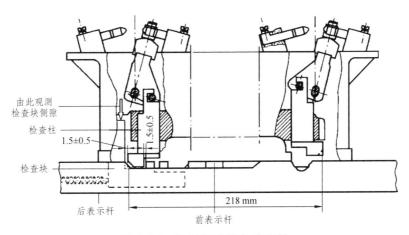

图 4-22　表示杆缺口与检查柱

道岔转换时，尖轨移动通过尖端杆、表示连接杆带动表示杆向右移动，尖轨密贴右侧基本轨并被锁闭后，右侧检查柱才能落入后表示杆检查块的缺口内，与检查柱联动的动接点才接通第 2 排静接点组，构成反位表示电路。两检查块缺口之间的距离过大或过小都将影响右侧检查柱的准确落入，影响道岔的表示与锁闭。

① 检查块缺口距离调整。道岔密贴调整后，在第一连接杆中心处即可测得道岔转换时尖轨的行程 S，假如是 152 mm，则两检查块缺口之间距离 d 为

$$d = 221 \text{ mm} - 152 \text{ mm} = 69 \text{ mm}$$

摇动电动转辙机，使检查柱退出检查块缺口，抽出表示杆，松开两表示杆之间的横穿螺栓。拧动后表示杆尾端的调整杆，使两检查块之间距离等于 69 mm。然后，拧紧横穿螺栓，将表示杆插入电动转辙机，使其与表示连接杆连接。

显然，检查块缺口之间距离调整宜在表示连接杆安装之前进行。

② 表示连接杆调整。摇动电动转辙机，使尖轨密贴左侧基本轨后，再摇动摇把 2.5～3 圈，对道岔实行锁闭，此时表示杆伸出，左侧检查柱应落入前表示杆检查块缺口内，其两侧应各有（1.5±0.5）mm 的间隙。若达不到要求，则需松开表示连接杆活节螺栓两侧的螺母予以调整。

③ 摇动手摇把，使道岔变位，尖轨密贴右侧基本轨后，右侧检查柱应恰好落入后表示杆检查块缺口，并在其两侧留有（1.5±0.5）mm 的间隙。否则，说明两检查块缺口之间距离尚不合适，需按步骤①重新调整（此时无需抽出表示杆）。

④ 4 mm 间隙复查。调整好后，应摇动道岔进行两次复查。在第一连接杆中心位置，尖轨与基本轨之间插入厚 4 mm、宽 20 mm 的铁板，摇动电动转辙机至密贴位置，此时电动转辙机主轴不应转至锁闭状态，检查柱不应落下。取出铁板后，再摇至密贴位置，检查柱方能落入检查块缺口，并维持侧隙大小不变。摇动道岔变位，进行另一侧 4 mm 间隙复查。

（3）摩擦电流的调整。

摩擦联结器是电动转辙机中电动机与道岔的软联结装置。当道岔转换中途卡阻或因转至终点（道岔太紧）而不能继续移动动作杆时，使电动机带动摩擦联结器空转，达到保护电动机的目的。此时，由于电动机转速降低，促使电流值增大，这便是摩擦电流。最大摩擦电流定为额定电流的 1.3～1.5 倍。ZD6 型电动转辙机的额定动作电流为 2 A，最大摩擦电流一般定为 2.6～2.9 A。

① 测量摩擦电流。打开电动转辙机机盖，断开安全接点，在接点间串入量程为 5 A 的直流电流表（注意：05 为正，06 为负）。同时，在第一连接杆处的尖轨与基本轨之间插入厚 4 mm 以上的硬物（如 4 mm×20 mm 铁板）。然后，接通电动转辙机电源，使道岔转换，当尖轨被卡阻时，直流电流表的读数便是摩擦电流值。

② 调整摩擦电流。摩擦电流值过大或过小时，均应予以调整。调整时拧动摩擦联结器的调整螺母即可，旋松可使摩擦电流减小；旋紧使摩擦电流升高。太松会使电动转辙机力矩变小，滑床板稍不润滑便会使转辙机空转，影响道岔转换；太紧会使摩擦联结器变成"硬"联结，当真正卡阻时，电动机骤停，电流值过大，以致烧毁电机。一般摩擦电流调整为 2.8 A 为宜。

（4）表示接点及移位接触器的调整。

转辙机内设有 4 排静接点、4 排动接点。动接点在静接点片内的接触深度不得少于 4 mm；在动接点两侧与静接点接触深度差不得超过 1.5 mm；速动爪落下前，动接点在静接点内窜动，须保证接触深度不少于 3 mm；动接点和静接点沿插入方向的中分线偏差不

得超过 0.5 mm；各接点片的压力均匀，接触压力不小于 500 g。

① 表示接点的调整。

先拧松速动爪背部螺钉的螺母，再拧动螺钉，即可调整动接点在静接点片内的插接深度。拧松相应静接点组整体弹片的固定螺丝，可对动接点两侧接触深度差以及中分线偏差予以调整。适当改变静接点整体弹片开合形状，便调整了接点压力。

② 移位接触器的复位。

移位接触器有两个，分别与齿条块伸出或拉入时的顶杆位置相对应，移位接触器触头与顶杆两者相距 1.5 mm。接触器其实是两组非自复式常闭接点，分别串接在道岔定位和反位表示电路中。挤岔时，来自尖轨的挤岔力达到（3 000±200）N 时，连接齿条块和动作杆的两挤切销受横向剪切力作用先后会被挤断，动作杆在齿条块内产生移动。当移动量仅有刚开始移动的 3 mm 时，动作杆内 45°斜度的锥形坑便推动齿条内顶杆向上同样地移动3 mm。经过 1.5 mm 动程，顶杆与移位接触器触头接触，使其上升 1.5 mm，而触头的断电行程只需（0.7±0.1）mm，从而使移位接触器常闭接点断开，表示电路断电，给出挤岔报警表示。

移位接触器的常闭接点一旦断开，便不会自动复原，必须要有关人员打开电动转辙机，确认挤切销完好或被切断的挤切销已被换新，方可从移位接触器上方的窗孔，用螺丝刀向下压下弹片，使接点复原，接通表示电路。压弹片时压力不可过大，以免接点板变形。

任务二　S700K 型电动转辙机的维护检修

任务描述

S700K 型电动转辙机采用的是德国西门子技术，其内部结构简单，性能稳定，故障率低，工作可靠，维修保养工作量少。S700K 型电动转辙机不仅解决了长期困扰信号人员的电机断线、故障电流变化、接点接触不良、移位接触器跳起和挤切销折断等问题，并且可以做到"少维护、无维修"等技术优势，因此，它在我国铁路的提速道岔上得到了广泛使用。

本任务主要是认知 S700K 型电动转辙机结构组件，掌握 S700K 型电动转辙机的日常维护，能处理和解决其常见故障。

任务实施

一、认知 S700K 型电动转辙机

1. S700K 型电动转辙机的整体结构

S700K 型电动转辙机由外壳、动力传动机构、检测和锁闭机构、安全装置、配线接口五大部分组成，其结构如图 4-23 所示。

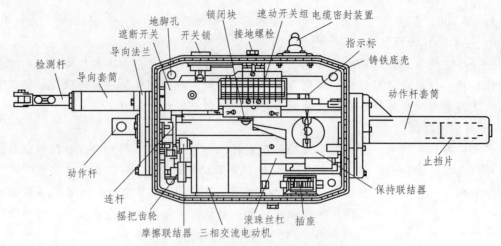

图 4-23　S700K型电动转辙机结构图

（1）外壳部分主要由铸铁底壳、动作杆套筒、导向套筒、导向法兰四部分组成。

（2）动力传动机构主要由三相电机、摇把齿轮、摩擦联结器、滚珠丝杠、保持联结器、动作杆等部分组成。

（3）检测机构主要由检测杆、叉形接头、速动开关组、锁闭块、锁舌、指示标等部分组成。

（4）安全装置主要由开关锁、遮断开关、连杆、摇把孔挡板四部分组成。

（5）配线接口端主要由电缆密封装置、接插件插座组成。

S700K型电动转辙机实物内部如图4-24所示。

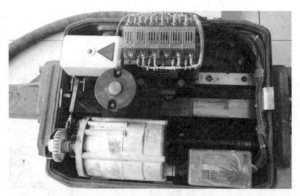

图 4-24　S700K型电动转辙机实物图

2. 认知S700K型电动转辙机的主要部件及作用

（1）三相交流电动机。

三相交流电动机为电动转辙机提供动力。其结构为笼式转子，定子三个绕组呈星形接法。每相的引出线为单根多股软线。其星形汇接点在安全接点座第61、71、81端子上，由跨接片跨接。

由于交流电动机没有直流电动机的整流子，自然消除了电机电枢断线、枢间混线、碳刷与整流子接触不良等惯性故障，从而提高了设备的可靠性和使用寿命，减少了维修量。

（2）齿轮组。

齿轮组由摇把齿轮、电机齿轮、中间齿轮及摩擦联结器齿轮组成，如图 4-25 所示。其中，摇把齿轮与电机齿轮是一个传递系统，其作用是能用手摇把对电动转辙机进行人工操纵。电机齿轮、中间齿轮及摩擦联结器齿轮也是一个传递系统，其主要作用是将电机的高速旋转降速，使旋转驱动力增大，以适应道岔转换的需要，是转辙机的第一级减速器。

图 4-25　齿轮组

（3）摩擦联结器。

摩擦联结器的外形如图 4-26（a）所示，它与滚珠丝杠的联结如图 4-26（b）所示，其主要作用是将齿轮组变速后的旋转力传递给滚珠丝杠。当作用于滚珠丝杠上的转换阻力大于摩擦结合力时，使得内装的主、被金属摩擦片之间相对打滑空转，起到保护电机的作用。摩擦联结器的摩擦力大小在出厂时已经调到最大转换力 6 000 N，现场维修人员不得再随意调整摩擦力。

（a）摩擦联结器

（b）摩擦联结器与滚珠丝杠联结

图 4-26　摩擦联结器与滚珠丝杠

（4）滚珠丝杠。

滚珠丝杠的结构相当于一个 32 mm 的螺栓和螺母，实物如图 4-27 所示。其动作原理为滚珠丝杠正向或反向旋转一圈，螺母前进或后退一个螺距。其作用：一是将电动机的旋转运动变成丝杠的直线运动；二是起到减速作用（二级减速），减速比取决于丝杠的螺距。

图 4-27　滚珠丝杠

（5）保持联结器。

保持联结器是电动转辙机的挤脱装置，利用弹簧的压力，通过槽口式结构将滚珠丝杠与动作杆连接在一起。当道岔的挤岔力超过弹簧压力时，动作杆滑脱，起到整机不被损坏的保护作用。其结构如图 4-28 所示。

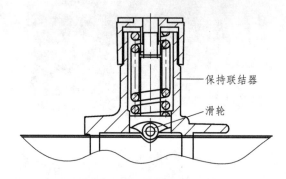

图 4-28　保持联结器结构

根据现场实际需要，保持联结器可采用可挤型和不可挤型。可挤型是指保持联结器利用其内部弹簧的压力将滚珠丝杠和动作杆连接在一起，弹簧的挤岔阻力可分别设定为 9 kN、16 kN、24 kN、30 kN 等，当道岔的挤岔阻力超过弹簧设定压力时，动作杆滑脱，实现挤岔时的整机保护。不可挤型是工厂将保持联结器内部的弹簧取消，放一个止挡环，用于阻止与动作杆相连的保持栓移动成为硬连接结构，挤岔锁定力为 90 kN，该部件不可随意打开。当道岔挤岔阻力超过 90 kN 时，可挤坏硬连接结构的保持联结器，需整机送回工厂修理。

（6）检测杆。

检测杆随尖轨或心轨的转换而移动，用来监督道岔在终端位置时的状态。检测杆有上下两层，上层检测杆用于监督缩进密贴的尖轨或心轨的工作状态，下层检测杆用于监督伸出密贴的尖轨或心轨的工作状态。

上下层检测杆之间没有连接或调整装置，外接两根表示杆分别调整。道岔转换时由尖轨或心轨带动检测杆运动。当密贴尖轨或心轨密贴，斥离尖轨或心轨到达规定位置时，才能给出有关表示。

（7）TS-1 型接点系统。

TS-1 型接点机构是用以配套 S700K 型电动转辙机的速动开关组，其主要作用是监督道岔工作状态，给出道岔定位或反位表示，并完成控制电动机和挤岔表示的功能。

TS-1 型接点系统由开关盒、转换驱动机械、插接件等组成，其外形与结构如图 4-29

所示。该系统的接点组将动、静接点由水平方向的上下接触改为垂直方向的左右接触，减少了列车振动对接点的损伤，增设了扫程，防止冰冻黏结，增大了接点接触压力，提高了接触可靠性。接点组壳透明敞开，方便检查，为可拆卸式，可快速更换。

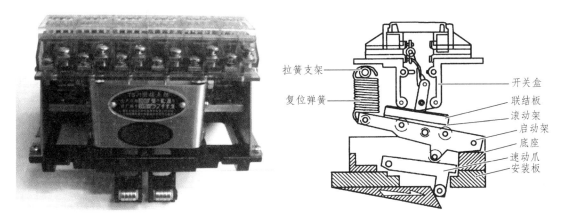

拉簧支架
复位弹簧
开关盒
联结板
滚动架
启动架
底座
速动爪
安装板

图 4-29　TS-1 型接点系统外形与结构

TS-1 型接点组采用了类似 ZD6 型电动转辙机的接点排列顺序，其外形与排列如图 4-30所示。道岔在定位时自动开闭器的第 1 排、第 3 排接点闭合叫"1、3 闭合"，自动开闭器的第 2 排、第 4 排接点闭合叫"2、4 闭合"。S700K 型电动转辙机无论"1、3 闭合"还是"2、4 闭合"，其内部配线完全一样，只需通过室外连线 X2 与 X3、X4 与 X5 的交叉和二极管的换向来实现。

| 21 | 22 | 23 | 24 | 25 | 26 | 31 | 32 | 33 | 34 | 35 | 36 |
| 11 | 12 | 13 | 14 | 15 | 16 | 41 | 42 | 43 | 44 | 45 | 46 |

图 4-30　TS-1 型接点组与排列

（8）锁闭块与锁舌。

道岔在终端位置，当检测杆指示缺口与指示标对中时，锁闭铁及锁舌应能正常弹出。

锁闭块的正常弹出使自动开闭器的相关启动接点闭合，断开表示接点。

锁舌的正常弹出用于阻挡电动转辙机保持联结器的移动，实现电动转辙机的内部锁闭。锁舌的伸出量一般大于或等于 10 mm，但最小伸出量不得小于 9 mm。

转辙机开始动作后，锁舌在锁闭块的连接作用下应能正常缩入。锁闭块的缩入，应可靠地断开表示电路，完成转辙机的解锁。

（9）遮断开关与开关锁。

遮断开关的作用是在进行检修或人工摇动道岔时，断开安全接点，切断启动电路。

开关锁是操纵遮断开关闭合和断开的机构。当钥匙立着插入并逆时针转动 90°时，遮断开关应被可靠断开。恢复时，需提起开关锁上的锁闭销，同时将插入的钥匙顺时针转动 90°，可靠地接通遮断开关。

安全接点座端子排列如图 4-31 所示。安全接点 11-12 是遮断开关，它在开关锁的直接操纵下闭合和断开，需要进行内部检修或人工断开动作电路时，用钥匙打开关锁，断开安全接点，切断动作电路，起到保护作用。人工摇动道岔时，打开摇把孔板，也断开安全接点，防止在使用手摇道岔时，室内扳动道岔使其误动。

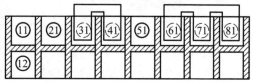

图 4-31　遮断开关与安全接点座

端子 31、41 为安全接点，电动机引线 U，速动开关接点 25、26 的汇流排。端子 61、71、81 为三相交流电动机星形节点的汇流排。

3.S700K 型电动转辙机的主要特点

（1）采用交流三相电动机，从根本上消除了直流电动转辙机必须设置整流子而引起的故障率高及其他缺点。

（2）采用滚珠丝杠作为驱动传动装置，延长了转辙机的使用寿命。

（3）采用了具有弹簧式挤脱装置的保持联结器，并选用了不可挤型零件，从根本上解决了由于挤切销劳损造成的惯性故障。

（4）采用了多片干式可调摩擦联结器，经工厂调整加封，使用中无须再调整。

（5）道岔锁闭采用外锁闭装置，锁闭可靠，列车对电动转辙机几乎无冲击。

二、S700K 型电动转辙机的维护与检修

1.S700K 型电动转辙机的检查

（1）机盖灵活性检查。机盖应开闭自如，不应对机盖施加重压。若打开机盖锁很费力，应检查锁钩及锁栓的位置。如果开锁不灵活，应加入磷状石墨粉末润滑。在 0 ℃以下，如果机盖锁被冰冻住了，则应采用适当方法除冰。若仍然无效，应及时更换机盖锁。

（2）检查电动转辙机的密封状态。镶嵌于底壳边缘的密封圈应保持弹性，无破损、无断裂。排水塞、动作杆罩筒塞无脱落，电缆密封装置与外部电缆保护连接、密封状态良好。

（3）检查电动转辙机的内部状态。转辙机内部应保持清洁、干燥，机体内的润滑剂不会对电动转辙机的性能产生不良影响。

（4）检查电缆线束的状态。电缆线束必须用合适的线卡夹紧。如果绝缘层外观受损，应测试电缆线束铜导线是否受到损伤。若绝缘层受损，可以缠一些自备的绝缘带加以弥补；如果铜导线受损，则应更换电缆线束。

（5）检查零件是否受损，可以用目测法判断。

（6）检查摇把齿轮的状态。摇把齿轮应转动灵活，前后拨动时无卡阻、无滞涩现象。手摇结束后，摇把齿轮应顺利退出啮合位置。

（7）检查摇把、挡板及遮断开关的功能。当接通遮断开关时，手摇把插入孔的挡板必须能阻止手摇把啮入摇把齿轮。在摇把齿轮与摇把挡板之间必须有一条侧隙（一般为 1~3 mm）。切断遮断开关后，手摇把必须能顺利地插入摇把孔。此时，电源被切断，不经人工确认，不得恢复接通。

（8）检查电动机状态。电动机在正常情况下通电后应转动自如，齿轮啮合正常，无明显过大的噪声。电动机在水中被浸泡过，则必须对其绝缘性进行检查。当绝缘电阻出现明显大幅下降，低于 25 MΩ时（使用 500 V 兆欧表），则应更换电动机。电动机应被螺栓可靠固定在底壳上，不允许出现松动情况。电动机上的齿轮被损伤而影响齿轮组啮合时，应及时予以更换。

（9）检查滚珠丝杠的状态。要避免外部对滚珠丝杠的机械损伤，其传动面上的任何损伤都会降低传动效率。当出现影响传动可靠性的损伤或明显的变形时，则电动转辙机必须下道检修或更换。

（10）检查检测杆的状态。检测杆随尖轨或可动心轨转换而移动，用来监督道岔在终端位置时的状态。检测杆上的指示缺口与机内指示标对中，允许偏差为 ±0.5 mm。机外的标尺作用与机内的指示标相同，用于不打开机盖情况下检查尖轨或可动心轨辙叉的偏移情况。检测杆端部的叉形接头处，销钉或连接孔因磨损而出现的旷动量应不大于 1 mm。

（11）检查锁闭及锁舌的状态。在终端位置，当检测杆指示缺口与指示标对中时，锁闭块及锁舌应能正常弹出。锁舌的伸出量一般大于等于 10 mm。转辙机开始动作后，原伸出的锁闭块应能正常缩入，锁舌在锁闭块的连带作用下应能正常缩入。

（12）检查摩擦联结器的状态。出厂前，已经按额定转换力的要求调整好摩擦联结器并施以漆封，现场使用中不再对其进行调整。摩擦联结器如果被拆开或者其可调端盖被旋转过，则必须重新对产品的转换力进行检验。长期在低于额定转换力的条件下工作，当因卡阻等原因出现摩擦联结器打滑时，原预定的打滑时的摩擦力可能会略有增加。适当的摩擦打滑试验（如每半年一次，每次正、反向各打滑 5~10 s），能使摩擦联结器有较稳定的工作性能。

（13）检查保持联结器的状态。保持联结器是电动转辙机的重要受力件之一，是可挤型和不可挤型电动转辙机的主要区别之处。其调节螺母顶部加有铅封，铅封标志上标明了是否可挤。不可挤型电动转辙机在使用中，不允许出现挤岔。可挤型转辙机可以根据需要，有不同的保持力，但最大挤岔力小于等于 24 kN。使用可挤型电动转辙机出现挤岔时，由专职人员恢复保持联结器的正常连接。当上紧调节螺母时，应使其顶面与中心孔的保持栓顶面的距离值与原出厂值相同。铅封被打开后，则必须由专职人员重新进行加封。

（14）检查速动开关组的状态。速动开关组是转辙机内部电路的转换接点部分，应紧固可靠。不能随意松开速动开关组下面开关架的固定螺钉，否则会切断原表示电路。

（15）检查开关锁的状态。开关锁是操纵遮断开关闭合与断开的机构。当钥匙垂直插入并逆时针转动 90°时，遮断开关将被切断。恢复时须提起开关锁上的锁闭销，同时将原插入的钥匙顺针转动 90°，即可接通遮断开关。接通遮断开关后，开关锁中的止动销应能被完全弹出，落入止动盘的缺口中。如果止动销未完全弹出，则可能因剧烈的振动冲击而出现遮断开关的安全接点被断开的故障。

（16）检查机内紧固件的状态。每 3 个月在检查电动转辙机内部状态时，对紧固件的紧固状态进行目测或手感检查，必要时可使用紧固工具检查，但次数宜少，不宜反复进行。当有松动出现时，应予以紧固。

（17）检查电动转辙机的固定。检查 4 个固定螺栓是否处于紧固状态。电机中间齿轮应转动灵活，前后拨动时无卡阻、无滞涩现象。

2. S700K 型电动转辙机的保养措施

S700K 型电动转辙机的保养措施包括对电动转辙机的部件涂抹油和润滑脂。

对下列部件涂抹油脂：

（1）动作杆涂润滑脂。对于动作杆在电动转辙机外的部分，应在电动转辙机伸出状态下涂润滑脂。而电动转辙机内部的部分应在伸出、拉入两种情况下涂润滑脂。

（2）滚珠丝杠涂润滑脂。在涂润滑前，应先用棉布清洁滚珠丝杠，然后在丝杠两个终端位置分别涂润滑脂多次，电动转辙机转换多次。

（3）齿轮涂润滑脂。在转辙机静止时，对 4 个齿轮涂润滑脂。

（4）摇把齿轮润滑脂。分别在摇把齿轮安装的端部和根部涂润滑脂，并前后推动几次。

（5）检测杆涂润滑脂及注润滑油。检测杆的可及表面分别在两种状态下（左装时在检测杆拉入状态，右装时在检测杆伸出状态）涂润滑脂。此外，两个检测杆的贴合面通过上层检测杆的注油孔来注油。

（6）锁闭块注润滑油。通过小孔，在两种终位状态下给锁闭块注入润滑油，并使电动转辙机转换多次。

（7）操纵板注润滑油。操纵板的滑动面从上侧是可及的，注润滑油前应使保持联结器处在远离摩擦联结器的一端。保养周期为每年一次。

3. S700K 型电动转辙机故障诊断与处理表（见表 4-4）。

表 4-4　S700K 型电动转辙机故障诊断与处理

序　号	故障现象	可能的原因	处理办法	备　注
1	电动转辙机不动作	无三相电输入或缺相	正确输入三相交流电	应注意安全接点是否接通
		配线脱落	使配线连接可靠	
		插接头插针脱落	插牢插针（套）或更换损坏件	
		电机有卡阻及电机绕组断路或短路	检查电机传动齿轮，排除卡阻或更换电机	
2	电动机转动，摩擦联结器打滑，动作杆不能动作	机内外有卡阻	排除卡阻	
3	动作中停止转换	机内外有卡阻	排除卡阻	应由厂家技术人员完成
		滚珠丝杠松脱	检查滚珠丝杠是否完好，更换有关零部件	
4	转换到位后无表示	机内检测杆检测位置不正确	调整机外长短表示杆螺母	
		密检器检测杆检测位置不正确	调整密检器检测缺口	
		叉形接头与鼓形销磨损旷量过大（>1 mm）	更换叉形接头或鼓形销	
		锁闭块卡阻	分解检查排除卡阻	
		速动开关组有卡阻	排除卡阻	
5	转换正常，但表示时有时无	接点虚接，配线受损	更换接点或使配线连接可靠	
		伸出位置的锁舌非正常回缩严重	综合调整道岔，减小尖轨反弹力，更换锁舌	

三、S700K 型电动转辙机电路的故障判断处理

1. 表示电路故障

由于每一台电动转辙机设一套表示电路，所以要先确定是总表示电路故障，还是哪一台电动转辙机表示电路故障，然后再进行处理。

（1）表示电路正常时工作电压（见表 4-5）。

表 4-5　表示电路正常时工作电压

测　试　处　所	交　流	直　流
定位：X2 与 X1、X4 间 反位：X3 与 X1、X5 间	55～60 V	21～22 V
DBJ/FBJ 的 1-4 线圈	55～60 V	21～22 V
R₁	50～55 V	20～21 V
BD1-7　1-2	220 V	
BD1-7　3-4	110 V	

（2）故障分析（假定某电动转辙机的表示电路故障）。

正常情况下，在分线盘测 X2 与 X1（反位为 X3 与 X1）间交流电压为 55～60 V，直流电压为 21～22 V。如电压相差太多，说明某处有故障。

① 测分线盘电压，X2 与 X1（反位为 X3 与 X1）间无电压（为 0 V 或非常小）。

此时可以测 R_1 两端电压，若无电压，则说明是室内表示电源或断线故障；当测到较高的交流电压时（约为 110 V），则说明室外有混线故障（由于混线的位置和程度不同，X1 与 X2 间可以测到大小不同的低电压，此时，电阻 R_1 较正常热）。

② 测分线盘电压，定位测（X2 对 X1、X3、X4）或反位测（X3 对 X1、X2、X5）有 110 V 交流电，则为室外断线故障。检查室外开闭器接点是否闭合，遮断开关接点接触是否良好，电机配线和整流匣有无断线。

③ 测分线盘电压，定位 X2 对 X1（反位 X3 对 X1）测得交流电压为 20～30 V，没有直流电压，则为室外二极管混线。

④ 测分线盘电压，定位 X2 对 X1（反位 X3 对 X1）测得交流电压为 65 V 左右，直流电压为 35 V 左右，则为 X4（反位为 X5）外线断线。

（3）处理方法。

① 室内表示电源断线故障处理：首先测表示变压器有无交流电压（110 V）。如无电压，则为电源故障，可依次检查电源、断路器、变压器及连线；如有电压，则为室内断线故障，可依次检查电阻 R_1、1DQJ23-21、2DQJ131-132、1DQJF13-11、2DQJ111-112、1DQJ11-12 及连线。

② 室外混线故障处理：测分线盘电压，定位测量 X1 对 X2、X3 有 5.8 V 电压，X1 对 X4 有 2.9 V 电压，反位测量 X1 对 X2、X3 有 5.8 V 电压，X1 对 X5 有 2.9 V 电压，则为混线故障，去室外检查电缆、电机、接点、整流匣等。

• 室外 X1、X2 或 X2、X4 混线故障处理。

首先在电动转辙机处断开 X4，以区分是 X1、X2 还是 X2、X4 混线。若有电压，则为 X2、X4 混线；若仍无电压，说明 X1、X2 混线。然后依次断开各电缆盒的 X2 端子，测 X1、X2 间电压，以确定混线故障点。

• X1、X4（反位是 X1、X5）混线故障处理。

当 X1、X4 混线时，不影响表示电路的正常工作，分线盘上的电压无明显变化，但转换道岔时断路器跳起。查找方法：首先断开电动转辙机侧的 X4 配线，测 X1、X4 间电压，依次断开各电缆盒的 X4 端子进行查找。

③ 室外断线故障处理。

• X1 或 X2 断线故障处理（反位是 X1 或 X3 断线）。

在分线盘的 X1、X2 上有 110 V 交流电压，而到电缆盒处无电压，说明电缆断线。此时，如 X1、X4 间有小电压，说明 X2 电缆断线；如无小电压，说明 X1 电缆断线。

在分线盘的 X1、X2 上有 110 V 交流电压，到电缆盒处也有 110 V 电压，说明电缆盒至转辙机间有断线故障，继续用测量 X1、X2 之间电压的方法查找到有无电压的临界点就是故障点。

• X4 断线故障处理（反位是 X5 断线）。

在分线盘 X2、X1 测的交流电压为 65 V 左右，直流电压为 35 V 左右，X1、X4 交流电压为 110 V，则为 X4 外线断线。到电缆盒处测量，如无 110 V，说明 X4 电缆断线；如有 110 V，继续用测量 X1、X4 间电压的方法查找到有无电压的临界点就是故障点。

2. 启动电路故障

（1）单独操纵道岔控制台定位表示灯不灭。

如果控制台表示灯不灭，则故障在室内，说明 1DQJ 未吸起，这时应进路式操纵道岔，看动作是否正常。

① 如果进路式操纵时动作正常，则说明道岔单独操纵部分有故障，进一步检查 ZFJ 和 CAJ 是否动作正常，确定故障点。

② 如果进路式也不能动作，则应检查 SJ 是否在吸起状态，CA 接点接触是否良好，公共配线是否良好，CAJ 接点是否良好等。

（2）单独操纵到反位不动作。

① 首先检查 1DQJ、1DQJF 是否吸起，2DQJ 是否转极。如果控制电路部分继电器动作不正常，应按动作逻辑关系式进行检查：AJ↑及 ZFJ↑（或 FCJ↑）→1DQJ↑→1DQJF ↑→2DQJ 转极。

② 当确定室内道岔控制电路动作正常后，应进一步观察 BHJ 是吸起后再落下，还是根本不吸起。

• 若 BHJ 根本不吸起，应检查组合侧面的 380 V 是否正常，熔断是否良好。若电源正常，但到分线盘测试时电源缺相（X1、X3、X4），则可能是 DBQ 到 1DQJ 及 1DQJF 的相应接点间断线，也可能是 DBQ 内部故障。

• 若在分线盘测试电源正常，则应到室外重点检查电动转辙机遮断开关及速动开关的接点接触情况。

• 如 BHJ 先吸起，然后又落下，说明三相负载部分良好，重点观察 BHJ 和 1DQJ 落下的先后顺序。若 BHJ 先落下，一般来说可能是 DBQ 不良，可换一台试试；若 BHJ 在 1DQJ 落下后再落下，则说明可能是 1DQJ 自闭电路有问题，包括 QDJ 是否在吸起状态。

（3）故障处理方法。

① 由定位向反位单操道岔，如能切断表示，说明 1DQJ 正常吸起，2DQJ 正常转极，再向回转换有定位表示后，在道岔的分线盘端子 X2 与 X1、X3、X4 之间分别测量电压，大约为 AC 57 V，DC 22 V。如 X2 与 X3 之间无电压，说明 X3 外线断线；若 X2 与 X4 之间无电压，说明 X4 外线断线。

② 由反位向定位单操道岔时，如能切断表示，说明 1DQJ 正常吸起，2DQJ 正常转极，再向回转换有反位表示后，在道岔的分线盘 X3 与 X1、X2、X5 之间分别测量电压，大约为 AC 57 V，DC 22 V。若 X3 与 X2 之间无电压，说明 X2 外线断线；若 X3 与 X5 之间无电压，说明 X5 外线断线。

③ 启动电路室外断线故障。

• 道岔在定位时：在电缆盒测 X2 与 X3（或 X2 与 X4）电压，如有电压，说明对应的电缆断线；如无电压，说明故障点在电缆盒端子与电机相对应的端子之间。

● 道岔在反位时：在电缆盒测 X3 与 X2（或 X3 与 X5）电压，如有电压，说明对应的电缆断线；如无电压，说明故障点在电缆盒端子与电机相对应的端子之间。

 知识拓展

1. S700K 型电动转辙机安装

（1）S700K 型电动转辙机与分动外锁闭的安装图（见图 4-32）。

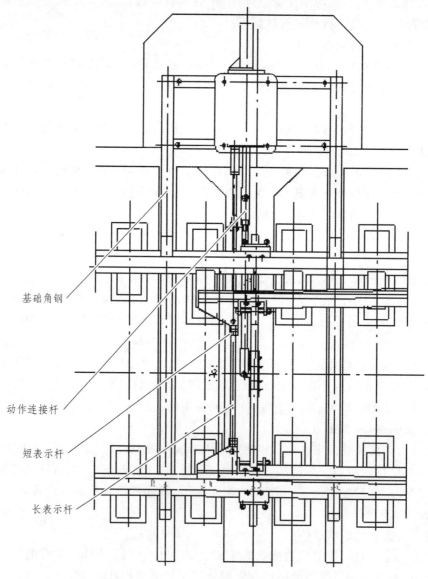

图 4-32　S700K 型电动转辙机与分动外锁闭安装图

（2）安装步骤。

① 钢轨钻孔。

检查道岔方正，是否达到安装要求。

按如图 4-32 所示尺寸分别对两侧钢轨进行测量：

先确定尖轨尖端处混凝土方枕的中心位置（固定螺栓孔中心），并标注在轨面上（A 点）；

以 A 点为基准，向岔前方向测量 265 mm，在轨面上标注（B 点），此点为前角钢安装孔位置；

以 B 点为基准，向岔后方向测量 1 153 mm，在轨面上标注（C 点），此点为后角钢安装孔位置；

以 A 点为基准，向岔后方向测量 360 mm，在轨面上标注（D 点），此点为锁闭框安装中心位置。

测量要平行于线路中心线，即在直股基本轨上测量，则顺着钢轨测量，在曲股基本轨上测量，则平行于直股基本轨测量。

用一块角形铁和锁闭框为模板分别在轨腰上标记钻孔的中心位置，并冲一钻孔号眼。

使用 Φ21 mm 的钻头依次对标记点进行钢轨钻孔。

一组道岔所有安装孔钻完后，应复检钻孔位置是否符合尺寸。

② 安装 S700K 型电动转辙机。

a. 材料加工。

螺栓头部加工。

由于尖端铁靠近尖轨尖端的安装螺栓头部所处空间（尖轨与基本轨之间缝隙）很小，因此螺栓头部应比标准螺栓头部薄（标准为 10 mm），如果厂家到货但没有进行特殊加工，则施工单位应在施工前将此处螺栓头部做加工处理，如图 4-33 所示。

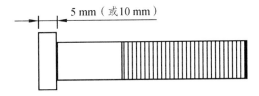

5 mm（或 10 mm）

图 4-33 螺栓头部特殊加工

长基础角钢加工。

长基础角钢与角形铁的连接孔加工位置应与道岔安装左、右侧（面向岔尖）保持一致，连接孔中心应在角钢安装水平面的中心轴线上，前后左右偏差均不得超过 1 mm。由于现场加工条件限制，为保证精度，可在订货时将加工尺寸提供给厂家，由厂家在生产时一并加工，但左、右侧及直线、曲线侧安装的数量必须事先统计清楚。

短基础角钢加工。

为了便于调整电动转辙机与外锁闭各杆件连接平顺，无别卡现象，电动转辙机应在顺线路方向有一定的调整空间，因此，需将短基础角钢上电动转辙机安装孔扩成长孔，如图 4-34 所示。

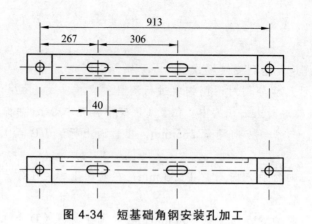

图 4-34　短基础角钢安装孔加工

b. 安装。

清扫整体道床基础角钢安装槽道及电动转辙机安装坑，无大块杂物。

将前、后长基础角钢穿入槽道内，将4块角形铁分别与钢轨连接，暂不拧紧连接螺栓，以便长基础角钢能够与角形铁顺利连接。

将长基础角钢与角形铁连接，中间加入绝缘垫板、绝缘管和钢垫板等，暂不拧紧连接螺栓，以便短基础角钢能够与长基础角钢顺利连接。

将短基础角钢与长基础角钢连接，注意电动转辙机安装孔的方向与电动转辙机安装左、右侧一致，若短角钢安装后角钢底部至地面的距离小于S700K型电动转辙机的4颗固定螺栓的长度，则应先将固定螺栓由短角钢底部向上穿过短角钢后，再将短角钢安装在长角钢上。暂不拧紧连接螺栓。

依次拧紧角形铁与钢轨连接螺栓、长基础角钢与角形铁连接螺栓、短基础角钢与长基础角钢连接螺栓，拧紧角形铁与钢轨连接螺栓时，注意角形铁应紧贴轨底上坡面，拧紧长基础角钢与角形铁连接螺栓时，应注意各垫板摆放顺序正确，绝缘管应充分套入角钢安装孔内，如图4-35所示。

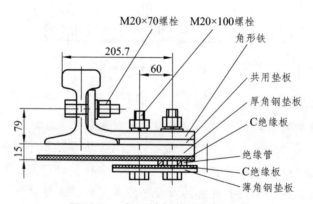

图 4-35　角形铁与基础角钢安装

将电动转辙机安装在短基础角钢上，此时可进行电动转辙机配线。

安装尖端铁。

尖端铁主要用于连接道岔的尖轨与长短表示杆。每组道岔的尖端铁有左、右两个，分别安装在左、右两侧尖轨上。尖轨上尖端铁的安装孔已在制造道岔时预制好，因此，在道岔铺设完成后即可安装。安装时注意薄、厚头部螺栓的安装位置正确。

将长、短表示杆连接到尖端铁上，表示杆另一端暂不连接到电动转辙机检测杆，可在调试过程中完成连接。

动作连接杆在分动外锁闭装置完成安装后将一端连接在锁闭杆上，另一端与电动转辙机动作杆在调试过程中完成连接。

③ 分动外锁闭安装。

a. 材料加工。

尖轨连接铁一颗安装螺栓与锁闭框一颗安装螺栓的头部在尖轨与基本轨之间缝隙中相抵触（见图 4-36），因此，也应在施工前将此处螺栓头部加工处理成 10 mm 的厚度。

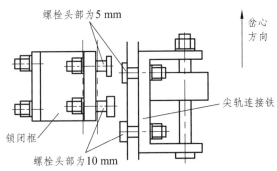

图 4-36　锁闭框与尖轨连接铁安装螺栓

b. 安装。

拆除道岔两侧尖轨的第 1、2、3 连接方钢。

将两侧的锁闭框和尖轨连接铁分别安装在两侧的基本轨和尖轨上，如图 4-37 所示，安装前需将安装侧的尖轨拨离基本轨。锁闭框安装螺栓应大约在锁闭框安装长孔的中心位置，并暂不拧紧，便于随后调整。

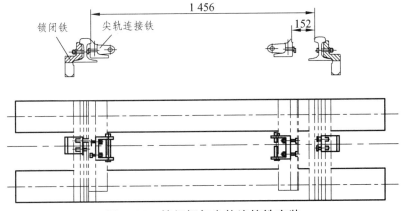

图 4-37　锁闭框与尖轨连接铁安装

将锁闭杆按图 4-38 所示位置装入锁闭框内。锁闭杆为两段式，中间为绝缘连接，先将两段进行中间连接，再穿入锁闭框内，调整锁闭框使锁闭杆在锁闭框内摆放平顺，不别卡。

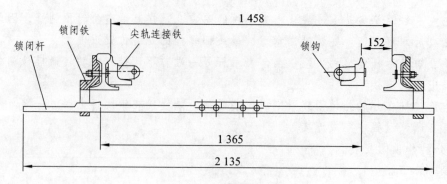

图 4-38　锁闭杆安装

将尖轨连接铁上销轴预先取出，注意保持销轴表面清洁。将即将安装锁钩的一侧尖轨拨离基本轨，取掉锁钩挡板最下方的对穿螺栓和套管后，将锁钩放在锁闭杆上，锁闭杆卡在两挡板中间，锁钩缺口卡在锁闭杆的凸起处，恢复挡板最下方的对穿螺栓和套管，如图4-39所示。安装过程中保持锁钩孔内清洁无异物，并使润滑油均匀。

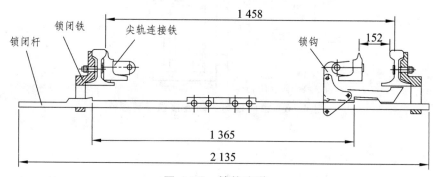

图 4-39　锁钩安装

拨动锁闭杆，当锁钩孔对上尖轨连接铁的销轴孔时，穿上销轴，销轴一端带上平垫、弹垫、M20 螺母并拧紧，传入开口销，见图 4-39。

将锁闭铁插入锁闭框方孔内，同时将固定螺栓一头钩住基本轨，另一头穿入锁闭框和锁闭铁安装孔内，带上平垫、弹垫和 M20 螺母，使固定螺栓和锁闭铁不松动，暂不拧紧，如图 4-40 所示。

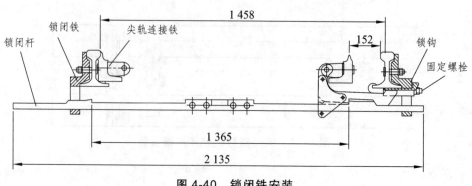

图 4-40　锁闭铁安装

撬动本侧尖轨，使尖轨与基本轨处于密贴状态，另一侧尖轨处于自开状态，用手托起锁钩，拨动锁闭杆至如图 4-41 所示的位置。

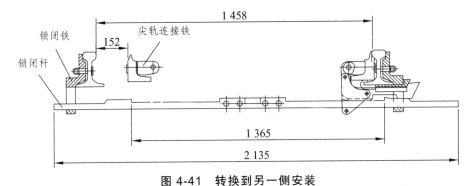

图 4-41 转换到另一侧安装

类似地，按照前述步骤安装另一侧锁钩、锁闭铁和固定螺栓，如图 4-42 所示。

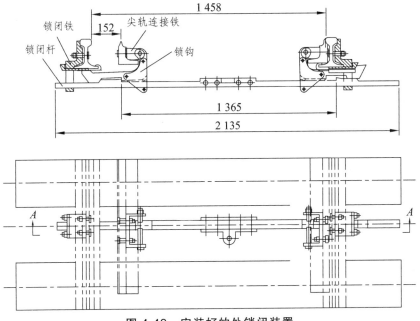

图 4-42 安装好的外锁闭装置

手摇电动转辙机使电动转辙机动作杆状态与道岔状态一致时，通过动作连接杆将锁闭杆与电动转辙机动作杆连接在一起。调整锁闭框使锁闭杆与电动转辙机动作杆平行，并且转换过程中锁闭杆平顺，不别卡，然后拧紧锁闭框与基本轨的固定螺栓。

④ S700K 型电动转辙机与分动外锁闭调试。

先使电动转辙机在手操状态下调整道岔的机械参数，使其符合要求，包括尖轨开口调整、尖轨密贴调整、转辙机表示缺口调整，然后使电动转辙机在电操状态下对道岔的机械参数进行复检和一致性检查。

a. 尖轨开口调整。

分动外锁闭装置要求尖轨在牵引点（锁闭杆中心轴线）处的动程为 152 mm，即道岔锁闭状态时斥离尖轨与基本轨在锁闭杆中心轴线处的开口距离。

首先通过调整动作连接杆与电动转辙机动作杆连接的活动接头，使两侧尖轨在道岔锁闭状态时的开口接近 152 mm，并且相差不超过 3 mm，然后检查道岔开口是否符合规定要求。若一侧开口大于要求值，可通过增加尖轨连接铁与尖轨间的调整片进行调整（见图 4-43）；反之，则通过减少尖轨连接铁与尖轨间的调整片进行调整，调整片的增减量一般与开口的需调整量相当。当本侧开口调整达到要求，转换道岔，以同样的方式进行另一侧开口的调整。两侧开口值在规定范围内应尽量一致。

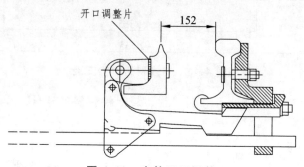

图 4-43 尖轨开口调整

b. 尖轨密贴调整。

通过逐步增减锁闭铁和锁闭框之间的密贴调整片来保证尖轨和基本轨密贴，如图 4-44 所示。若道岔锁闭状态时尖轨与基本轨有明显缝隙，可增加密贴调整片进行调整；若转换过程中尖轨与基本轨已经密贴，但道岔无法锁闭或明显感到锁闭非常吃力，说明密贴过紧，可减少密贴调整片进行调整。

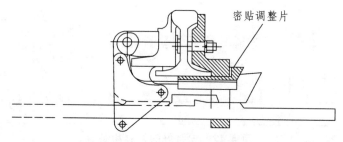

图 4-44 尖轨密贴调整

c. 电动转辙机表示缺口调整。

将长、短表示杆连接到电动转辙机检测杆上。将道岔转换为电动转辙机在伸出状态并且道岔锁闭时，通过调整长表示杆的伸缩量使电动转辙机内的指示标对准伸出检测杆的缺口中心（指示标距缺口两边有 1 mm 以上的空间）；将道岔转换为转辙机在缩入状态并且道岔锁闭时，通过调整短表示杆的伸缩量使转辙机内的指示标对准缩入检测杆的缺口中心。调整完成后，观察道岔在解锁和锁闭过程中速动开关组是否动作正常。

d. 电动转辙机通电试验及道岔一致性检查。

通电模拟电路。

在室内道岔控制电路没有达到使用条件时，要对道岔室外部分进行通电试验，可根据电动转辙机驱动原理自制一套模拟驱动电路。电路通过改变输入到电动转辙机的三相交流电的相序可使电动转辙机反复动作。

通电试验程序。

室内按照模拟电路将送电装置的三相输出接到每组道岔电动转辙机相应的三相端子上，其中需要转换的两相必须接在对应 W、V 线圈端子上，闸刀呈断开状态；N 相与电动转辙机 N 相直接连接。将电动转辙机与室内设备柜电路断开。

室内外将电话机挂在电话线上。

室外将电动转辙机遮断开关合上，接通电操启动电路。

室内外做好准备工作并互相联系确认后，室内将三刀双掷闸刀先向任意一侧合上，若道岔转动，则说明相位正确，转到下一步继续；若道岔不转动，则说明相位不正确，再将闸刀合向另一侧，道岔转动后转到下一步继续；若两侧均不转动，检查配线是否正确并重复本步骤。

进行道岔试验及检查时，室内人员应与室外人员保持联系，并注意保险及电缆线的状态，若有异常情况应及时断电，室外道岔若未转换到位则手摇到位。排除故障后重新进行检查。道岔转换到位后应将三刀双掷闸刀扳到中间双断位置，切断室内与电动转辙机之间的电源，以便进行下一步的表示一致性检查。

试验、检查完成后，将室外电动转辙机切断开关断开，室内将三刀双掷闸刀断开，配线架配线恢复。进行下一组道岔试验。

调试及检查内容。

道岔转动时室外人员注意检查电动转辙机动作、声音是否正常，道岔动作是否正常，是否有吃力、卡阻现象，道岔锁闭是否正常等。

对道岔进行 4 mm 不锁闭和 2 mm 锁闭检查，即道岔转换过程中，在牵引点处尖轨与基本轨密贴面之间插入 4 mm 厚铁板，道岔不得锁闭和接通表示；插入 2 mm 厚铁板，道岔能够锁闭和接通表示。若没有达到要求或多次试验时状态不稳定，则须对道岔密贴进行微调，直至多次试验状态均稳定。

道岔解锁及锁闭过程中观察速动开关组是否动作正常，道岔表示回路接通是否正常，并特别注意检查道岔室外状态与室内表示的一致性。

任务三　ZYJ7 型电液转辙机的维护检修

任务描述

电液转辙机是我国 20 世纪 80 年代出现的道岔转换设备，开始研制于 1968 年，从 1988 年开始批量生产。ZYJ7 型系列电液转辙机及其配套的安装装置与外锁闭器系统，是为了满足我国提速线路的需要而研制的新型道岔转换系统。它能转换、锁闭我国现有的各种规格、型号的内锁闭道岔，并能正确反映尖轨及可动心轨辙岔的位置和状态。

本任务主要是认知 ZYJ7 型电液转辙机的结构组件，熟悉 ZYJ7 型电液转辙机的日常维护内容及方法，学会其常见故障的处理和解决方法。

任务实施

一、认知 ZYJ7 型电液转辙机

ZYJ7 型电液转辙机由 ZYJ7 型主机（用于第一牵引点）和 SH6 型转换锁闭器（亦称副机，用于第二、三牵引点）组成。主机与副机共用一套动力系统，两者间用油管相连。其外形及结构如图 4-45 所示。

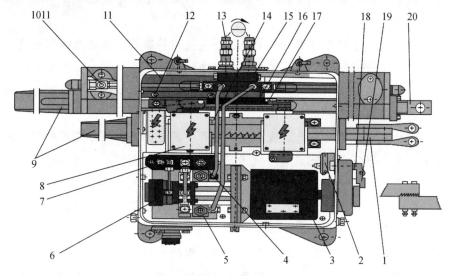

图 4-45 ZYJ7 转辙机结构

1—表示杆；2—安全接点；3—电机；4—注油孔；5—溢流阀；6—油泵；
7—油标；8—接点组；9—保护管；10—一动调节阀；11—油缸；
12—油杯；13—二动调节阀；14—锁闭柱；15—空动油缸；
16—动作板；17—滚轮；18—开关；
19—锁栓；20—动作杆

1. ZYJ7 型主机结构

ZYJ7 型电液转辙机的结构主要由动力机构、转换和锁闭机构、锁闭表示机构等组成。

（1）动力机构即电机、油泵组，其作用是将电能变为液压能。动力机构主要由油箱盖组、左右溢流板组、联轴器、油泵支架、电机、惯性轮组、安装底板、油箱磁钢组、油泵、油泵回油管（润滑油）组、溢流回油管组等组成。

三相交流 380 V 电机通过联轴器带动油泵顺时针或逆时针旋转，分别由上、下两侧高压油口输出油液。油通过门字形左、右油管，分别与空动缸两侧相连，通往空动缸、主副机油缸。

（2）转换锁闭机构的作用是转换并锁闭动作杆在定位或反位位置。动作杆锁闭后能承受 100 kN 的轴向锁闭力。它主要由油缸、动作杆组、锁闭铁等零件组成。

液压油带动油缸向左或向右动作，带动动作杆左右移动。油缸上推板将动作杆锁在定或反位位置。

（3）表示锁闭机构的作用是正确反应尖轨位置。锁闭杆锁闭后，能承受 30 kN 以上的轴向力。它主要包括接点组、锁（表示杆）闭杆等零部件。

（4）手动安全机构的作用是手摇电机扳动道岔时，可靠切断启动电源后，才能够插入手摇把，且非经人工恢复，不能接通电机启动电源。

2. SH6 转换锁闭器的构造及部件名称（见图 4-46）

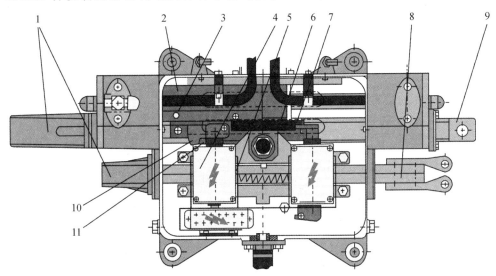

图 4-46　SH6 转换锁闭器的构造

1—保护管；2—油缸；3—油杯；4—挤脱接点组；5—检查柱；6—动作板；
7—滚轮；8—表示杆；9—动作杆；10—锁块；11—锁闭铁

（1）转换锁闭机构与主机相同。

（2）挤脱表示机构的作用是正确反应牵引点处尖轨状态，并且有挤岔端表示功能，出厂时动作杆轴向挤脱力调至 27.4 ~ 30.4 kN。挤脱表示机构由挤脱接点组、表示杆等组成。

3. 外锁闭装置的构造及部件名称

道岔按锁闭方式可分为内锁闭和外锁闭。

内锁闭：当道岔由转辙机带动转换至某个特定位置后，在转辙机内部进行锁闭，由转辙机动作杆经外部杆件道岔实现位置固定。它不能适应提速的需要，满足不了安全及速度的要求。

外锁闭：当道岔由转辙机带动转换至某个特定位置后，通过本身所依附的锁闭装置，直接把尖轨与基本轨或心轨与翼轨密贴夹紧并固定。外锁闭尖轨与基本轨密贴处实行锁闭，力量大，安全系数高。

（1）钩锁式外锁闭装置的构造。

钩锁式外锁闭装置属于垂直锁闭方式，它提高了锁闭结构的强度，使安全程度大大提高。钩型外锁闭装置受力结构合理，能较好地适应道岔尖轨的拱腰、翻背和吊板等不良状态，锁闭可靠；其锁闭框采用新型结构，改进了零部件的加工工艺，提高了产品的质量和可靠性。外锁闭安装、调整方便，且尖轨的密贴调整不影响道岔开口。图 4-47 所示为钩锁式外锁闭装置结构图，图 4-48 所示为尖轨外锁闭装置实物图。

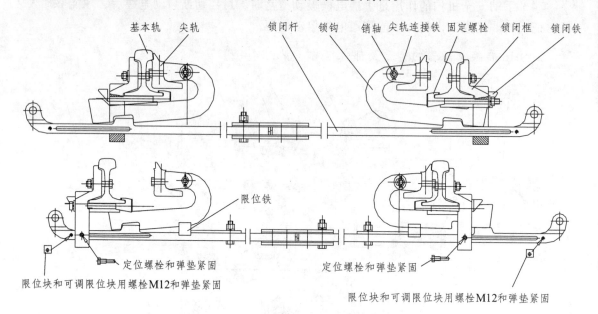

图 4-47　外锁闭装置构造示意图

图 4-48　尖轨外锁闭装置实物

（2）可动心轨外锁闭装置。

可动心轨外锁闭装置由锁闭杆、锁钩、锁闭框、锁闭铁组成，如图 4-49 所示。其工作过程分为解锁、转换、锁闭三个阶段。由于其结构简单，安装方便，动作灵活，4 mm 不锁闭容易实现。可动心轨外锁闭装置取消了道岔 Y 形接头拉板，解决了拉板松动的问题，心轨可以在锁钩在槽内自由伸缩，使心轨的爬行不影响外锁闭装置的锁闭，但锁钩较长，对生产工艺要求较高。

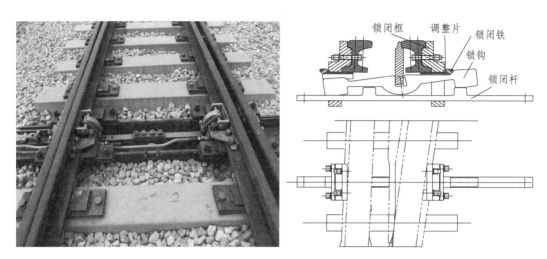

图 4-49　心轨外锁闭装置

二、ZYJ7 型电液转辙机的维护、检修内容、标准及方法

1. ZYJ7 型电液转辙机的日常维护内容

（1）设备无外界干扰和异状，斥离轨和基本轨之间无异物，各部绝缘无破损。

（2）道岔密贴状态良好，尖轨、基本轨、心轨和翼轨的竖边部分无飞边，与滑床板接触良好，无吊板现象。滑床板舌铁不窜动，基本轨顶铁与尖轨间隙安装良好，无顶死现象。

（3）检查转换设备及安装外锁的紧固件、开口销、连接销、连接轴压板，锁闭杆、表示杆防松螺母，紧固良好，无松动，各滑动面和连接销处应注油。

（4）油路系统各密封部无渗油现象，机内清洁，观察整机在转换过程中无异声，检查锁闭杆、表示杆缺口是否符合要求，道岔开口应正确，无反弹、卡阻，表示良好，油量、油压应符合标准，动静接点二机油缸防尘板安装牢固。

（5）ZYJ7 型电液转辙机和 SH6 型转换锁闭器应在下列部位注入航空润滑油脂：锁块与推板之间、锁块与锁闭铁之间、滚轮与动作板和速动片之间。

（6）检查第一、第二牵引点之间的油管连接应顺直，接头密封紧固不漏油，油管固定牢固，在两端出入处防护良好，不与钢铁件棱角相磨，且不应因列车通过上、下振动而受力。

（7）检查机内配线，连接有无松动，遮断器是否灵活，机盖密封是否良好，并更换锈蚀易损件。

（8）惯性轮作用良好。

2. 集中检修重点内容、方法及标准

（1）ZYJ7 型电液转辙机机外部分。

① 外锁闭框及钩锁。

a. 应定期油润并保持清洁。

锁钩解锁是利用自身重力绕钩轴落下来实现的，如果钩锁、锁框、钩轴等活动部位不油润或清洁（如钩框间有沙粒等），刚钩锁落下的阻力矩就增大，锁钩下落不到位，易造成钩锁不落槽，道岔不解锁的故障，日常养护时应保证每星期对各活动部位清扫加油两次及雨后迅速补加油，以保证钩锁顺利解锁及减少附加转换阻力。

锁钩调整过紧会使道岔锁闭和解锁过程更加困难，易造成不锁闭或不解锁的故障。密贴过松会造成岔尖与基本轨有 4 mm 的间隙，道岔仍能给出表示，使机械锁闭失效，同时因密贴过松使带动板与滚轮间隙减少，有可能在工作中断开道岔表示。

b. 调整量。

锁钩不能太紧或太松，必须有活动余量，过死易造成道岔不能正常解锁，解锁阻力过大；锁钩太活，容易造成道岔假密贴。钩锁框与锁钩斜面间隙为 0~0.2 mm。

② 限位块。

限位块《维规》规定为 0~3 mm，实际控制标准常为 0~1 mm，检修中应注意此项。

③ 各杆件。

a. 由于道岔是通过独立的长、短表示杆与机内的定反位内表示杆连接的，在安装杆件或调试道岔缺口时，紧固外长表示杆很容易造成相应的内表示杆水平翻转，使本应在垂直方向基本密贴的两内表示杆在上端或下端出现张口，在道岔转换时出现内表示杆与电液转辙机机体方孔套磨卡，增加了附加转换阻力。基地测试的数据表明此张口会使动作压力增加 1 MPa 左右或转换不到底，造成设备故障，可见影响之大。现场调试时应控制张口不大于 0.5 mm，用扳手卡住外表示杆与尖轨连接处向水平翻转的反方向用力，即可消除张口。

b. 确保锁闭框与锁闭杆不磨卡。

锁闭框与锁闭杆磨卡，道岔转换阻力就要增大，要保证不磨卡，就必须保证两基本轨锁闭框中线与外锁闭杆的中线在垂直方向重合，否则在电液转辙机的动力作用下就会使两基本轨锁闭框与外锁闭杆侧边磨卡，道岔附加转换阻力急剧加大，使道岔不能正常转换。观察道岔转换过程中锁闭框与外锁闭杆是否磨卡，若发现磨卡，就应松开两边锁闭框固定螺栓，来回操纵几遍道岔，利用外锁闭杆来回动作纠正锁闭框位置，再人工微调锁闭框位置，确保道岔转换过程中锁闭框与外锁闭杆不磨卡。另外，道岔转换过程尖轨绕根部做扇形运动，如果电液转辙机内动作杆与外锁动作杆连接过紧不能活动，在转换过程中外锁动作杆不能适应扇形运动就必然造成转换过程中锁闭框与锁闭杆磨卡，使道岔转换阻力增大，易造成道岔转换不到位的故障。

c. 道岔安装不方正（或有位移），调整强度过大会造成解锁困难或不能解锁。

④ 定位螺栓。

定位螺栓如图 4-50 所示。检修中必须保证定位螺栓紧固，若定位螺栓松动，则会造成锁闭杆窜动移位、脱落，导致锁钩跳动，不能正常锁闭。

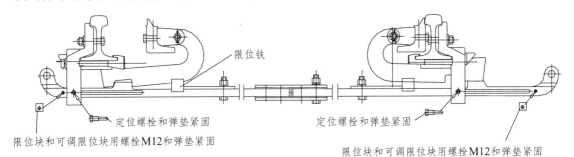

图 4-50　定位螺栓

（2）ZYJ7 型电液转辙机机内部分。

① 惯性轮。

惯性轮的作用是电转机转换到位后防止电机倒转。电机为什么会倒转？电机正转时油泵向动作定位油缸一端输送液压油，当动作油缸到位后，动接点切断启动电路，这时进入油管的液压油依然处于高压状态下，电机突然停转，液压油要返回油箱，在返回油箱的途中要经过油泵推动油泵反转，然后油泵带动电机反转，就在这时正转的惯性轮应缓速解锁阻止电机反转停下。因此，如果惯性轮缺油或卡死，就不能阻止电机反转，惯性轮也跟随反转，其惯性使定位一侧液压油向反位油缸输送，造成油缸后退，这就是由于惯性轮缺油导致的作用不良。造成掉表示的原因有两个：一是惯性轮卡阻；二是惯性轮轴芯缺油。

惯性轮应动作灵活，检测方法：用手拨动惯性轮，惯性轮有三圈以上空转，这是正常现象；若惯性轮跟随电动机转子转动属卡阻现象，应按周期进行注油。

② 锁闭铁锁闭间隙为 0。

因为内锁闭铁与锁块有间隙，造成密贴轨反弹，掉表示，若发现电液转辙机内锁有间隙，要及时调整。

调整方法如下：松开锁闭杆齿条连接铁，将动作杆向机内推动调整为零。

③ 油标尺。

液压油应保证处于油标上限。

④ 防止油缸导杆两头光六角 M20 螺帽松动。

油缸导杆两头光六角 M20 螺帽一旦松动，就会造成机内速动板偏移，速动板偏移后会挤掉速动板与速动滚轮 2 mm 的间隙，最后将速动滚轮托起断开表示。

⑤ 油路。

电液转辙机在正常工作时，一般情况对小漏油现象不易观察、判断。小漏油的故障判断方法：把正常转换的道岔夹上 4 mm 故障试验铁板，这时油压就会升高到 11～12 MPa，再去查找漏油现象，判断重点是各部接头、油泵螺丝和连接油管等。如果是漏油就不难发现，若漏油，应采取措施，拧紧各部螺丝。紧固各接口件时，切忌用 300 mm 的活口扳手，应用单头扳手来紧固，而且力度应适中。

⑥ 调整主、副机动作同步。

ZYJ7 型电液转辙机为提速道岔主机，副机为 SH6 锁闭器，副机的动力靠主机油管向副机供油，油量供应的大小靠调整主机的油量调节阀调整，当主机和副机油量供应不平衡时，会出现主机和副机不同步现象，有时造成道岔操作不到位的故障。

解决方法：先将油量调节阀调到底，再调上来 4~5 圈，然后进行现场操纵试验确认，基本上可以解决主机和副机不同步的问题。

⑦ 利用计算机监测记录的道岔转换时间变化来监督动作压力变化。

如果道岔阻力过大，ZYJ7 电液转辙机需提供的动作压力就需相应地增大，就必然造成道岔转换时间增长。因此，通过计算机监测查看 1DQJ 的吸起、落下时间能间接反映电液转辙机动作压力的情况，此时间为道岔转换时间与 1DQJ 缓放时间（标准为 0.45 s）之和，经现场模拟增加道岔阻力来测试道岔的动作压力与道岔转换时间大概对应关系如表 4-6 所示。

表 4-6　动作压力与转换时间对应关系

动作压力/MPa	5	6	7.5	8.3	9	10	11.1	12
转换时间/s	8.3	8.7	9.1	9.3	9.4	11	12.4	13

大量试验测试发现，当道岔动作压力小于 5.5 MPa 时，道岔转换时间都小于 9 s，通过每天定期查看道岔转换 1DQJ 吸起、落下时间，就能反映出道岔状态，1DQJ 吸起、落下时间超过 9 s 就要对道岔进行检查，不用接压力表测试，就能基本实时反映道岔状态。

⑧ 将道岔动作压力和道岔转换时间纳入电气特性管理，并建立台账。车间组织检修工区利用每次检修道岔测试的动作压力数据和值班工区分析计算机监测记录的数据，建立每组道岔的动作压力、道岔转换时间台账，通过分析这些数据能掌握道岔状态的变化过程，用于指导道岔维修。在配合工务作业时，应注意测量通过道岔转辙部分后的动作压力数据，充分利用计算机监测，查看道岔的转换时间及动作曲线，以便及时发现道岔转动状态变化的情况。

⑨ 加强车、工、电联劳协作。利用计算机监测，对道岔动作曲线进行统计分析，当发现道岔动作曲线有异状，要及时对道岔各部进行检查，消除各部不正常的转换阻力，并定期检查道岔的几何尺寸。若发现问题，应及时联整，以防止道岔固有转换阻力超限。日常工作中应经常注意保持滑床板油润，以减少道岔附加转换阻力。

（3）ZYJ7 型电液转辙机的内控技术标准。

① 型号：ZYJ7-B220+140/1810+4070 表示第一牵引点动程 220 mm，第二牵引点动程 140 mm，第一牵引点转换力 1 810 N，第二牵引点转换力 4 070 N。

② 开程：60 kg、12 号提速道岔第一牵引点开程（160±3）mm，第二牵引点开程（75±3）mm。

③ 缺口：ZYJ7 型电液转辙机锁闭柱缺口两侧间隙为（2±0.5）mm，第二牵引点为（5±0.5）mm，调上限。

④ ZYJ7 型电液转辙机限位铁间隙：0~1 mm。

⑤ ZYJ7 型电液转辙机油压：动作压力不大于 9.5 MPa，溢流压力不大于 12.5 MPa。

⑥ SH6 转换锁闭器：钩锁框与锁钩斜面间隙为 0 ~ 0.5 mm。

⑦ 密贴：第一牵引点不大于 0.5 mm，第二牵引点不大于 1 mm。

三、ZYJ7 型电液转辙机的日常故障判断处理

ZYJ7 型电液转辙机故障类型可分为机械故障、油路故障、电气故障。

1. ZYJ7 型电液转辙机故障处理流程（见图 4-51）

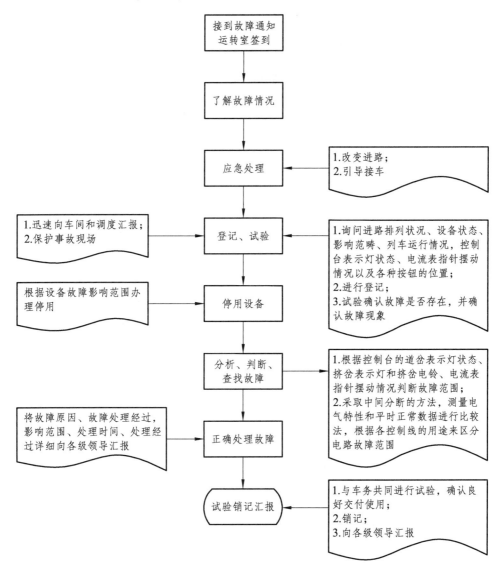

图 4-51 ZYJ7 型电液转辙机故障处理流程

2. 常见故障判断及处理方法

（1）电机正常转动，油缸不动作。

油箱严重缺油，应用专用注油器注入 YH-10# 航空液压油。

（2）油缸动作但不到位。

① 油箱缺油，应注入 YH-10 # 航空液压油。

② 如果尖轨已密贴，则是：

* 机械卡阻，应去掉卡阻物。

* 外锁闭器未调整好，应调整外锁闭器。

③ 如果尖轨没有密贴，则是：

* 机械或外锁闭器及道岔有卡阻物，应调整或去除卡阻物。

* 电液转辙机溢流压力低，调整至标准值。

ZYJ7 型电液转辙机的动作压力不大于 9 MPa，第一牵引点的溢流压力调整至 11～12 MPa，第二牵引点（心轨）的溢流压力调整至 9～10 MPa。

* 道岔转换阻力超标，应与工务进行整治道岔。

（3）油缸到位，接点不转接。

① 锁闭柱或检查柱落不到锁闭杆或表示杆缺口内，应采取的措施：根据到位的尖轨与基本轨的间隙，增减锁闭铁与锁闭框的调整垫片；调整安装装置的长、短表示杆，使密贴轨（尖轨、心轨第一牵引点）的锁闭柱与锁闭杆缺口间隙为（2±0.5）mm，密贴轨（尖轨第二牵引点）的检查栓与表示杆的缺口间隙为（4±1.5）mm。

手摇道岔往复动作，检查缺口无误，道岔开口正确，定、反位密贴良好后，拔出手摇把，合上遮断器。电操道岔试验。

② 锁闭柱或检查柱在固定座内动作不灵活，应调整注油。

（4）油缸到位，反弹断表示。

① 要确认油路系统是否有气，处理可按下述方法进行。

用专用注油器将 YH-10 # 航空液压油由注油孔注入油箱至油标上限，打开遮断器用手摇把使手摇电液转辙机转换数次，排掉系统中的空气（排气方法：松开油标螺栓，在手摇电机时反复数次松紧溢流阀，使空气从油箱中排出），同时检查油箱内油量，补至油标上限。

② 判定惯性轮是否失效的方法：使电机轴不转动，转动惯性轮检查是否锈蚀。可从弹簧孔处适量滴润滑油防止生锈。

③ 每日必须对电液道岔进行一次单操实验，消除油缸窜动而造成的断表示。

（5）挤脱的判断与恢复。

① 判断。

* 挤脱后 SH6 转换锁闭器应可靠切断表示电路。

* 锁闭铁横向移动处于不对称状态，可加标记线，挤脱后便于判断。

* 挤脱后，锁闭铁横向移动使挤脱块上移 3 mm。

② 恢复。

* 手摇转辙机至道岔四开位置，使动作杆不受力。

* 打开铅封，松开调整螺母，注意不必拿下，只要使弹簧不受力即可（挤脱力为 27.4～30.4 N，使用的碟簧片为环形碟簧片，24 片，5 套对装）。

- 用小棍或螺丝刀拨动副机锁闭铁至原位，使挤脱块落下后，拧紧调整螺母到原位即可。

- 经挤脱后，应对安装、外锁及电液转辙机检查确认后，方可投入正式使用，按规定提速道岔不允许挤岔。

（6）电动操作正常，手摇电液转辙机不动。

油缸内泄造成的。厂家更换油缸后恢复。检修道岔时要手摇试验。

（7）电机惯性轮轴向窜动。

电机轴惯性轮花键卡子折断。更换花键卡子。

（8）电液转辙机油路故障处理。

当电机和油泵都已启动，油路中压力没上升或上升很小，达不到带动油缸动作的压力，致使油缸不动作或动作不到位，有时还发生油缸动作时很慢，有颤抖现象的，一般就是油路故障。判断油路故障可以通过"听""看""测"等方法查找。也就是听油泵启动声音是否正常，看油路中压力是否达到规定要求，测油箱中油量的多少。待查明原因后即用"敲""调""加""放""换"等方法予以处理。

① 敲：敲打油路中的单向阀、短路阀有无堵塞不严处（如若有异常或毛刺，经敲打就可处理）。

② 调：调整油路中的油压在规定范围之内。

③ 加：加足液压油至规定油标高度。

④ 放：放掉油路中掺入的气泡。

⑤ 换：更换不良的 O 形密封圈等方法来处理这些油路故障。

（9）其他常见油路故障处理。

① 油泵转动正常，油路中压力变化不大，反方向压力表有所升高，这很可能是电机三相电源相位错误。

② 压力表压力稍有升高，但升高幅值太小。这种情况原因可能有：溢流压力调得过低或溢流阀固定螺母没固定，振动变松，短路阀关闭不严，构成了回流，单向阀处可能有毛刺杂质等，将阀堵顶起造成关闭不严，溢流阀芯关闭不严或下端的 O 形圈密封不良；油箱内油量不足。

③ 压力表压力虽已升高，表针颤动，油缸动作不平稳，这种情况大多是油路掺入空气太多（注油时造成），产生了气泡，造成油压不稳和噪声。

3. 故障处理观察要点

道岔发生故障后，首先反映在控制台上。控制台上的道岔位置表示灯、挤岔表示灯和挤岔电铃能准确地反映道岔位置状态。通过观察电流表指针摆动情况，可以监督道岔转换过程中的动作状况。

例如，道岔在定位时，控制台定位表示灯突然熄灭，但经 30 s 后挤岔表示灯没亮，挤岔电铃没响，这就说明真正反映道岔位置的表示继电器并没有落下。故障只是在定位表示灯或表示灯电路。

欲操纵道岔至反位，按下 CA 和 ZFA 后，如果道岔定位表示灯不灭，则说明 1DQJ 没吸起；如果道岔总反位表示灯也不亮，说明 ZFJ 也没吸起，KF-ZFJ 条件电源没送出（1DQJ 因此才不吸）；如果道岔总反位表示灯黄灯亮，则说明是 1DQJ 励磁电路或继电器本身故障。具体如下：

（1）按下 CA 和 ZFA 后道岔不转换。当按下此两按钮后，定位表示灯不灭，则说明 1DQJ 没吸，这时若 ZFA 表示灯不亮或 CAJ 不吸，则是 ZFA 或 CAJ 故障。定位表示灯熄灭，可说明 1DQJ 已吸起，而后松开按钮该表示灯又亮，则说明 2DQJ 没转极。松开按钮该表示灯不亮，则说明 2DQJ 已转极，这时道岔仍不转换，可先在室内查找启动电源是否送出（包括相位是否正确），断相保护器 DBQ 和保护继电器 BHJ 是否工作正常。室外则应查找电缆是否断、混线，电液转辙机内各启动接点及电机绕组线圈等。

（2）按下 CA 和 ZFA 后道岔不能转换到底，没表示。这种现象应首先在室内确认电流表指针是否动作。如指针已瞬间摆动，但很快回零，则说明室内器材动作和电源供出均正常。再顺序查找电机是否动作，如不动，就很可能是室外电缆断、混线，电液转辙机内启动电路断、混线等。

如果电流表摆动后没回零，而停在 1~2 A，则要进一步查找：电动机有"嗡嗡"声响但不转动，则可能是三相电源相位错误；若电动机转动正常，道岔不动作，则说明可能是油路故障（包括油泵故障、油箱中油量不足、短路阀关闭不良、单向阀堵塞不严、溢流阀压力调整不当等）。

🔍 知识拓展

1. ZYJ7 型电液转辙机的安装

（1）ZYJ7 型电液转辙机安装程序。

安装一牵和二牵转辙设备托板→托板安装螺丝不能一次紧到位→转辙设备安装到位后调整平直→紧固安装各部螺丝。

外锁装置的安装：安装一牵和二牵的锁闭框，锁闭框要安装垂直成一线→将锁闭杆两头的限位铁拆下→将锁闭杆插入锁闭框内→安装尖轨连接铁→将尖轨拨向密贴，尖轨密贴→将锁闭杆向密贴反方向窜动挂上锁钩→将尖轨拨向另一方向密贴，尖轨密贴→将锁闭杆向密贴反方向窜动挂上锁钩插入锁铁→安装钩头螺栓→紧固锁闭杆防跳螺栓→装限位铁→连接锁闭杆与动作杆齿条连接铁→安装锁钩挡铁→连接表示杆。

（2）安装注意事项。

在装锁闭杆与动作杆连接铁前将齿条前端留 9 齿，这样便于道岔开口调整，使定、反位一牵开口都处于 160 mm 左右，二牵开口都处于 75 mm 左右。

各部安装完成后要对螺栓全面紧固，连接油管，查看油箱油量，摇动电液转辙机，排出溢流空气，调整密贴，调整限位铁，调整表示缺口，观察正常动作油压，测故障油压。

练习思考

（1）转辙机的作用是什么？

（2）简述 ZD6-A 型转辙机的结构组成。

（3）简述 ZD6-A 型转辙机各部件的作用。

（4）电动机在电动转辙机中起什么作用？如何使它正、反转？

（5）简述行星传动式减速器的结构和减速原理。

（6）ZD6 型电动转辙机如何传动？如何对道岔起到转换、锁闭作用？

（7）ZD6 型电动转辙机的自动开闭器由哪些部件组成？如何实现速动？

（8）简述自动开闭器的动作原理。其接点如何编号？如何动作？

（9）表示杆有哪些作用？在正常和挤岔时如何动作？如何调整表示杆缺口？

（10）摩擦联结器有何作用？如何发挥这些作用？

（11）ZD6 型电动转辙机的挤岔装置由哪些零件组成？它们如何反映挤岔情况？

（12）简述 ZD6-A 型电动转辙机的整体动作过程。

（13）转辙机有何作用？如何分类？

（14）每组道岔设一台转辙机的说法对吗？为什么？

（15）ZD6 系列转辙机主要有哪些型号？各有什么特点？用于何处？

（16）ZD6 型电动转辙机如何安装？何为正装和反装？

（17）什么情况下定位 1、3 排接点接通？什么情况下定位 2、4 排接点接通？举例说明。

（18）ZD6 型电动转辙机日常巡视项目有哪些？

（19）简述 ZD6 型电动转辙机道岔天窗内检修作业程序。

（20）简述 ZD6 型电动转辙机道岔天窗内检修作业的质量标准。

（21）简述 ZD6 型电动转辙机道岔天窗外检修内容及质量标准。

（22）如何进行道岔密贴调整？

（23）如何进行道岔表示杆缺口及连接杆调整？

（24）S700K 型电动转辙机有何特点？

（25）简述 S700K 型电动转辙机的结构组成。

（26）简述 S700K 型电动转辙机的动作原理。

（27）S700K 电动转辙机的保养措施有哪些？

（28）S700K 电动转辙机不动作可能的原因有哪些？如何处理？

（29）S700K 电动转辙机转换到位后无表示，可能的原因有哪些？如何处理？

（30）简述 ZYJ7 型电液转辙机的结构组成。

（31）简述 ZYJ7 型电液转辙机的动作原理。

（32）ZYJ7 型电液转辙机是否一定要和 SH6 型转换锁闭器配套使用？为什么？

（33）道岔有哪几种锁闭方式？比较其优缺点。

（34）提速道岔要采用何种锁闭方式？为什么？

（35）简述钩式外锁闭装置的结构和动作原理。

（36）简述 ZYJ7 型电液转辙机的日常维护内容。

（37）如何调整 ZYJ7 型电液转辙机主副机动作同步？

（38）画出 ZYJ7 型电液转辙机故障处理流程图。

（39）举例说明 ZYJ7 型电液转辙机故障处理的观察要点。

项目五　室内基础设备维护检修

项目概述

铁路信号系统是铁路"信号、联锁、闭塞"的总称，是由各类信号显示设备、轨道电路、道岔转辙装置等室外设备和控制、联锁、电源等室内设备及其他有关附属设施构成的一个完整的体系，其主要功能是传递行车信息，保证铁路行车安全，提高运输组织效率，改善职工工作环境。

铁路信号设备是铁路运输的主要技术装备之一。为了保证行车安全，需要在有关信号机和道岔之间、信号机和信号机之间建立起一种互相联系、互相制约关系，把这种相互制约的关系叫作联锁关系，简称联锁。为实现联锁关系而安装的技术设备叫联锁设备，常用的联锁设备有 6502 电气集中联锁和计算机联锁两类。

本项目主要针对铁路信号室内基础设备——控制台、电源屏、组合柜、分线柜等设备的结构、操作、日常维护和检修进行理实一体化教学，通过对设备的认知、使用、维护检修等多项任务，使学生在动手的过程中掌握相关知识点，并通过模拟现场的维护维修场景，让学生掌握铁路信号室内基础设备的检修程序及维护规则。

教学目标

（1）控制台的认知及操作。
（2）信号电源屏的认知及维护检修。
（3）组合及组合柜的认知。
（4）分线柜的认知。

任务一　控制台维护检修

任务描述

控制台是铁路信号系统的人机交互界面；是车站值班员集中控制和监督全站的信号机、转辙机和轨道电路，指挥列车运行和调车作业的控制设备；也是实时表示各类信号设备运用状态及故障报警的显示设备。

铁路信号控制台有 6502 控制台和计算机联锁控制台两类，本任务主要是认知这两类控制台的结构组件，熟悉其使用操作及日常维护流程，学会控制台常见故障的处理方法。

一、6502 控制台的认知、操作及维护检修

6502 控制台设于车站值班员室，结构为单元拼装式。它是车站值班员集中控制和监督全站道岔、进路和信号机，指挥列车运行和调车作业的控制中心，也是信号维修人员分析判断控制系统故障范围的辅助设备。

6502 电气集中控制台由台体、控制台盘面、工作台面和内部配线、端子板、熔断器及报警电铃组成。台体是控制台的框架，控制台盘面位于台体上部，工作台面设在台体中部，供车站值班员使用；配线、端子板、熔断器及报警电铃设在台体下部内部。单元控制台实物如图 5-1 所示。

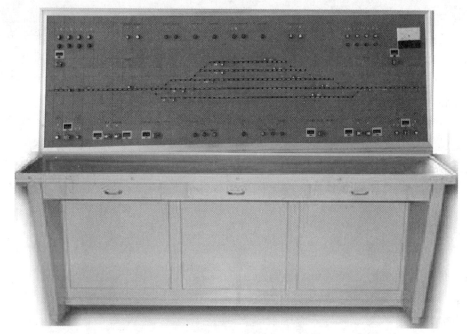

图 5-1 单元控制台

1. 认知控制台盘面

控制台盘面位于台体上部的正面，由各种标准单元块拼装成室外站场的模拟形状，盘面上还设有各种用途的按钮、表示灯、计数器单元块和电流表等器件。控制台的盘面是按照每个车站站场的实际情况布置的，由条型光带表示灯模拟出站场形状，模拟的线路、接发车方向、道岔和信号机位置均与室外站场实际位置相对应。

（1）各种用途的按钮。

① 进路按钮。

在控制台的站场模拟线路上，可以作进路起点和终点的位置均设有按钮，这些按钮称为进路按钮。进路按钮又分为列车进路按钮和调车进路按钮两种，分别用于办理列车进路和调车进路。进路按钮均为二位自复式带灯按钮，为了便于区别，列车进路按钮为绿色，

装设在线路之上；调车进路按钮为白色，装设在线路旁。进路按钮如图5-2所示。

　　在进路排列过程中，始、终端按钮内的表示灯闪光，当进路锁闭时，始端表示灯改亮稳定灯光，直至信号机开放时灭灯。一般的进路按钮按照操纵顺序的先后，既可作始端按钮，又可作终端按钮。始端按钮除用来排列进路外，当重复开放信号机、取消进路和人工解锁时也需要使用。

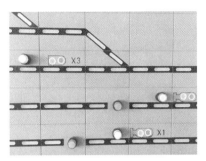

图 5-2　进路按钮

　　② 道岔单独操纵按钮。

　　当办理引导接车、清扫和试验道岔及检修转辙机等作业时，需要对道岔进行单独操作。不论单动道岔还是双动道岔，都设一个道岔单独操纵按钮。为了防止误碰按钮造成道岔错误转换，道岔单独操纵采用双按钮制。按下每组道岔的道岔单独操纵按钮外，还要同时按下本咽喉区的道岔总定位按钮或者道岔总反位按钮。

　　每组道岔均设有道岔单独操纵按钮和单独锁闭按钮各一个。道岔总定位按钮和道岔总反位按钮每个咽喉区各设一个，采用二位自复式按钮。

　　③ 总取消按钮和总人工解锁按钮。

　　总取消按钮采用二位自复式按钮，总人工解锁按钮采用二位自复式带铅封按钮，每个咽喉区设一个。取消进路时，要同时按下总取消按钮和进路始端按钮；人工解锁时，也要同时按下总人工解锁按钮和进路始端按钮。在办理取消进路或人工解锁时，按钮上方的红色表示灯点亮，以示提醒。总取消按钮和总人工解锁按钮及其表示灯如图5-3所示。

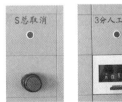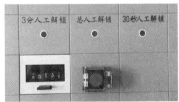

图 5-3　总取消按钮和总人工解锁按钮

　　④ 引导按钮和引导总锁闭按钮。

　　引导按钮和引导总锁闭按钮用于办理引导接车进路和开放引导信号。每架进站信号机设有一个带铅封的二位自复式引导按钮；每个咽喉区设有一个带铅封的二位非自复式引导总锁闭按钮。

　　在不能按正常方式开放进站信号机时，可采用单操道岔方式准备进路，并用接通光带按钮来检查进路是否正确，再按下引导信号按钮，则引导信号开放，光带显示进路开通位置。在不能按正常引导方式开放引导信号时，要实行全咽喉道岔总锁闭，此时应先按下引导总锁闭按钮，再按下引导信号按钮。引导按钮和引导总锁闭按钮如图5-4所示。

图 5-4 引导按钮和引导总锁闭按钮

⑤ 其他用途按钮。

在控制台上还设有切断挤岔电铃按钮，主、副电源切换按钮，表示灯调压按钮，接通光带按钮，接通道岔表示按钮等其他用途的按钮。

切断挤岔电铃按钮为二位非自复式按钮。当道岔失去表示时，控制台内响铃，相应的挤岔表示灯点红灯，此时，车站值班员应及时通知信号人员进行维修，为避免噪声，按下此按钮，电铃停止鸣响，表示灯仍点红灯。当道岔故障排除后，表示灯红灯灭，挤岔电铃再度鸣响，值班员将此按钮复位，电铃停止鸣响。

电源切换按钮是使用主电源或副电源的切换按钮，为二位非自复式按钮。按钮弹出时，表示灯亮绿灯，表示在使用主电源；按下时，表示灯亮白灯表示在使用副电源。

表示灯调压按钮的作用是调整控制台盘面上各种表示灯的亮度，为二位非自复式按钮。按钮弹出时，调压表示灯绿灯亮，表示在使用昼间电压；按下时，调压表示灯白灯亮，表示在使用夜间电压。

（2）各种用途的表示灯。

控制台作为监督设备，装设有各种用途的表示灯，主要有进路表示灯、信号复示器、道岔位置表示灯、排列进路表示灯及其他各种监督表示灯。

道岔单独锁闭表示灯设在按钮之内；进路表示灯用光带的形式设在模拟站场的线路上；信号复示器做成相应信号机的简化符号形状，设在模拟站场相当于信号机处；道岔位置表示灯设在道岔单独操纵按钮的上方。

表示灯主要有以下用途：

① 反映进路、道岔、信号机的状态，以及相关设备的运行情况。

② 反映相关操作是否完成。

③ 反映电路动作程序，便于及时发现故障，并可用于分析、判断故障范围。

（3）报警电铃。

在发生挤岔、断丝、列车接近等情况时，除用表示灯反映外，还采用电铃进行报警。控制台台体下方的内部设有以下报警电铃：

① 每个咽喉各设置一个主灯丝断丝报警电铃；

② 每个咽喉各设置一个列车接近报警电铃；

③ 全站设置一个挤岔报警电铃；

④ 全站设置一个主、副电源切换电铃；

⑤ 若区间为半自动闭塞区间，还需设半自动闭塞电铃。

（4）电流表。

电流表设在控制台面板中间上方或者右上方，全站共用，如图 5-5 所示。电流表指针的读数反映室外非提速道岔的动作。正常情况下，单动道岔动作一次，电流表指针摆动一次；双动道岔动作一次，电流表指针摆动两次。提速道岔转辙机的动作电源为三相交流电，不经过电流表，需增加每个咽喉的心轨动作表示灯和尖轨动作表示灯。

图 5-5　控制台上的电流表

2. 控制台进路操作方法

列车和调车车列在站内运行所经过的全部路线称为进路。其中列车用的称为列车进路，调车用的称为调车进路。站内由一点向另一点运行有多条路线时，规定一条常用的、对其他进路作业影响最小的为基本进路，其余的进路叫变通进路。车站值班员指挥行车主要通过办理进路的方式进行。

（1）列车进路操作方法。

列车进路分为接车进路、发车进路和通过进路。列车进路的操作方法是按列车的运行方向，先后按下进路始端的列车按钮和终端的列车按钮，即双按钮进路式选路法。这样操作形象、简便，不易出错。

接车进路的始端为进站信号机，终端为与此进站信号机同一咽喉区的股道头部出站信号机。如值班员需要从北京方面接车至Ⅲ股道，应先按下北京方面×进站信号机的列车进路按钮，再按下 SⅢ 出站信号机的列车进路按钮，即选出北京至Ⅲ股道下行接车进路。

发车进路的始端为出站信号机，终端为与此出站信号机发车方向一致的离去口。如需要从 4 股道往北京方面发车时，应先按下 S₄ 出站信号机的列车进路按钮，再按下北京方面离去口的列车进路按钮，即选出 4 股道往北京方面上行发车进路。

（2）调车进路操作方法。

① 选以单置调车信号机为阻拦信号的调车进路。

先后按下调车进路始端信号机的调车按钮和此单置调车信号机的调车按钮即可。

② 选以并置或差置调车信号机为阻拦信号的调车进路。

先按下调车进路始端信号机的调车按钮，终端按钮应按下与阻拦信号相反的按钮。如 D₁₅ 至 D₇ 调车时，终端按钮是 D₉ 信号机处的调车进路按钮，这是由于控制电路结构所致。

③ 选以股道为进路终端的调车进路。

先按下调车进路始端信号机的调车按钮，终端按钮应按下与始端信号机同一咽喉区股道头部的出站兼调车信号机的调车进路按钮。如 D_9 至 5 股道调车时，终端按钮是 S_5 信号机的调车进路按钮。

④ 选以牵出线、专用线、接发车口等处为进路终端的调车进路。

先按下调车进路始端信号机的调车按钮，终端按钮应按下此牵出线、专用线、接发车口等处的尽头式调车信号机的调车进路按钮。

⑤ 选长调车进路。

所谓长调车进路，是指一条进路上需要开放两架或两架以上调车信号机的调车进路，而单元调车进路（称短调车进路），就是指一条进路上仅需开放一架调车信号机的调车进路。长调车进路是由两条以上单元调车进路组成的。这里的"长"与"短"不是路径的绝对长短。

长调车进路有一次办理和分段办理两种操作方法。一次办理：顺序按压始端和终端按钮；分段办理：先远后近，逐段办理。

（3）变通进路操作方法。

列车变通按钮通常可以由该变通路线上的调车按钮兼作。办理调车变通进路时，也是先后按下进路始端按钮、变通按钮和进路终端按钮。但是需要注意以下几点：

① 不能用并置、差置或同方向单置调车进路按钮作为调车变通按钮，此时可以分段办理以实现调车变通进路。

② 当调车变通进路上有反向单置调车进路按钮时，可利用其作为调车变通按钮。

③ 只有单置调车进路按钮能兼作反方向调车进路的变通按钮，其他调车进路按钮都不能作调车进路的变通按钮。任何调车进路按钮都可作列车变通进路的变通按钮。专设的变通按钮既可以作列车变通进路又可以作调车变通进路的变通按钮。

3. 控制台检修标准

（1）按钮接点的接通与断开和按钮的按压、停留、复位的位置关系正确，按钮在受振动时，接点不得错接或错断。

（2）控制台各表示灯显示正确，无窜光现象，股道示意条完整、清晰。

（3）控制台内部配线整齐，端子无松动。

（4）控制台内部电源无接地、漏流现象。

（5）控制台各部安装稳固，不歪斜，防尘、防潮良好。

（6）控制台加封加锁良好，计数器计数正确，不跳码，不漏码。

（7）控制台的电源熔丝容量符合规定：KZ（3 A）、KF（3 A）、JZ（5 A）、JF（5 A）、JF-TCJ（3 A）、KF-ZQJ-Q（0.5 A）。

4. 控制台常见故障分析

（1）KZ 熔断器熔断后的现象。

① 按下列车或调车按钮，按钮表示灯不亮，相应的 AJ 不吸起，排列表示灯不亮。

② 整个或部分咽喉的道岔扳不动。

③ 按压总人工解锁按钮、取消按钮、接通道岔按钮，接通道岔表示均不起作用。

④ 电铃不响铃。

（2）KF 熔断器熔断后的现象。

按压调车按钮表示灯不亮，排列进路表示灯不亮，调车进路排列不出。

（3）JZ 熔断器熔断后的现象。

道岔单独锁闭时，单独表示红灯不亮，不影响其他正常排列进路。

（4）JF 熔断器熔断后的现象。

控制台除主副电源外，所有表示灯不亮，但不影响正常排列进路。

（5）SJZ 熔断器熔断后的现象。

按压列车和调车按钮，按钮表示灯不闪灯

（6）按钮卡阻的故障。

① 接触不到位，按压按钮后相应的表示灯不亮，继电器不动作。

② 按压按钮后，按钮不能复原，一般通过查看计算机监测的台面情况，可以很快判定出故障按钮。

（7）通过电流表的 3 种状态和道岔表示灯情况，初步判定道岔故障。

① 单独操纵道岔后，电流表指针不动作，相应的道岔表示灯不灭，说明道岔的 1DQJ 没有励磁。应查找 1DQJ 的励磁电路；道岔的表示灯灭了又亮，说明 1DQJ 励磁后又落下，故障在 2DQJ 转极电路；道岔的表示灯灭后不亮，说明 2DQJ 转极，故障在 1DQJ 的启动电路。

② 单独操纵道岔后，电流表指针摆动一下回到原位，道岔没表示，说明道岔转换完毕，故障在表示电路。

③ 单独操纵道岔后，电流表指针一直指在中间位置，说明室外的道岔有卡阻现象。

二、计算机联锁控制台认知、操作及维护检修

计算机联锁控制台也称 MMI（人机界面），其主要功能是实时显示站场状态，接收操作命令，即将站场表示、进路状态、操作结果用彩色监视器显示给操作人员，将操作人员的操作命令传输给计算机联锁系统的监控机，在发生异常时给予必要的语音报警。

计算机联锁控制台一般由大屏幕彩色显示器、鼠标和音响构成，控制台的操作方式为鼠标操作，本书以新型的计算机联锁系统 TYJL-ADX 型为例进行介绍。图 5-6 为其控制台实物及显示界面，主要设备有车务监视器 A、B，鼠标 A、B，音响 A、B，在分别设值班员和信号员的大型车站还配有值班员后台监视器。监控机切换板视频输出经放置在控制台柜内的视频分配器分配给控制台显示器和后台监视器。

1. 认知控制台屏幕显示

（1）区段显示。

① 灰色光带：表示区段为空闲解锁状态；

② 白色光带：表示区段为空闲锁闭状态，且所在进路正常，此区段没有被占用过，不能故障解锁；

③ 绿色光带：表示区段为空闲锁闭状态，且所在进路故障或此区段曾经被占用过，当

进路始终端解锁后方可故障解锁；

④ 红色光带：表示区段为占用状态；

⑤ 青色光带：表示区段为"接通光带"或"引导总锁闭"状态；

⑥ 蓝色光带：表示区段为正在选路还未锁闭状态。

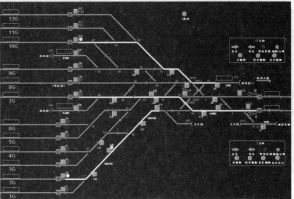

图 5-6　计算机联锁控制台及其显示

（2）信号显示。

① 信号机的显示颜色。

显示器上信号机的显示颜色和含义与室外信号机的完全一致。但是若有信号红色闪烁，则表示室外信号机灯丝断丝。

② 信号机旁边的名称显示含义如下：

• 黄色稳定显示：表示信号在显示"信号名称"状态或是进路始端。

• 信号名称位置的红色倒计时数字：表示以此信号为始端或终端的进路人工解锁正在延时所剩余的时间。

• 信号名称位置的灰色倒计时数字：表示为坡道延续进路延时解锁所剩余的时间或表示为中岔延时所剩余的时间。

• 信号名称+自动通过显示为绿底黄字：表示以此信号为始端的自动通过进路已经建立完毕。

③ 包围信号的方框颜色显示含义如下：

• 白色闪烁显示：表示此信号的调车按钮刚按下；

• 白色稳定显示：表示此信号为调车进路始端，进路未接近锁闭；

• 绿色稳定显示：表示此信号为列车进路始端，进路未接近锁闭；

• 红色稳定显示：表示以此信号为始端的进路已接近锁闭；

• 黄色稳定显示：表示此信号为进路的终端（如果此信号为调车进路的终端，则表示调车终端，如果为列车进路的终端，则表示列车终端）。

④ 列车信号旁边的颜色方框显示含义如下：

• 绿色闪烁显示：表示刚按下的列车信号按钮；

• 绿色稳定显示（与包围信号的黄色方框结合）：表示为列车终端；

- 红色和白色交替闪烁：表示为引导进路的始端；
- 红色稳定显示：此列车信号被人工加封，除非解封，否则不能对其进行任何操作。

（3）道岔显示。

① 道岔位置。

道岔位置指道岔现在所处的状态。当道岔根部的小圆点放置在直股上时，表示道岔的定位是开通直股；同理，当小圆点放置在弯股上时，表示道岔的定位是开通弯股。

② 道岔根部的小圆点颜色显示含义如下：
- 绿色稳定显示：表示道岔在定位位置；
- 黄色稳定显示：表示道岔在反位位置；
- 白色闪烁显示：表示道岔刚断表示，断表示时间不超过 13 s；
- 红色闪烁显示：表示道岔已断表示超过 13 s。

③ 道岔光带显示含义如下：
- 灰色光带：道岔所在轨道区段空闲；
- 兰色光带：在选路过程中，表明进路经过道岔的位置；
- 白色光带：进路空闲锁闭状态；
- 绿色光带：进路空闲锁闭状态，且所在进路故障后恢复或此区段曾经占用过，当进路始终端解锁后方可故障解锁；
- 红色光带：道岔区段占用；
- 青色光带：接通光带或引导总锁闭状态。

④ 道岔名称显示含义如下：
- 黑底黄字显示：表示道岔在显示道岔名称或断表示状态；
- 红底白字显示：表示道岔在封闭状态；
- 白底红字显示：表示道岔在单锁状态。

（4）静态图形显示。

与光带垂直方向的灰色线段表示绝缘节，红色线段表示超限绝缘节。

（5）操作提示显示。

操作提示在屏幕下方分咽喉显示，一栏为排进路操作提示，另一栏为其他操作提示。

（6）系统报警。

当出现"通信中断""系统报警"等报警信息时，系统将在屏幕右上角上显示红色显示灯与相应文字。报警分为以下两种：

① 一般报警。

在报警窗口中显示为黄色指示灯，当报警条件成立时显示，报警恢复后，报警自动消失。

② 严重报警文字。

在报警窗口中显示为红色指示灯，即使报警修复，报警字符也不会自动消失，这时只有电务人员通过操作"清除严重报警"命令才能取消报警字符显示。

（7）时间显示。

在屏幕右上角显示当前时钟及日期。

（8）维修电话显示。

在屏幕右下方显示，把鼠标放置在右下角标志处，停留几秒钟后在相应位置显示维修电话。

2. 控制台操作

控制台操作控制的主要工具是鼠标，鼠标的结构包括左键和右键。在计算机屏幕上平时是以一个箭头出现，当鼠标从箭头形状变成小手形状时，这时按下鼠标键有效。具体操作如下：

（1）一般操作。

鼠标移动到站名文字上，当鼠标从箭头形状变成小手形状时，单击鼠标右键会弹出如图 5-7 所示的功能菜单。

① 显示信号名称：移动鼠标，将鼠标箭头指向菜单上的"显示信号名称"时，鼠标从箭头形状变成小手形状，这时轻击鼠标左键，初次操作显示全站信号名称，再次操作则关闭全站信号名称的显示，可循环进行。

② 显示道岔名称：鼠标操作同第①步。初次操作显示全站道岔名称，再次操作则关闭全站道岔名称的显示，可循环进行。

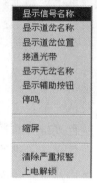

图 5-7 一般操作右击菜单

③ 显示道岔位置：初次操作显示全站道岔位置的小圆点，再次操作则关闭全站道岔位置的小圆点显示，可循环进行。

④ 接通光带：初次操作为显示全站道岔光带，再次操作则关闭全站道岔光带的显示。

⑤ 显示无岔名称：打开或关闭无岔区段的名称显示。

⑥ 显示辅助按钮：打开或关闭自动闭塞辅助按钮和铅封计数器的显示。

⑦ 停鸣：停止语音报警。

⑧ 缩屏：当站场用两个计算机显示屏幕时才有此项菜单显示，当有一个屏幕因故障不显示时，可采用缩屏将全部站场缩小显示在另一个屏幕上。

⑨ 清除严重报警：当系统发生可能危及安全或有安全隐患的故障时，监控机会有"设备故障，请速联系电务维修"的报警显示，此时信号员应立即通知电务人员，经电务人员确认并修复故障后，由电务人员来发放此命令清除报警字符显示。

⑩ 上电解锁：计算机停电恢复后，车务人员必须确认站场内无进路存在，方可使用上电解锁方式一次性解锁站场上的轨道区段，否则只可用区段故障解锁方式解锁不在进路上的区段。

（2）信号操作。

列车按钮为信号机旁边的绿色方框，调车按钮为信号机机构本身，通过按钮为带接车信号名与"TA"组合文字的绿色方框。

① 排列列车进路：通过鼠标左键按顺序单击列车进路的始端列车按钮、变通按钮（需排列变通进路时）、终端列车按钮。

② 排列调车进路：通过鼠标左键按顺序单击调车进路的始端调车按钮、变通按钮（需排列变通进路时）、终端调车按钮。

③ 排列通过进路：通过鼠标左键按顺序单击进站信号通过按钮、对方咽喉的反方向进站信号按钮。

④ 重开信号：进路信号开放后，因故关闭，待故障修复，此时如需要重开信号，可用鼠标左键单击进路始端列车按钮或调车按钮，即可重新开放信号。

⑤ 总取消：当进路已办理但未接近锁闭时要取消进路，将鼠标移动至进路始端信号，再点击鼠标右键，在弹出的菜单中选择其中的"总取消"命令即可。

⑥ 始端总人解：进路已接近锁闭时要取消进路，将鼠标移动至进路始端信号，再点击鼠标右键，在弹出的菜单中选择"总人解"命令，此时会弹出口令确认窗口，用鼠标左键点击相应的数字按钮，输入口令，然后按压"确认"按钮，命令操作窗口会提示口令正确与否，如口令正确，总人解命令执行。当信号关闭后，根据进路性质延时解锁。接车进路及正线发车进路延时时间为 3 min，其他进路延时时间为 30 s。

⑦ 终端总人解：当进路上轨道电路故障导致列车走过后，从故障区段到进路终端的进路不能正常解锁时，将鼠标移动至进路的终端信号，点击鼠标右键，在弹出的菜单中选择"总人解"命令，经过口令确认后进入终端总人解状态，终端人解要延时 30 s。

⑧ 建立自动通过：当进站信号菜单中有"自动通过进路"命令时，将鼠标移动至此信号的列车按钮位置，点击鼠标右键，在弹出的菜单中选择"建立自动通过"命令，即可建立自动通过进路。如果此时要取消此进路。只需用鼠标重新弹出菜单，选择"取消自动通过"命令，即可取消刚建立的自动通过进路。

⑨开放引导信号：当接车进路的区段轨道电路故障，不能排列接车进路，需引导接车时，先将进路中所有道岔单操到要求位置，然后用鼠标右键单击进站信号列车按钮，在弹出的菜单中选择"开放引导信号"，经过口令确认后引导信号开放。若引导进路第一区段轨道电路故障，需在 10 s 之内反复按压引导进路始端进站信号按钮，方能保证引导信号的正常开放，否则引导信号将关闭。当引导进路使用完毕，人工确认车列完全进入股道后，在接车信号的列车始端按钮位置办理总人解，即可人工解锁引导进路。

⑩ 加封：为了防止误碰按钮，误取消某列车进路，对所有的列车信号均可设置封锁标记。将鼠标移到相应的列车按钮处，点击鼠标右键弹出菜单，选择"加封"命令，此时相应的按钮由绿色变成红色，表示信号加封成功。这时就不能通过此按钮办理列车进路。

⑪ 解封：当信号加封后，必须解封才能对其办理作业。解封的操作同样是对准相应的按钮，弹出菜单，选择"解封"命令，当按钮从红色变成绿色，表示解封成功。

（3）道岔操作。

道岔按钮位于道岔岔心的小圆点位置。将鼠标移动至道岔按钮，鼠标从箭头变成小手状，点击鼠标右键会弹出如图5-8所示的操作菜单。

① 总定：单操道岔至定位。

② 总反：单操道岔至反位。

图5-8 道岔操作右击菜单

③ 单锁：单独将道岔锁在当前位置。单锁后，相应的道岔名称由一个白色的方框框住。此时道岔单操和进路操作均无效，但可排列道岔单锁位置的进路。

④ 单解：解除对道岔的单独锁闭。

⑤ 封闭：封闭道岔。道岔封闭后，相应的道岔名称由一个红色的方框框住。此时不能排列通过本道岔的进路（列车进路和调车进路），但可进行单操。

⑥ 解封：解除对道岔的封闭。

⑦ 事故解锁：当进路的始、终端均不存在，为防止迎面解锁，轨道区段显示为绿色锁闭光带时，事故解锁方能生效。当进路完好信号开放时，事故解锁只能关闭信号，区段不解锁。对准区段，弹出菜单，选择"事故解锁"命令。输入口令，事故解锁命令执行。

（4）进路办理。

① 列车进路办理。

• 接车进路：车务操作时信号员用鼠标按顺序点击进站信号按钮、变更按钮（若有变更）、相应股道反方向出站信号按钮即可。

• 发车进路：车务操作时信号员用鼠标按顺序点击股道出站信号按钮、变更按钮（若有变更）、同咽喉进站信号按钮即可。

• 通过进路：有通过按钮时，车务操作信号员用鼠标按顺序点击进站信号通过按钮、对方咽喉反方向进站信号按钮即可；无通过按钮时，车务操作信号员用鼠标按顺序点击进站信号按钮、通过股道反方向出站信号按钮、通过股道同方向出站信号按钮、对方咽喉反方向进站信号按钮即可。

② 调车进路办理。

• 短调车进路：车务操作时信号员用鼠标按顺序点击调车进路始端信号机机构、调车进路终端信号机机构即可。

• 长调车进路：车务操作时信号员用鼠标按顺序点击长调车进路始端信号机机构按钮、长调车进路终端信号机机构即可。但取消时须分段办理。

3. 维护注意事项

计算机联锁大屏幕显示器、鼠标均为精密电子设备，应注意防水、防潮、防尘、防阳光直射，监视器除调节亮度和对比度外，不可更改其他设置。

4. 常见故障原因

（1）控制台全部无电。

① 配电柜相应开关没供电。

② 配电柜至控制台的电源输入电缆断线。

（2）车务监视器不显示。

① 监视器信号指示灯不亮——电源故障

• 监视器电源开关没开。

• 控制台电源处无电。

• 控制台电源输出至车务监视器电源电缆断线。

• 监视器故障。

② 监视器信号指示灯亮黄灯——无视频输入信号。

- 视频复示器至监视器的视频电缆断线。
- 视频复示器故障。
- 相应监控机至控制台的视频电缆断线。
- 相应监控机的视频卡故障。
- 监视器故障。

（3）鼠标不动作。

① 鼠标故障。

② 相应监控机至控制台的鼠标电缆断线。

③ 相应监控机的鼠标口故障。

（4）音响不报警。

① 相应监控机至控制台的音频电缆断线。

② 相应监控机的声卡故障。

任务二　信号电源屏维护检修

任务描述

信号电源屏是为信号设备提供各种交、直流电源的供电装置，是车站联锁、区间闭塞等系统的重要组成部分。信号电源屏是联锁、区间闭塞系统可靠运行的心脏，电源系统一旦发生故障，将导致整个系统瘫痪。因此，电源屏必须保证不间断地供电且不受外电网电压波动和负载变化的影响，还要保证安全。

电源屏一般设在信号楼电源室内，根据不同的站场规模和联锁闭塞方式，选配不同容量和种类的电源屏。本任务主要针对大站电源屏和智能电源屏的结构、操作使用、日常维护和检修进行理实一体化教学，通过对设备的认知、操作、测试、故障处理等多项活动，使学生在动手的过程中掌握信号电源屏技术条件、结构的相关知识点，并通过模拟现场的维护维修场景，让学生掌握铁路信号电源屏的维护检修程序及技术标准。

任务实施

一、信号电源屏认知

我国铁路早期的电源屏技术落后，故障率高，智能化功能缺乏，但已经过多次更新换代，现在市场上的信号电源屏采用的技术及制式众多。本书着重介绍目前使用较多的大站电源屏和智能电源屏。

1. 识读信号电源屏技术条件

（1）输入电源。

铁路信号电源屏应具有两路独立的交流电源供电，两路输入电源允许偏差范围：单相电压 AC 176 ~ 253 V，三相电压 AC 304 ~ 437 V，频率（50±0.5）Hz，三相电压不平衡度≤5%，电压波形失真度≤5%。

（2）供电方式。

① 一主一备供电方式。

可靠性较高的电源为主电源，另一路为备用电源。正常时由主电源向全站信号设备供电，主电源断电时，备用电源自动投入运行。两路电源应可以自动或者手动互相转换。

② 两路同时供电方式。

两路电源同时向电源屏供电，当任一路电源断电时，另一路自动承担全部负荷供电。

（3）转换时间。

两路电源的转换时间应不大于 0.15 s。

（4）电气参数。

① 输入回路额定工作电压为 AC 220 V、380 V 两种。

② 额定功率为 2.5 ~ 60 kW。

（5）闪光电源。

电源屏的输出闪光电源，其通断比约为 1：1，其闪光频率在作室内表示使用时，应采用 90 ~ 120 次/min，在作室外表示使用时，应采用 50 ~ 70 次/min。

（6）不间断供电。

对于有不间断供电要求的场合，应设不间断供电电源，电源屏的不间断供电功能应该符合 GB/T 14 715 的规定。

（7）过流、短路保护。

电源屏的各供电回路电源、各功能模块必须具有过流及短路保护功能。

（8）防雷防护。

电源屏应考虑对雷电感应过电压的防护措施（不考虑直接雷击电源屏的防护），电源屏防雷系统应统筹考虑，雷电防护器件可设在电源屏外。

（9）接地保护。

电源屏应有可靠接地保障，各电源模块到接地端子之间的电阻应小于 0.1 Ω。

（10）报警。

电源屏应设置声光报警。报警项目包括两路输入电源转换报警、电源模块故障、过温报警、输出电源过载报警、三相电源缺相报警、三相电源错相报警、稳压装置故障报警等。

2. 认知信号电源屏的种类

信号电源屏按用途可分为继电联锁电源屏、计算机联锁电源屏、驼峰信号电源屏、25 Hz轨道电源屏、三相交流转辙机电源屏、区间信号电源屏等；按采用的技术可分为智能型电源屏和传统分立式电源屏两类。

（1）继电联锁电源屏是 6502 电气集中联锁的供电装置，主要供给该系统所需要的各种交直流电源。

（2）计算机联锁电源屏是为满足计算机联锁对电源的较高要求而设计的供电装置，它的电路结构基本上与继电集中联锁用电源屏相同，只是增加了计算机所用的电源。

（3）驼峰信号电源屏是驼峰信号设备的供电装置，它是在大站电源屏的基础上根据驼峰信号设备的供电要求设计的。在驼峰调车场，继电器和转辙机电源有其特殊要求，在两路引入电源转换时不允许断电，以保证转辙机正常转换，因而必须设置直流备用电源，且能浮充供电。根据驼峰电源屏视所采用的转辙机类型不同，分为电动型和电空型两种。

（4）25 Hz 轨道电源屏是专供电气化区段 25 Hz 相敏轨道电路用的电源屏，它提供 25 Hz 的轨道电源和局部电源。

（5）三相交流转辙机电源屏是专供提速区段交流转辙机用的电源屏，S700K、ZYJ7 型转辙机均采用 380 V 交流电源，由该电源屏供电。

（6）区间信号电源屏是多信息移频自动闭塞系统的供电装置，现自动闭塞均采用集中设置方式，由区间信号电源屏供给本站管辖范围内各区间的信号机点灯电源和移频轨道电路电源。

3. 继电联锁电源屏的认知及操作

继电器联锁电源屏是继电集中联锁的供电装置。按所采用的交流稳压器，传统分立式继电集中联锁信号电源屏可分为感应调压式、参数稳压式和无触点补偿式三种类型。本任务重点以现场广泛使用的感应调压式 15 kW 大站电源屏进行认知学习。

感应调压式 15 kW 大站电源屏由六面屏组成，包括两面交流电源屏、两面直流电源屏、一面交流调压屏和一面转换电源屏。各屏外形尺寸为宽 800 mm×厚 600 mm×高 1 800 mm，安装尺寸为宽 700 mm×厚 500 mm。

感应调压式 15 kW 大站电源屏的供电示意图如图 5-9 所示。两路交流电源引入转换屏，在转换屏内进行切换，然后引至调压屏稳压。经稳压的交流电源送入交流屏、直流屏。交流屏供出信号点灯、轨道电路、道岔表示和控制台表示灯电源，直流屏供出继电器和电动转辙机动作电源。两面交流屏、直流屏的转换以及调压屏的切除是在转换屏中手动进行的。

感应调压式 15 kW 大站电源屏除保留了两只交流接触器作为两路电源转换外，其余均采用电源屏用信号继电器。在电源输入、输出端用防雷组合进行防雷。

（1）转换电源屏。

① 转换电源屏的作用：

- 进行两路电源转换。
- 交流屏、直流屏的备用屏手动转换，可以做到备用屏完全断电。
- 调压屏故障或需要检修的时候可以进行手动切除，并且可以实现调压屏完全断电。
- 输入、输出电源汇接。

② 转换电源屏的表示及操作。

a. 两路电源切换。

交流电因有相位不同的情况，三相交流电还有相序不同的情况，故两路电源不宜采用并联供电的方式，而只能采用切换的方式，即一路电源供电，另一路电源备用。由Ⅰ路电源供电还是Ⅱ路电源供电，取决于切换电路中转换开关的闭合顺序。

开机时，若先闭合转换开关 1 HK，此时Ⅰ路表示灯点亮，表示Ⅰ路电源供电；自动改由Ⅱ路电源供电时，Ⅱ路表示灯点亮，表示Ⅱ路电源供电。

在两路电源进行自动切换或者手动转换时，前提是另一路电源必须有电。两路电源的手动转换通过按压按钮 1TA、2TA 进行。由Ⅰ路电源转换切换至Ⅱ路电源供电，按下 1TA；而由Ⅱ路转换电源转换至Ⅰ路电源供电时按下 2TA。

两路电源转换时，屏内蜂鸣器会鸣响，通过扳动钮子开关 2NZ 切断报警。

为了使车站值班员了解供电情况，设有供电监督电路。在Ⅰ路电源供电时，控制台上绿色的主电源表示灯点亮。在Ⅱ路电源供电时，控制台上白色的副电源表示灯点亮。在两路电源转换过程中，设于控制台内的电铃鸣响。车站值班员听到铃响后引起注意，可操纵控制台上的主、副电源按钮，使电铃停止鸣响。

万能转换开关 WHK 的电压表 V 配合使用，可以分别测量两路电源的各线电压。

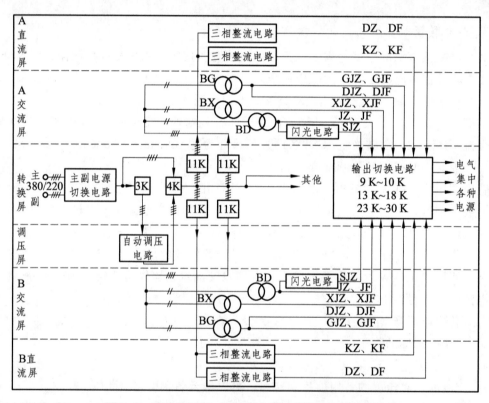

图 5-9　感应调压式 15 kW 大站电源屏供电示意图

b. 两面交流屏转换。

两面交流屏的转换采用故障报警、手动转换的方式。

7K 为 A 交流屏输入隔离开关，8K 为 B 交流屏输入隔离开关。10K 为 A 交流屏表示灯电源的输出隔离开关，9K 为 B 交流屏表示灯电源的输出开关。表示灯电源设两只开关，是为了保证转换时不断电。13K～16K 为交流屏的信号点灯电源的输出隔离开关。17K 为交流屏的道岔表示电源的输出隔离开关。18K 为交流屏的轨道电路电源Ⅰ、Ⅱ隔离输出开关，23K 为交流屏的轨道电路电源Ⅲ、Ⅳ隔离输出开关。

A 交流屏工作时，转换开关 3HK 应置于 1-2、4-5 接通位置。当任一交流电源故障，点亮 A 屏红色故障表示灯并使蜂鸣器鸣响。电务值班人员确认故障后，先将 3HK 扳至 1-3、4-6 接通位置，切断报警，然后将 B 交流屏输入开关 8K 闭合，再依次倒接发生故障的电源的输出开关和其他各电源输出开关，最后拉断 A 交流屏输入开关 7K，转换完毕。由 B 交流屏转换至 A 交流屏的转换操作同理。

c. 两面直流屏转换电路。

两面直流屏的转换采用故障报警、手动转换的方式。

11K 为 A 直流屏输入隔离开关，12K 为 B 直流输入隔离开关。24K 为 B 直流继电器电源输出隔离开关，25K 为 B 直流屏继电器的输出隔离开关。继电器开关设置两个开关，是为了保证转换时不断电。

26K 为直流屏电动转辙机电源输出隔离开关，它的 1-2、3-4 接通为 A 直流屏输出、1′-2′、3′-4′ 接通为 B 直流屏输出。

27K ～ 30K 分别为直流屏闭塞电源 Ⅰ ～ Ⅳ 的输出隔离开关。

A 直流屏工作时，4HK 应该置于 1-2、4-5 接点接通位置。当任一种直流电源故障，设在直流屏中的故障表示灯就会点亮，并且使得蜂鸣器鸣响，确认故障后，将 4HK 扳至 1-3、4-6 接点接通位置，切断报警，然后先将 B 直流屏输入开关 12K 闭合，再依次倒接发生故障的电源输出开关和其他电源的输出开关，最后拉断 A 直流屏的输入开关 11K，转换完毕。由 B 直流屏转换至 A 直流屏供电的操作同理。

d. 甩开调压屏电路。

隔离开关 3K、4K 用来切除调压屏。当调压屏发生故障或需要停电检修的时候，可以将 4K 扳至 1-2、3-4、5-6 接通位置，由外网直接供电，此时断开 3K 能做到调压屏完全断电。若 4K 在 1′-2′、3′-4′、5′-6′ 接通位置时，不能断开 3K，否则将造成供电中断。

（2）交流电源屏。

交流电源屏供给电气集中所需的各种交流电源。经调压屏稳压后的交流电源由转换屏引至本屏，在屏内进行隔离、变压及做成闪光电源，分别向信号机、轨道电路、道岔表示继电器和控制台表示灯供电。一套设备有两面交流屏，一面主用，一面备用。

① 信号调压操作。

交流电源屏白天供 220 V 信号点灯电源，控制台上的"白天"绿灯点亮。夜间当车站值班员按下信号调压按钮 ×TA 时，断开 220 V 电源，转为 180 V 供电，并且点亮"夜间"黄灯。由 180 V 恢复 220 V 供电时，只要弹出 ×TA 即可。

② 控制台表示灯调压操作。

交流电源屏把 220 V 交流电源隔离、降压后供出 24 V 和 19.6 V 两种电压，以供控制台上各种交流表示灯使用，由车站值班员在控制台上用表示灯调压按钮 BTA 选用。

交流电源屏白天供 24 V 电源，夜间按下 BTA 供出 19.6 V 电源。由 19.6 V 恢复为 24 V 供电，只需要弹出 BTA 即可。

③ 闪光电源调整。

闪光电源采用的闪光板上设置两个 LED 指示灯：供电及过载保护指示灯和闪光状态指示灯。正常工作时，供电过载保护指示灯为绿色常亮，过载时为绿色闪光。闪光状态指示灯与负载的闪光频率同步，交流供电时，此灯为橙色；直流供电时，此灯为红色。

闪光板上设置两只调整电位器。其中，"电位器 F"调整闪光频率，"电位器 A"调整过载保护电流。出厂时已将闪光频率调整在 90 次/min，调整"电位器 F"可以改变闪频率，顺时针调整频率提高，逆时针调整频率降低。

④ 交流电压、电流测试。

交流电压表 V1～V4 分别用来测量信号点灯电源的各线束的输出电压。V5 用于测量控制台表示灯电源的输出电压。V6 和 V8 分别用于测量轨道电路电源Ⅰ、Ⅱ和轨道电路Ⅲ、Ⅳ的输出电压。V7 用于测量轨道电路电码化电源的输出电压。

交流电流表 A1～A4 分别用于测量信号点灯电源各线束的输出电路，A5、A7 用于测量轨道电路电源Ⅰ、Ⅱ和轨道电路Ⅲ、Ⅳ的输出电流，A6 用于测量道岔表示电源的输出电流。

（3）直流电源屏。

直流电源屏提供 24 V 和 220 V 直流电源，分别作为继电器和直流电动转辙机的动作电源，还供出两束闭塞电源和两束方向电源，根据需要可提供 24 V、36 V、48 V 或 60 V 电源。

一套设备有两面电源屏，一面主用，另一面备用，可通过转换屏人工转换。

① 继电器动作电源。

继电器动作电源由 24 V 整流器供给。

直流电压表 V1 和直流表 A1 用来测量输出电压和电流。

② 直流电动转辙机电源电路。

直流电动转辙机电源电路由 220 V 整流器供给。

直流电压表 V2 和直流表 A2 用来测量输出电压和电流。

③ 闭塞电源和方向电源。

通过电压表 V3 和万能转换开关 WHK 可测量各闭塞电源和方向电源的输出电压。

（4）交流调压屏。

交流调压屏用于稳定由转换屏引来的三相交流电源，使得电气集中设备不受电网电压波动的影响。调压方式有自动和手动两种。自动调压是以电动机带动三相感应调压器进行平滑调整，工作安全可靠（升压按下按钮 1KA，降压按下按钮 2KA），也可利用手轮进行手动调压。

电压表 V 和万能转换开关 1WHK 配合使用，测量各相的输出电压。电流表 A 和万能转换开关 3WHK 配合使用，测量各相输出电流。

4. 智能型电源屏的认知及操作

智能型电源屏在 2000 年开始出现，它采用微型计算机技术，具有电源系统自动实时监测、远程监控、报警、记录和故障定位等功能。智能型电源屏引入了高频电力电子技术，对各种输入、输出单元和交流、直流电源进行模块化处理，大大提高了供电的质量和可靠性，实现了无维修化，使得信号电源技术有了突破性的发展，满足了不断发展的信号设备的供电需要。智能电源屏实现了模块化、智能化、综合化，将逐步取代传统分立式电源屏。

（1）智能型电源屏功能。

铁路信号智能电源屏是向铁路信号设备供电的重要设备，具有以下两个基础功能：

① 基本供电功能。

根据不同的联锁站场规模、联锁方式、轨道电路制式、区间自动闭塞方式，按照信号设备的供电要求，选配不同频率、不同容量、不同电压种类的交（直）流电源单元，组合成各种车站联锁电源屏、驼峰电源屏、区间电源屏、25 Hz 轨道电源屏或综合信号电源屏，向各种信号设备供电。

② 智能辅助管理功能。

应用计算机、通信和网络技术，对供电系统各个环节、关键器件的运行参数及状态进行监测、管理、记录、通信、报警、分析。

（2）认知智能电源屏种类。

① 按采用的监测技术分类。

根据智能电源屏按采用的监测技术不同，可分为可编程控制器、单片机、工控机电源屏三类。

② 按主电路的组合技术分类。

根据智能电源屏按主电路的组合技术不同，可分为工频电磁技术电源屏、工频电磁技术和高频电力电子技术结合电源屏、全高频电力电子技术电源屏三大类。

③ 按稳压方式分类。

根据智能电源屏按稳压方式不同，可以分为不间断供电、分散稳压、集中与分散稳压相结合电源屏三大类。

（3）认知铁路信号智能电源屏的单元结构。

信号智能电源屏可分为输入单元、模块单元、输出单元和智能监测单元四个功能单元。

① 输入单元：实现两路输入电源的引入、转换，交流集中稳压、整流，输入电源的浪涌抑制、雷电防护等。

② 模块单元：实现输出不同电压、容量、频率的交（直）流电源。此部分是各家采用不同技术区别最大的地方，有的采用工频稳压，有的采用高频电力电子技术的模块。该模块也是模块化程度最高、最容易实现的部分。

③ 输出单元：实现将各种经过稳定的输出电压进行分配、保护、监督，输出电源的浪涌抑制、雷电防护等。

④ 智能监测单元：包括系统运行中的各种参数的实时采集、变换、处理、通信等，实现系统各种参数的监测、故障定位、报警、故障信息统计、存储等，同时可实现向计算机监测提供电源运行参数的接口。

（4）PZ 系列信号智能电源屏。

① 系统特点。

PZ 系列智能信号电源屏是铁路现场广泛使用的一种铁路智能电源屏，具有以下特点：

● 实现 Ⅰ、Ⅱ路电源自动无缝隙切换。两路交流电源可实现自动切换，切换时间在 100 ms 内，不会影响信号设备的正常使用。

- 操作方便，便于维护。整个系统采用模块化设计，多种模块可灵活组成各种电源系统，使整个系统单元化，操作便捷，加之采用热插拔技术，更换模块快捷方便，便于维护。
- 安全可靠，稳定性好。各电源模块采用"1+1"或"N+1"冗余方式热机备用，某一电源模块故障，自动进入保护状态，电源切换到备用模块供电，提高了系统的安全性和稳定性。
- 综合化、智能化程度高。整个电源屏采用综合监测装置及监控模块，把各个单元模块的运用状态、开关量、电气参数等数据通过通信传输到监控单元，集中监测电源屏使用状况并记忆故障现象，给出声光报警信号。
- 模块热插拔技术。该电源屏系统所有模块采用无损伤热插拔技术，极大地方便了现场维护工作的开展。
- 高频化设计。内含 PFC 电路，使功率因数达到 0.99，效率大于 85%。
- 模块化和分散稳压设计，使系统组成灵活，实现故障隔离，单路电源故障不影响其他电源的稳压和输出。

② 系统组成。

PZ 系列信号智能电源屏包括交（直）流屏配电系统、电源模块系统、监控单元系统等组成部分。系统为不同负载提供电源，可分为站内信号电源屏、区间信号电源屏、提速信号电源屏、驼峰信号电源屏、25 Hz 信号电源屏等。其中，站内信号电源屏又分为计算机联锁设备供电的 PZWJ 系列和为电气集中设备供电的 PZDQ 系列两大类。电源屏的容量根据站场的实际需求进行配置，最终组成一系列型号的智能电源屏。

PZ 系列电源屏组成如图 5-10 所示，各部分作用及构成如下。

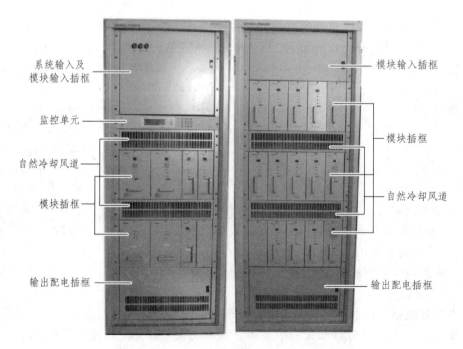

（a）正面图

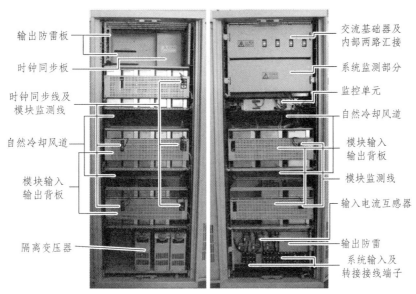

输出防雷板
时钟同步板
时钟同步线及
模块监测线
自然冷却风道
模块输入
输出背板
隔离变压器

交流基础器及
内部两路汇接
系统监测部分
监控单元
自然冷却风道
模块输入
输出背板
模块监测线
输入电流互感器
输出防雷
系统输入及
转接接线端子

（b）背面图

图 5-10 PZ 系列电源屏组成

a. 配电系统。

直流屏输入配电完成两路交流输入的自动切换控制和系统的输入防雷等功能，正面有交流输入空气开关、C 级防雷（含防雷空气开关）、D 级防雷、直流模块输入空气开关等；背面由交流接触器、配电监控板等组成。

直流屏输出配电完成两路电的输入、转接、输入电流采样、电源输出防雷等。

交流屏输入配电完成交流模块的输入、交流输出防雷和 25 Hz 轨道电源负载短路切换等功能，正面有输入空气开关、防雷隔离开关；背面有输出防雷和负载短路切除板。

交流输出配电完成系统的交流输出，正面有交流输出空气开关；背面有隔离变压器组件，用于 25 Hz 交流模块的交流输入隔离。

b. 电源模块系统（电源屏的核心部分）。

根据模块输出的差别，系统的电源模块可分为三类：直流模块、25 Hz 交流模块、50 Hz 交流模块，各模块外观基本相同。前面板有模块状态显示窗、电源指示灯、保护指示灯、故障指示灯、模块通信地址拨码开关等。

c. 监控单元系统。

监控单元系统主要完成各个单元模块的运用状态、开关量、电气参数等数据采集监测，通过通信把各参数传输到监控单元，集中监测电源屏的使用状况，并记忆故障现象、状况，给出声光报警信号。

③ PZ 系列电源屏模块型号及功能。

直流模块 DHXD-D1、DHXD-E、DHXD-F2、DHXD-G1、DHXD-G2 的功能如下：

DHXD-D1 模块：直流转辙机电源模块。

DHXD-E 模块：继电器动作电源模块，可实现直流 24～60 V 连续可调。

DHXD-F2 模块：区间条件电源模块，可实现直流 24～60 V 连续可调。

DHXD-G1 模块：区间继电器电源模块，输出电源直流 48 V、50 A，又称 4850 模块。

DHXD-G2 模块：区间继电器电源模块，输出电源直流 24 V、75 A，又称 2475 模块。

DHXD-C 25 Hz 交流模块：为轨道电源模块，采用集成方式，将 25 Hz 轨道电源和局部电源集成为一个模块。

50 Hz 交流模块有 DHXD-A、DHXD-B、DHXD-D2、DHXD-H、DHXD-W 等，提供 50 Hz 稳压电源，供信号点灯、微联锁机、交流转辙机等设备使用。

监控单元模块 PSM-C 如图 5-11 所示，包括 LCD 液晶显示器、键盘和 LED 显示灯。通过 F1 ~ F4 四个功能键，可在液晶显示器上非常直观地查阅系统的运行参数，方便明了地进行故障报警现象查阅，对系统的重要数据进行设备和配置。当有故障现象时，面板上"告警"灯亮，同时启动蜂鸣器。当监控模块死机后，可手动按压"复位"键来复位监控模块。

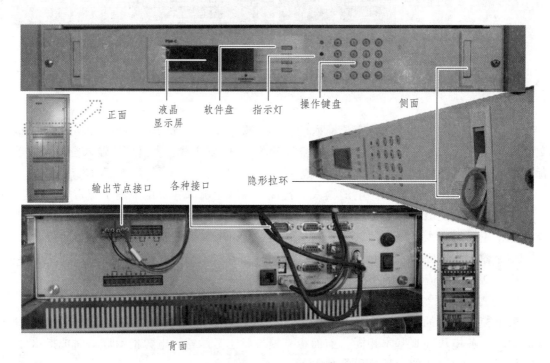

图 5-11　监控单元模块

二、信号电源屏的维护检修

电源屏处于连续工作状态，停机检修的机会很少，因而信号电源屏的日常维护检修是一项非常重要的工作。电源屏的维护检修是由各值班工区负责日常维护，集中检修工区负责集中检修，信号检修所下属电源工区负责入所检修。

1. 电源屏的日常维护内容

电源屏的日常维护为每日一次（无人值守车站每月两次），主要内容是检查、测试、调整、清扫等工作。电源屏的检修工作计划项目及内容如下：

（1）日常巡视检查。

① 检查断路器、电源线、变压器、交流接触器、继电器的安装和工作状态，有无过热现象，有无不正常噪声以及异味。

② 检查调压屏手动、自动位。

③ 清扫盘面及仪表。

（2）电气特性的监测、分析和处理。

进行Ⅰ级测试并记录。测试输入电压、电源，测试各路电源输出电压、电流，测试调压屏调压精度，测试闪光频率，测试各种电源接地电压、电流。并对以上测试结果进行分析，采取相应处理措施。

（3）负责故障处理。

处理一般常见故障，使电源设备及早恢复正常使用，如遇到重大、疑难故障，应及时报告电务段调度或配合检修所排除故障。

2. 电源屏的集中检修内容

电源屏的集中检修为每年1~2次，主要内容有：

（1）屏内各部检查，紧固配线端子。

（2）主、备屏倒机运行试验，两路电源的相序检查。

（3）清扫、检查转换屏。

（4）清扫屏内以及电源线沟槽，检查防鼠措施。

（5）配合更换器材，校正仪表。

（6）检查测试地线及防雷元件，对不合格的进行修正或者更换。

（7）单套电源屏、转换屏的年整治应列入公司运输综合作业方案。

信号检修所定期对电源屏进行有关测试，更换各种器材，校正仪表，负责对各种器材的入所修，并帮助信号机械室或信号工区解决难以处理的问题。

3. 电源屏的维修内容

（1）根据使用情况进行定期维修和清扫。

（2）经常保持接线端子导电良好。

（3）各部连接螺栓不得松动。

（4）经常检查安全接地线，保证接地良好。

（5）定期测试各屏电源线对地绝缘，并且做好记录，如果不符合规定，应及时处理。

（6）定期检查和校正仪表，保持其精确度。

（7）定期检查各主要部件，如电动机、变压器、调压器、整流元件等的升温是否正常（夏季尤其要注意），并在活动的机械部分注油。

（8）按照生产工厂的要求，定期检修屏内各电气元件的性能，如发现问题，应及时维修或更换。

（9）根据使用情况，对蓄电池组进行定期维修和容量检查。

（10）备齐各种规格的表示灯、晶体管元件。

（11）定期按照各屏的标准技术要求全面地检查整机性能，至少半年一次。

4. 电源屏的电气特性测试内容

电源屏的电气特性测试是电源屏维修工作的重要组成部分，通过对电源屏的电气特性的测试，了解电源屏的运行状态，对正确维护电源屏，保证电源屏工作质量，具有重要意义。

测试项目包括：

（1）各部电源输出电压、电流。

（2）大站电源屏自动调压精度。

（3）交流输入电压、电流。

（4）各个电源接地。

（5）温升检查。

（6）闪光频率。

测试周期按照不同测试级别而定。（1）、（2）、（3）项为Ⅰ级测试，每月一次。设有值班员时，（1）、（2）项每天一次；没有值班员时，（1）、（2）项每月两次。检修所，每年一次，各项全测。Ⅰ级测试由信号值班工区负责。Ⅱ级测试由电务段信号实验室负责，对以上各项进行抽测。

5. 大站电源屏的检修流程及质量标准

（1）检修流程图及工具材料。

① 检修流程（见图 5-12）。

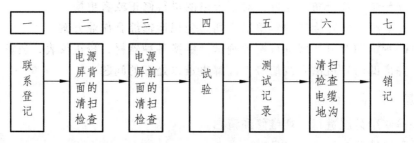

图 5-12　检修流程图

② 材料：白布、棉纱头、焊锡、松香、表示灯泡等。

③ 工具仪表：电烙铁、一（十）字螺丝刀、剥线钳、偏口钳、3～6 mm 套筒、照明灯具、毛刷、万用表、兆欧表等。

（2）检修内容及质量标准（见表 5-1）。

表 5-1　检修内容及质量标准

程序	项　目	检修内容及质量标准	备　注
一	联系登记	按《行规》的要求办理检修登记，经车站值班员同意并签字后方可开始工作	确认要检修屏处于备用状态后方可断开有关开关

程序	项　目	检修内容及质量标准	备　注
二	电源屏背面的清扫检查	1. 内外清扫，各部清洁，无灰尘。 2. 各种器材元件无异状，无过热；交流接触器、继电器、变压器、参数稳压器无过大噪声；各器材不超期使用。 3. 配线排列整齐，无破损，各部端子不松动，压紧螺帽垫圈齐全，线头无伤痕，焊点焊接良好，无毛刺，无混电可能。 4. 机壳保护地线接触良好	备用屏检修完毕，要点倒机后再检修主用屏，清扫时从上到下进行
三	电源屏前面的清扫检查	1. 内外清扫，各部清洁，无灰尘。 2. 手柄、闸刀、按钮、表示灯作用良好，接点不发热，不烧损，表示灯显示正确。 3. 线头焊接良好，配线无破皮，无混线可能。 4. 各部端子无松动，压紧螺帽，垫圈齐全。 5. 仪表完整、无损，显示正确	
四	试　验	1. 调压屏自动电压调整器作用良好，用手动方式，按压升压按钮，当输出电压增至（420±5）V 时，过压保护装置应及时动作，切断升压回路，但不应造成停电。 2. 调压屏升压和降压时，调压电机应在按钮松开时立即停转，不应有惯性转动，电机制动电路作用良好。 3. 交直流屏的主、副屏倒机试验，输出电源的断电监视装置、各屏内表示和声光报警装置均应正常工作。 4. 转换屏中两路电源切换试验正常	
五	测试记录	1. 交流输入电压。 2. 两路电源相序测试检查应一致。 3. 交流输入电流，以本屏仪表实际运用情况下读数为准。 4. 各种电源输出电压：直流 220 V 应在 210～240 V 之间；直流 24 V 应稳定在 23.5～27.5 V 范围内。 5. 各种电源对地电压，以"电气特性测试方法"为准。 6. 闪光电源的频率应为 90～120 次/min。 7. 各回路对地绝缘电阻符合《维规》规定。 8. 填写测试记录	
六	清扫检查电缆地沟	检查各种线缆无鼠咬，无破损，同时清扫干净，地沟盖板严密，引入、引出孔堵塞良好	
七	销　记	检修结束，会同车站值班员确认情况，按《行规》的要求办理销记手续，经车站值班员签字后方可离开	

6. 智能电源屏的检修流程及质量标准

（1）检修流程图及工具材料。

① 检修流程，如图 5-13 所示。

② 材料：麂皮、白绸布等。

③ 工具仪表：万科专用螺丝刀、一（十）字螺丝刀、3～6 mm 套筒、剥线钳、偏口钳、照明灯具、毛刷、万用表、相位表等。

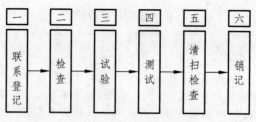

图 5-13 检修流程图

（2）检修内容及质量标准（见表 5-2）。

表 5-2 检修内容及质量标准

程序	项目	检修内容及质量标准	备注
一	联系登记	按《行规》的要求办理检修登记，经车站值班员同意并签字后方可开始工作。登记内容包括工作内容、日期、时间等	清楚施工影响范围，向现场人员了解电源屏使用情况
二	检查	1. 检查地线安装牢固，电流互感器、各模块应可靠接地。 2. 各种器件安装插接牢固，可动部分操作灵活，无磨卡，各种开关位置正确。 3. 检查各部配线端子牢固，无磨卡。 4. 检查各种输入、输出、指示灯、仪表良好，显示正确。 5. 检查输入输出防雷元件是否良好	查看各种数据和历史故障记录，以便在检修中重点检查、测试
三	试验	1. 各种输入、输出开关及断路器应正确有效，断开时应报警，并在监控器内有相应记录。 2. 试验模块上的开关断开时应报警，并在监控器内有相应记录。 3. 试验报警开关应良好、有效、位置正确。 4. 试验两路电源转换时不间断供电，标准为不大于 0.15 s。 5. 试验 ATS 旁路开关，应正确有效。 6. 试验集中稳压器的旁路开关，应正确有效。 7. 试验每种直流电源模块并联均留冗余。 8. 试验每种交流电源模块倒 $N+1$ 使用是否良好，有直供功能的试验手动直供功能，直流模块进行 $N+1$ 试验	检查、试验程序方法、步骤要清楚。检修中做到三不动三不离
四	测试	1. 两路电源相位一致；输入电压应在 $-20\% \sim +15\%$，三相电压不平衡度 $\leqslant 5\%$。 2. 各种输出电源电压、电流，对地电压，对地电流（未经隔离电源不测）。 3. 测试 25 Hz 电源频率、相位角。 4. 闪光频率标准为 90～120 次/min	测试、记录并将测试数据与历史记录进行对照
五	清扫检查	全部试验良好后，将各扳闸、按钮恢复正常使用位置，检查各种线缆无鼠咬，无破损，同时清扫干净，地沟盖板严密，引入、引出孔堵塞良好	
六	销记	检修结束，会同车站值班员确认情况，按《行规》的要求办理销记手续，经车站值班员签字后方可离开	

198

任务三　铁路信号系列组合柜认知

任务描述

铁路信号系列组合柜是铁路信号室内设备的重要组成部分，是保证铁路信号联锁和闭塞等控制系统有效运行的基础设备。铁路信号系列组合柜内安装的设备通过电缆与室外钢轨、转辙机、信号机、应答器等信号设备组成完整的电气网络，对室外设备的工作、状态及可靠性进行不间断地电气联锁和监督检测，对车站值班员的接发车指令进行自动执行和检查，对列车实时运行状态进行监督和控制，并通过调度集中系统 CTC 与所属行车调度所、调度中心联网进行调度集中，进而完成列车运行图的实施和调整。

铁路信号组合柜设置在信号机械室内，根据不同控制系统及其规模选配不同种类和数量的组合柜。本任务主要针对铁路信号系列组合柜的种类、功能结构、日常维护进行理实一体教学，通过对设备的认知、安装、测试等多项活动，使学生在动手的过程中掌握信号组合柜种类、功能结构及应用的相关知识，掌握铁路信号系列组合柜的维护检修程序及技术标准。

任务实施

一、认知铁路信号系列组合柜的种类

铁路信号系列组合柜是铁路信号机械室安装配置的一系列控制柜的统称，按照用途的不同，可分为组合柜、轨道柜、分线柜、防雷柜、综合柜、移频柜、区间柜、计算机联锁柜、计算机监测柜、接口柜等。组合柜实物如图 5-14 所示。

 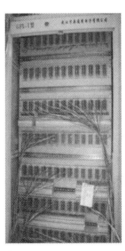 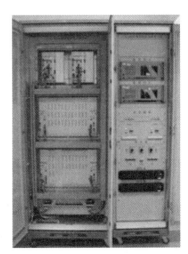

（a）组合柜　　　　　　（b）分线柜　　　　　（c）计算机联锁柜

（d）轨道柜　　　　　（e）接口柜　　　　　（f）综合柜

图 5-14　组合柜实物图

二、认知铁路信号系列组合柜的功能及结构

1. 组合柜

组合柜是实现电气集中联锁的基本设备，与计算机联锁柜、计算机共同对车站设备（轨道电路、信号机、转辙机等）进行状态监督和实时控制，执行值班员行车意图，并对设备损坏或故障进行报警。其中，计算机及计算机联锁柜完成电气联锁选择性电路，组合柜完成电气联锁的执行电路。继电联锁车站完全由组合柜实现选择和执行。

（1）认知组合。

电气集中车站需要大量继电器，为了简化和加快工程设计过程，便于工厂预先生产，缩短工期，6502 电气集中采用模块化设计方法，即以信号机、道岔、轨道区段等信号设备为设计单元设计出内部接线固定不变的定型电路环节。把具有相同控制对象的继电器按照定型电路环节组合在一起，叫作继电器组合，简称组合。

6502 电气集中共有 12 种定型组合，包括信号、道岔和区段三种基本类型，各类的定型组合类型如下：

① 信号组合有 6 种：其中列车组合有 LXZ、1LXF、2LXF、YX 四种；调车组合有 DX、DXF 两种。

② 道岔组合有 3 种：DD、SDZ、SDF。

③ 区段组合 1 种：Q。

④ 另外，不参与站场拼贴的组合有 2 种：F 和 DY。

（2）认知组合柜。

组合都安装在信号楼机械室内的组合柜中。组合柜采用了钢板成形的柜型结构，包括框架、横撑、PVC 走线槽、侧板、底座、紧固螺栓、机柜门等组件。机柜门安装在上横撑与下横撑以及下横撑与连接框之间，柜内可装入 10 个组合框和 1 个零层框，其间由紧固件连接，构成一个完整的柜体。组合柜整体采用组合型，装拆方便，柜表面采用静电喷涂工艺，色泽柔和，表面平滑、整洁，整机平直、方正、稳固，组装后间隙均匀。组合柜正面考虑设备散热要求，一般采用敞开式，后面采用可拆卸柜门封闭。组合柜正面无走线，后面封闭，全部配线采用线槽内置式，走线槽均采用阻燃型材料，组合柜可根据需求安装各种测试盘等测试设备。图 5-15 所示为组合柜实物，综合柜、轨道柜、分线柜等机柜的构造组成与组合柜大致相同，外形为统一或接近的机柜，内部按不同功能放置和连接不同的电气设备和配件。

图 5-15　组合柜排列

6502 电气集中采用通用的大站电气集中组合柜。组合柜分 11 层：从下往上依次为 1~10 层，安装继电器组合框；最上层为零层，安装各种电源端子、熔断器及配线端子。继电器是按组合安插在组合柜的组合框上，每层安装一个继电器组合。每个组合包括的继电器数量应相差不多，最多不超过 10 个，以便安装在组合柜上比较匀称，并能够有效地利用组合柜的空间。

（3）组合及组合柜的编号。

机械室内组合柜的布置，应根据机械室的长、宽尺寸和便于检修作业进行合理设计，一般按每排 4 架或 5 架。编号规则为：进机械室内，面对组合柜正面，从前往后顺序编排号，每排从左至右顺序编柜号。用两位数字就能给每个柜子编号，十位数字表示排号，个位数字表示柜号。例如，"12"表示第一排第二个柜子，"24"表示第二排第四个柜子。

组合在组合柜上的位置，从下往上按 1~10 顺序编层号，零层不安装组合。

组合的位置号用第三个数字表示组合在组合柜上的层号，习惯上在层号与柜号之间加一横线。每个组合的位置就可以用三个数字表示出来。如"12-9"表示第一排第二个柜第九层。

2. 分线柜

分线柜用于室内电气系统设备与室外电气设备的分界电气连接，将室外各信号点电气设备通过铁路信号电缆与信号楼控制室各系列组合柜内相关设备进行对应连接。

室内与室外联系导线都必须经过分线柜端子，它是室内外电缆汇接处。

分线柜分 10 层，从下往上依次为 F1～F10 层，每一层装设有 13 块 18 柱端子板（也有的是 15 块 6 柱端子板）。

分线柜配线上，一般第一层专供轨道电路设备送电，第二层为轨道电路接收，第三、四、五层为道岔控制，第六层以上为信号机点灯。

3. 计算机联锁柜

TYJL-ADX 型计算机联锁系统的计算机联锁柜主要用于安装联锁主机，联锁机柜第一层是总线层，有两个联锁机的 CPU 机笼，左侧是 I 系，右侧是 II 系，两系不共用母板，相互独立。第二层以下是 F 总线控制器层。扩展柜无 CPU 机笼层，全部是 F 总线控制器层。

4. 轨道柜

轨道柜用于电气化铁路，主要用来安装 25 Hz 相敏轨道电路接收端的防护设备、交流二元二位轨道继电器及轨道测试盘，确保信号系统安全、可靠地不间断采集钢轨完整性和钢轨占用、空闲状态。

5. 接口柜

接口柜分为计算机联锁接口柜、区间网络接口柜等，负责系统间电气集中连接和分界，便于快速排除故障和设备施工及改造。

6. 综合柜

综合柜分为站内综合柜、移频综合柜、区间综合柜等，用于把各专业核心功能设备以外及之间其他外围设备进行整合安装配线。

7. 区间柜

区间柜适用于 ZPW-2000 系列区间运行制式。随着列车的不断提速，原国产研制的 18 信息已不能满足需要，在引进法国 UN71 设备国产化后，通过提高频率和拉大频段对列车区间追踪运行的相关列车的实时控制数据进行有效不间断地发送和管理，以提高抗干扰能力和行车效率。

8. 移频柜

由于要沿列车行进正面方向，通过钢轨发送诸多行车指令和线路及列车状态信息，通过应答器及机车信号接收设备向司机传递行车数据，为了确保区间列车追踪安全运行，对不同闭塞分区发送的电信号频率进行区分和有序变动，以及对不同电信号干扰分频传输，而配置的相关电气设备及连接。

9. 计算机监测柜

计算机监测柜用于采集各信号电气设备的开关量，实时监督和采集系统设备中各行车设备的运行状态，并实现相应的传输和报警。

10. 防雷柜

防雷柜分为轨道防雷、信号防雷、移频防雷等，用于防止钢轨或室外信号设备遭雷击时，通过信号电缆通道引入室内以致损坏室内信号设备，以及减少信号系统不同设备间的电磁干扰。对直击雷、传导雷、感应雷及不等电位进行引导防护、隔离或屏蔽，尽最大可能保证信号系统设备安全有效运行。新型防雷分线柜则是集分线和防雷为一体，既具有分线柜功能，又具有防雷功能。防雷分线柜可替代原分线柜，用于铁路信号机械室对信号电缆线的分配、转接及雷电防护。

 练习思考

（1）简述铁路信号系统的含义及作用。

（2）什么是联锁？

（3）控制台的作用是什么？

（4）简述 6502 电气集中控制台的组成及各部件的作用。

（5）6502 电气集中控制台有哪些表示灯？主要用途有什么？

（6）什么是进路？什么是列车进路和调车进路？什么是基本进路和变通进路？

（7）举例说明列车进路操作方法。

（8）举例说明调车进路操作方法。

（9）举例说明变通进路操作方法。

（10）简述 6502 电气集中控制台的检修标准。

（11）如何通过 6502 电气集中控制台电流表的状态和道岔表示灯情况？判定道岔故障？

（12）简述 TYJL-ADX 型计算机联锁控制台区段显示颜色及意义。

（13）简述 TYJL-ADX 型计算机联锁控制台信号显示及意义。

（14）简述 TYJL-ADX 型计算机联锁控制台道岔显示及意义。

（15）简述 TYJL-ADX 型计算机联锁系统列车进路办理方法。

（16）简述 TYJL-ADX 型计算机联锁系统调车进路办理方法。

（17）简述 TYJL-ADX 型计算机联锁系统常见故障及可能原因。

（18）信号电源屏的作用是什么？

（19）信号电源屏技术条件有哪些？

（20）信号电源屏按用途可分为哪些？各有什么作用？

（21）画出感应调压式 15 kW 大站电源屏供电示意图。

（22）信号智能电源屏可分为哪些功能单元？

（23）简述 PZ 系列电源屏由哪些部分组成。

（24）简述 PZ 系列电源屏各直流模块及功能。

（25）电源屏的日常巡视检查有哪些内容？

（26）电源屏的集中检修内容有哪些？

（27）画出大站电源屏的检修流程图。

（28）简述智能电源屏检修时试验的内容及标准。

（29）什么是组合？

（30）6502 电气集中有哪些基本组合类型？

（31）写出 6502 电气集中 12 种定型组合的符号。

（32）6502 电气集中组合及组合柜如何编号？

（33）分线柜的作用是什么？

（34）分线柜如何分层排列？

附　表

附表 1-1　继电器测试记录表

序号	继电器类型	编号	线圈电阻 1~2	线圈电阻 3~4	绝缘电阻 MΩ	电气特性 释放值	工作值	反向工作值	转极值 定	转极值 反	时间特性 缓吸 18V	缓吸 24V	缓放 18V	缓放 24V	接点电阻/Ω 1 Q	1 H	2 Q	2 H	3 Q	3 H	4 Q	4 H	5 Q	5 H	6 Q	6 H	7 Q	7 H	8 Q	8 H
1																														
2																														
3																														
4																														
5																														
6																														
7																														
8																														
9																														
10																														

附表 1-2 维护检修规定标准

继电器型号	释放值不小于	工作值不大于	反向工作值不大于	缓放时间不小于/s 18V	缓放时间不小于/s 24V	缓吸时间不大于/s 18V	缓吸时间不大于/s 24V	接点间隙不小于/mm 普通	接点间隙不小于/mm 加强	压力普通不小于/mN 动合接点	压力普通不小于/mN 动断接点	压力加强不小于/mN 动合接点	压力加强不小于/mN 动断接点
JWXC-1700	3.4 V	16.8 V	18.4 V					1.3		250	150		
JWXC-1000	4.3 V	14.4 V	15.8 V					1.3		250	150		
JWXC-H340	2.3 V	11.5 V	12.6 V	0.45	0.50	0.35	0.3	1.3		250	150		
JWXC-H600	2.6 V	13 V	14.3 V		0.32			1.3		250	150		
JWXC-H$\frac{500}{300}$	2.7 V/2.7 V	13.5 V/13.5 V	14.8 V/14.8 V		—/0.16			1.3		250	150		
JWXC-H310	4 V	15 V	—		在 24 V 时，缓放时间为 0.8±0.1		缓吸时间为 0.4±0.1	1.3	—	250	150	—	—
JWXC-2.3	实际工作值的 50%	170~188 mA	206 mA					1.3		250	150		
JYIXC-$\frac{220}{220}$	转极值：正向 10~16 V 反向 10~16 V	正向 10~16 V 反向 10~16 V						4.5	7	定位 150	反位 150	定位 400	反位 400
JYIXC-$\frac{135}{200}$	转极值：正向 10~16 V 反向 10~16 V	正向 10~16 V 反向 10~16 V						4.5	7	定位 150	反位 150	定位 2 200	反位 2 200
JYJXC-J3000	正向转极值：30~65 V 反向转极值：20~55 V							4.5	7		反位 150	定位 2 200	反位 2 200
JPXC-1000	4 V	16 V	反向不吸起电压应大于 200 V	180±9				1.3		250	150		
JPXC-H270	2.1 V	7 V						1.3		250	150		

继电器型号	电气特性 释放值 不小于	电气特性 工作值 不大于	电气特性 反向工作值 不大于	缓放时间不小于/s 18V	缓放时间不小于/s 24V	缓吸时间不大于/s 18V	缓吸时间不大于/s 24V	接点间隙不小于/mm 普通	接点间隙不小于/mm 加强	接点压力 普通不小于/mN 动合接点	接点压力 普通不小于/mN 动断接点	接点压力 加强不小于/mN 动合接点	接点压力 加强不小于/mN 动断接点
JWJXC-480	4.8 V	16 V	17.6 V					3	5	150	150	400	300
JSBXC-850	4 mA/3.8 mA	14 mA/13.4 mA		缓吸：3、13、30、180				1.20		250	150		
JYXC-270	转极值：20~32 mA							1.3		定位 250	反位 250		
JYXC-660	转极值：10~15 V							1.3		定位 250	反位 250		
JWJXC-100	3.5 V	10 V		释放不大于 0.1		吸起不大于 0.1		4.5	7				
JWJXC-7200	30 V	85 V							7	200	200	600	
JZJXC-100	AC 4 V	AC 11 V		释放不大于 0.05		吸起不大于 0.05			7		200	600	
JZJXC-7200	AC 35 V	AC 90 V						1.3	7	200	200	600	
JZXC-20000	AC 35 V	AC 105 V								250	150		
JJC-400	AC 54 V	AC 180 V								250	150		
JJJC-3.5	AC 5.5 V	AC 18 V							4			600	
JJJC1-190	AC 54 V	AC 180 V							5	250	150	600	
JJJC3-185	AC 70 V	AC 175 V							5	250	150	600	
JJJC4-150	AC 70 V	AC 180 V		释放不大于 0.08		吸起不大于 0.04		1.3	4	250	150	600	300
JZXC-0.14	AC 0.4 A	AC 1.1 A		释放不小于 0.2						250	150		
JZXC- H 0.14/0.14	AC 0.3 A/AC 0.3 A	AC 1.4 A/AC 1.4 A		0.35	0.45	后圈电流由 5 A 降至 1.5 A 断电时 0.3		1.2		250	150		
JWJXC- H 125/0.44	2.5 V	12 V	13.2 V					1.3	2.5	150	150	400	300

继电器型号	电气特性 释放值不小于	工作值不大于	反向工作值不大于	时间特性 缓放时间不小于/s 18 V	24 V	缓吸时间不大于/s 18 V	24 V	接点间隙不小于/mm 普通	加强	接点压力 普通不小于/mN 动合接点	动断接点	加强不小于/mN 动合接点	动断接点
JWJXC-H $\frac{125}{80}$	2.5 V/2.5 V	12 V/12 V	13.2 V/13.2 V	0.4/0.4	0.5/0.5			1.3	2.5	150	150	400	300
JWJXC-H $\frac{125}{0.13}$	2.3 V/小于 1 A	11 V/2.5 A	12.1 V/2.7 A	0.35	0.4	后圈电流由 4 A 将至 1 A 断电时 0.2		1.3	2.5	150	150	400	300
JWJXC-H $\frac{120}{0.17}$	2.4 V/小于 0.5 A	12 V/1.6 A		—	0.55	电流由 4A 降至 1A 断电时 0.4S		1.3	2.5	150	150	400	300
JWJXC-H $\frac{80}{0.06}$	2.5 V/小于 1.3 A	11.5 V/4 A	12.6 V/4.4 A	0.35	0.45	后圈电流由 5 A 降至 1.5 A 断电时 0.2		1.3	2.5	150	150	400	300
JZXC-480	AC 4.6 V	AC 9.2 V						1.3		250	150		
JZXC-H18	AC 40 mA	AC 100 mA				AC100 mA 时 0.15		1.3		250	150		
JZXC-H18F	AC 40 mA	AC 140 mA				140 mA 时 0.15		1.3		250	150		
JZXC-$\frac{16}{16}$	AC 80 mA	AC 140 mA				—		1.3		250	150		
JZCJ	AC 0.35 A	AC 1.5 A						0.6		150	150		
JZSJC	AC 0.35 A	AC 1.5 A				转换时间不大于 0.1		0.8		150	150		
JZSJC1	AC 0.35 A	AC 1.5 A						0.6		150	150		
JARC-1000	1.4 V	10~12.5 V	反向 150 V 不吸					1.3		250	150		

附表 1-3　二元二位继电器检修

设备类型	电气特性								机械特性			
	线圈电阻/Ω		局部线圈		轨道线圈			理想相位角	接点间隙不小于/mm	托片间隙不小于/mm	接点压力不小于/mN	
	局部	轨道	额定电压/V	电流不大于/A	工作值不大于		释放值不小于	轨道电流滞后局部电压理想相位角			动合接点	动断接点
					电压/V	电流/A	电压/V					
JRJC-$\frac{66}{345}$	345	66	110	0.08	15	0.038	7.5	160°±8°	2.5	0.2	150	150
JRJC1-$\frac{70}{240}$	240	70	110	0.1	15	0.04	8.6	157°±8°	1.8	0.35	250	200

附表 2-1　色灯信号机测试记录表

站或区间＿＿＿＿

测试或更换人	测试或更换日期 年 月 日	信号机名称	颜色或灯位	变压器			主灯丝电压/V	灯丝转换器压降/V	副灯丝电压/V	更换灯泡编号	测试时间	变压器（点灯单元）II次对地绝缘电阻							备注
				I次电压/V	II次主/V	II次副/V						绝缘电阻/MΩ	测试时间	绝缘电阻/MΩ	测试时间	绝缘电阻/MΩ	测试时间	绝缘电阻/MΩ	

测试周期：变压器II次对地绝缘电阻每年两次，其他每年两次一次。

测试标准：变压器II次对地绝缘电阻不小于1MΩ，灯端电压列车信号10.2~11.4V，容许信号10.2~11.4V，灯端电压列车信号7.8~10.2V。

注：1. 在测试XB箱内的变压器或点灯单元II次对地绝缘电阻时，信号机机构门应在关闭状态。
　　2. 如无法测到灯丝转换器电压或无灯丝转换器，可以不测。

附表 2-2　信号灯丝继电器电压测试记录表

站　　　　　　　　　　　　　　　　　　　　　　20＿＿年度　　　　　　　　　　　　号测：1-1-2

日期	测试人	电压/V																	信号电源电压/V	天气	备注
		～	—	～	—	～	—	～	—	～	—	～	—	～	—	～	—	～			

测试周期：每月一次；每季对正线列车信号主信号机的各灯位全测。

测试标准：AC 3.2～5 V，DC 1.5～3.5 V。

分析时限：灯丝继电器电压变化达 0.2 V 时。

注：适用于 JZXC-H18 在站内使用且无电流采集条件时。